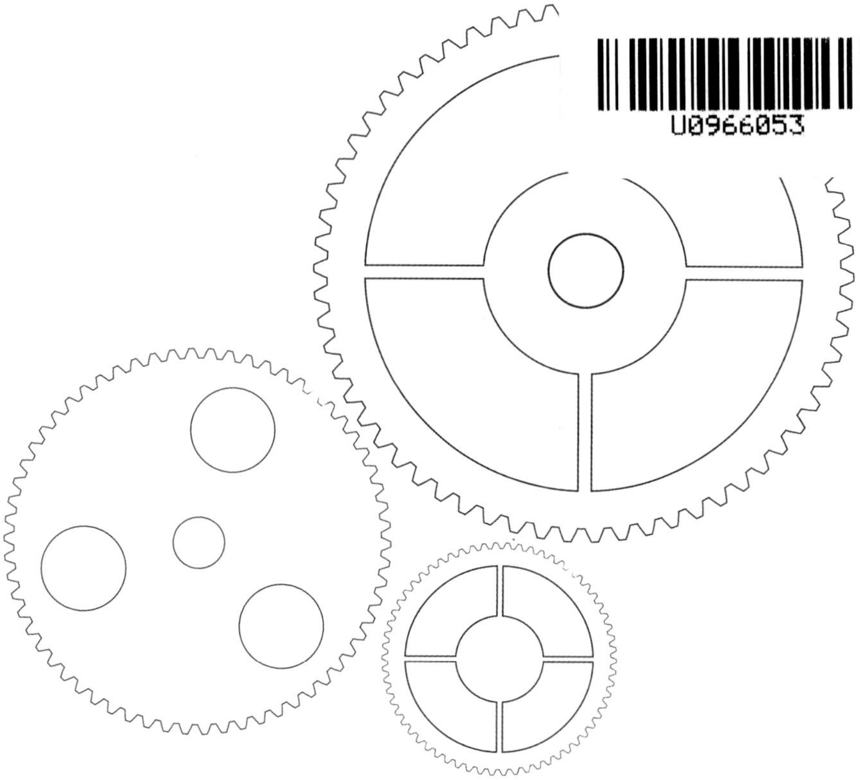

高等职业教育经济管理类专业适用教材

管理学基础

Fundamentals of Management

主　编　王丽静
副主编　崔秀娟

中国轻工业出版社

图书在版编目（CIP）数据

管理学基础/王丽静主编．—北京：中国轻工业出版社，2022.7
ISBN 978-7-5184-1581-6

Ⅰ.①管…　Ⅱ.①王…　Ⅲ.①管理学—教材　Ⅳ.①C93

中国版本图书馆 CIP 数据核字（2017）第 210887 号

责任编辑：刘忠波　秦　功　　责任终审：李克力　　整体设计：锋尚设计
策划编辑：刘忠波　　　　　　责任校对：宋绿叶　　责任监印：张京华

出版发行：中国轻工业出版社（北京东长安街 6 号，邮编：100740）
印　　刷：北京君升印刷有限公司
经　　销：各地新华书店
版　　次：2022 年 7 月第 1 版第 3 次印刷
开　　本：889×1194　　1/16　印张：15.25
字　　数：350 千字
书　　号：ISBN 978-7-5184-1581-6　定价：38.00 元
邮购电话：010-65241695
发行电话：010-85119835　传真：85113293
网　　址：http://www.chlip.com.cn
Email:club@ chlip.com.cn
如发现图书残缺请与我社邮购联系调换
220835J2C103ZBW

编委会名单

主　编　王丽静
副主编　崔秀娟
撰稿人　王丽静　崔秀娟　刘　霞　马智萍
　　　　程宝元　冯德安　李　楠

内容简介

本书以管理理论“够用、适度”为原则，以掌握概念、强化应用为重点，在突出基本理论、原理和方法的同时，注重实践性和实用性，尽可能引用本土化的案例展开讨论和分析。本书将系统介绍管理的基本概念、管理原理、管理环境；简要介绍西方管理理论的产生背景和主要观点；详尽阐述决策、计划、组织、领导、控制等管理职能。

本书的创新之处在于，为了突出本书的趣味性和哲理性，每章都以一个管理寓言故事开篇，以引起学生的学习兴趣；选用的案例新颖，本土化强，数量够用；本书的最后设计了四个综合案例，供学生总结复习使用，同时进行思维扩展，引发学生对企业管理模式的思考。

本书有助于读者全面系统掌握管理理论，开阔视野，更新观念，有助于读者提高分析问题、解决问题的能力。本书适合作为高职高专经济管理类专业《管理学基础》和《管理学原理》的课程教材，也适合企事业单位的管理人员阅读。

前　言

管理活动是人类最基本的社会实践活动之一。任何组织的活动都需要管理，而且都要遵循普遍的一些规律和原理。管理是一门科学性与艺术性有机结合的实践性很强的学科，对这门学问的掌握，将使人受益终生。

《管理学基础》是为高校经济管理类专业的学生学习现代管理知识而编写的一本教材。其主要内容是研究管理活动和管理过程的一般规律，总结出管理工作的一般原理、理论和方法，并使学习者能够正确地运用这些原理和方法，指导管理实践，从而提高管理的有效性。

本书按照高等职业教育的基本要求，根据经济管理类专业的人才培养目标以及学生的基本素质状况，以职业岗位核心技能培养为目标，以课程体系要求为依据而编写，体现高等职业教育及其人才培养的特点。

本书以管理理论“够用、适度”为原则，以掌握概念、强化应用为重点，在突出基本理论、原理和方法的同时，注重实践性和实用性，尽可能引用本土化的案例展开讨论和分析。本书将系统介绍管理的基本概念、管理原理、管理环境；简要介绍西方管理理论的产生背景和主要观点；详尽阐述决策、计划、组织、领导、控制等管理职能。

本书的创新之处在于，为了突出本书的趣味性和哲理性，每章都以一个管理寓言故事开篇，以引起学生的学习兴趣；选用的案例新颖，本土化强，数量够用；本书的最后设计了四个综合案例，供学生总结复习使用，同时进行思维扩展，引发学生对企业管理模式的思考。另外，还设计了案例分析实训任务单，简洁明了，便于学生案例分析时使用，培养学生的系统思维和逻辑性。

本书采用新颖统一的体例设计，包括管理寓言故事、学习目标、导入案例、课堂讨论案例、扩展阅读、课后练习和实训题目等，以实现适度理论和丰富实践教学的良好结合。本书有利于读者全面系统掌握管理理论，开阔视野，更新观念，有利于读者提高分析、解决实际问题的能力。本书适合作为高职高专经济管理类专业“管理学基础”和“管理学原理”课程的教材，也适合企事业单位的管理人员阅读。

在编写本书时，我们注重体现以下的特点：强调本土化和实用性；注重实践性；格式新颖统一。为了调动学生的学习积极性，开拓视野，本书适当引用管理寓言故事和扩展阅读材料，以增强本书的趣味性和可读性，同时体现“小故事、大道理”，阐述管理的深刻内涵，使内容通俗易懂。

本书由王丽静副教授担任主编，崔秀娟老师担任副主编。参加本书编写（按照编写章节的顺序）分别是：王丽静（第一、三章），刘霞（第二章），崔秀娟（第四章），冯德安、程宝元（第五章），马智萍（第六章），李楠（第七章）。全书由王丽静负责统稿和定稿，承担了大量的修改、订正工作。

本书在编写过程中参考和引用了有关的著作和资料，我们在此向这些作者表示由衷的感谢和深深的敬意。

由于编者水平有限，时间仓促，书中难免会有疏漏和不足之处，恳请广大读者给与批评和指正。

编著者

2017 年 6 月

目　　录

第一章　管理与管理者

第二章　西方管理理论的形成与发展

第三章 管理原理

第四章 计划

第五章 组织

第六章 领导

第七章 控制

第一章　管理与管理者

寓言故事：袋鼠与笼子

一天，动物园管理员发现袋鼠从笼子里跑出来了，于是开会讨论，一致认为是笼子的高度过低。所以他们决定将笼子的高度由原来的10米加高到20米。结果第二天他们发现袋鼠还是跑到外面来，所以他们决定再将高度加到30米。没想到隔天居然又看到袋鼠全跑到外面，于是管理员们大为紧张，决定直接将笼子的高度加高到100米。

一天长颈鹿问袋鼠："如果这些人再继续加高笼子，你还能跑出去吗？"

"很难说。"袋鼠说："如果他们再继续忘记关门的话！"

学习目标

知识目标

1. 掌握管理的基本概念；
2. 理解管理的内涵、性质和职能；
3. 了解管理者的分类、职责及应具备的素质；
4. 了解管理环境的基本概念以及组织与环境之间的关系。

能力目标

1. 初步具有分析管理案例的能力；
2. 初步具有利用一定的方法积累管理学知识，了解管理工作的能力。

导入案例

海尔的　　管理法

海尔集团是全球大型家电第一品牌，目前已从传统制造家电产品的企业转型为面向全社会孵化创客的平台。据2017年1月10日世界权威市场调查机构欧睿国际（Euromonitor）正式签署发布的2016年全球大型家用电器品牌零售量数据显示：海尔大型家用电器2016年品牌零售量占全球市场的10.3%，居全球第一，这是自2009年以来海尔第8次蝉联全球第一。此外，冰箱、洗衣机、酒柜、冷柜也分别以大幅度领先第二名的品牌零售量继续蝉联全球第一。海尔在全球有10大研发中心、21个工业园、66个贸易公司、143330个销售网点，用户遍布全球100多个国家和地区。

海尔集团创立于1984年，历经30余载，由一个亏损147万元的小厂发展成为如今在世界范围内有影响力的国际化企业，取得了空前的成功。其成功的秘诀之一就是，"明天的目标比今天更高"——日清日高的管理方式，即OEC管理法。

OEC管理法，也称日清日高管理法，其中"O"代表"Overall"，意为"全面的"；"E"代表"Everyone、Everything、Everyday"，意为"每个人、每件事、每一天"；"C"代表"Control and Clear"，意为"控制和清理"。其含义是全方位地对每个人每一天所做的每件事进行控制和清理，做到"日事日毕，日清日高"——每天的工作当天完成，而且每天的工作质量都有一点（1%）提高。这套管理模式由三个基本框架——目标系统、日清控制系统和有效激励机制组成，它意味着企业每天所有的事都有人管，所有的人均有管理、控制内容，并依据工作标准对各自控制的事项按规定的计划执行，每日把实施结果与计划指标对照、总结、纠偏，达到对事物发展过程日日控制、事事控制的目的，确保企业向预定目标发展。海尔人把这种模式概括为五句话：总账不漏项，事事有人管，人人都管事，管事凭效果，管人凭考核。

OEC模式奠定了海尔的管理特点：严、细、实、恒。严，即严格要求；细，即分工精细；实，即责任落实；恒，即持之以恒。任何一个到过海尔生产厂房的人都能感觉到这些特点无处不在——厂区内每一块玻璃都擦得干干净净，地板亮得像面镜子，机器设备没有一丝灰尘；人们身着一色淡蓝海尔服，在岗位上工作时聚精会神，见面时轻声示意，车间里只听见机器响动，产品一台接一台上上下下，不闻任何喧哗、躁动……

集团总裁张瑞敏曾称这套模式是海尔生存的基础，也是海尔走向世界的最好资本。

（资料来源：1. 张瑞敏．海尔是海．青岛出版社，2005；2. 欧睿国际：海尔第8次蝉联大型白电全球第一．网易．2017-01-11）

毋庸置疑，海尔是成功的。虽然不能说海尔的先进管理模式是海尔取得成功的唯一条件，但可以肯定的是：若是没有管理，没有有效、先进的管理模式，海尔是不会取得如此骄人的成绩的。管理是人类社会活动的重要组成部分之一，管理活动广泛地渗透到社会活动的各个领域。大到一个国家、一支军队，小至一个企业、医院、学校，无不需要管理这项活动。因此，在社会生活中，尤其是在组织的活动中，为了提高组织的效率和效益，就有必要了解什么是管理，为什么要进行管理活动，怎样才能有效地进行管理活动。本章主要介绍管理的基本概念、性质和职能；管理者的分类；管理的环境等方面的内容。

第一节　管理的性质和职能

人类在适应自然和改造环境的进程中，必然伴随着群体活动的增多和社会组织的出现，这种群体活动需要有管理的功能来保障其秩序和有效性。同样，社会组织的产生、存在和发展，也需要有管理的功能来进行组织和协调。可以说，凡是有共同劳动和有组织的地方，就需要有管理的活动。由于共同劳动的无所不在，各类社会组织的普遍存在，管理也就成为人类社会中最普遍的社会实践活动之一。

一、管理的概念

管理活动自古有之，是共同劳动和社会组织的产物。但什么是管理？学者们从不同的角度给出了不同的解释，堪称见仁见智。

从中文的角度来看，“管”——约束，指对人、事、物的约束；“理”——处理、条理，指对人、事、物的理性及富有逻辑的处理方式。管理，有“管辖”“处理”“管人”“理事”等意思，即对一定范围的人、事、物进行安排和处理的活动。

从英文的角度来看，管理（management）由 man、age、men、t 组成，可以解释为一个人（man）因他的年资（age）和能力，带领一群人（men）朝向一个目标在指定时间〔t〕内完成，这就是有效管理（management）。

国外学者对管理下的定义：

亨利·法约尔（Henri Fayol）：管理就是实行计划、组织、指挥、协调和控制。

玛丽·帕克·福莱特（Mary Parker Follett）：管理是通过其他人来完成工作的艺术。

多思利、吉布森和伊凡塞维奇（Donnelly、Gibson and Ivancevich）：管理是协调个人和集体的努力来达到群体目标的一个过程。

特里（Terry）：管理是一个易识别的过程，这个过程的目的是通过人力资源和其他资源的利用来达到既定目标。

哈罗德·孔茨和奥·唐纳（Harold Koontz and O' Donell）：管理涉及在经营组织中创造和保证某种内部环境，在这个内部环境中，以群体形式组织在一起的个人能有效地工作去达到群体的目标。

赫伯特·西蒙（Herburt Simon）：管理就是决策。

斯蒂芬·P. 罗宾斯和玛丽·库尔塔（Robbins and Coultar）：管理是与其他人一起并且通过他人来切实有效完成活动的过程。

沃伦·R. 普伦基特和雷蒙德·F. 阿特纳（Plunkett and Attner）：一个或多个管理者单独和集体通过行使相关职能（计划、组织、人员配备、领导和控制）和利用各种资源（信息、原材料、货币和人员）来制订并达到目标的活动。

帕梅拉·S. 路易斯、斯蒂芬·H. 古德曼和帕特丽夏·M. 范特（Lewis、Goodman and Fandt）：管理是切实有效地支配和协调资源，并努力达到组织目标的过程。

彼得·德鲁克（Peter F. Drucker）：管理就是界定企业的使命，并激励和组织人力资源去实现这个使命。界定使命是企业家的任务，而激励与组织人力资源是领导力的范畴，二者的结合就是管理。

国内学者对管理下的定义：

杨文士和张雁：组织中的管理者，通过实施计划、组织、人员配备、指导与领导、控制等职能来协调他人的活动，使别人同自己一起实现既定目标的活动过程。

徐国华：通过计划、组织、控制、激励和领导等环节来协调人力、物力和财力资源，以期更好地达成组织目标的过程。

周三多和陈传明：管理是指组织中的如下活动或过程：通过信息获取、决策、计划、组织、领导、控制和创新等职能的发挥来分配、协调包括人力资源在内的一切可以调用的资源，以实现单独的个人无法实现的目标。

焦叔斌：管理是一定组织中的管理者，通过实施计划、组织、领导和控制等职能，来协调他人的活动，带领人们既有效果又有效率地实现组织目标的过程。

学者们从不同的侧面、不同的角度给管理下了定义，或者是揭示了管理某一方面的属性。管理定义的多样化，也反映了管理活动的复杂性，但其中也有很多共同的认识。

综合上述观点， 本书对管理定义如下：

所谓管理，是指在特定的环境下，管理者通过实施计划、组织、领导、控制等职能，对组织所拥有的资源进行合理配置和使用，以实现组织既定目标的过程。这个定义包含着以下四层涵义：

（1）管理的目的是实现组织的既定目标。管理是为实现组织目标服务的，是一个有意识、有目的的活动过程。管理的载体是组织，管理活动总是存在于一定的组织之中。管理与组织是密不可分的，只要有共同劳动和组织存在，就需要有管理。组织的存在又是由组织的目标决定的，所以管理的目的就是为实现组织的既定目标服务的。

（2）管理的内容是进行组织资源的合理配置。管理工作就是要通过合理有效地运用组织中的各种资源来实现组织的目标的过程。也就是说，管理负责把资源转化为有效的成果，将投入转换为产品或服务。组织所拥有的资源一般来讲包括人力、物力、财力、时间、信息等，这些资源有现成的，也有潜在的，还有稀缺的。管理的任务就是获取、开发和利用组织的各种资源来确保组织效率和效果双重目标的实现。因此，管理的本质就是协调各种资源。在这些资源中，人力资源是最重要的资源。管理的核心就是协调人际关系和人的行为。

（3）管理的过程是由一系列相互关联、连续进行的活动所构成，即通过有效的计划、组织、领导、控制等一系列基本活动以实现管理的目的。这是全面理解和把握管理的关键所在，反映了管理活动的功能、过程和手段。管理成功与否与管理功能的有效发挥密切相关。管理者必须有效地使用和发挥管理的功能，使资源的效用最大化。

（4）管理工作是在特定的环境条件下开展的。一个组织总是存在于一定的环境中，其活动总是要受到它所赖以生存的环境的影响和制约。也就是说，管理者要将所服务的组织看作是一个开放的系统。在开展管理活动时一定要正视环境的存在，一方面要求组织为创造优良的社会物质环境和文化环境尽其社会责任；另一方面，管理的方法和技巧必须因环境条件不同而随机应变，没有一种在任何情况下都能奏效的、通用的、万能的管理办法。审时度势、因势利导、因地制宜、灵活应变，对管理成功是至关重要的。

二、管理的性质

1. 管理的二重性

管理的二重性由生产过程的二重性所决定。马克思在《资本论》中指出：“一切规模较大的直接社会劳动或共同劳动，都或多或少地需要指挥，以协调个人的活动，并执行生产总体的运动——不同于这一总体独立器官的运动——所产生的各种一般职能。”“凡是直接生产过程具有社会结合过程的形态，而不是表现为独立生产者的孤立劳动的地方，都必然产生监督劳动和指挥劳动。”也就是说，社会化大生产的过程，一方面需要由许多人协作劳动，形成生产力；另一方面需要有人指挥和监督劳动，于是形成一定的生产关系。因此，管理一方面是有效地组织共同劳动所必须的，具有同生产力、社会化大生产相联系的自然属性；另一方面，管理又是在一定的生产关系条件下进行的，具有同生产关系、社会制度相联系的社会属性。这两方面的属性就是管理的二重性。

管理的自然属性是由生产力和社会化大生产所决定的。随着社会生产力的发展，形成劳动的分工与协作，有共同劳动的地方就必须有管理，需要有人把各个生产环节和过程组织协调起来，合理组织生产力。因此，管理活动是进行社会化大生产所必需的，这是其自然属性的体现。

然而，管理又总是在一定的生产关系条件下进行的，必然要体现所有者的利益和意志，使得管理的环境、目的和方法呈现出一定的差别，必然使管理活动具有不同的性质。这就是管理的社会属性。管理的社会属性是由生产关系和社会制度所决定的。管理的社会属性既是生产关系的体现，又反映和维护一定的社会生产关系，其性质取决于不同的社会经济关系和社会制度的性质。管理二重性的含义如图 1.1 所示。

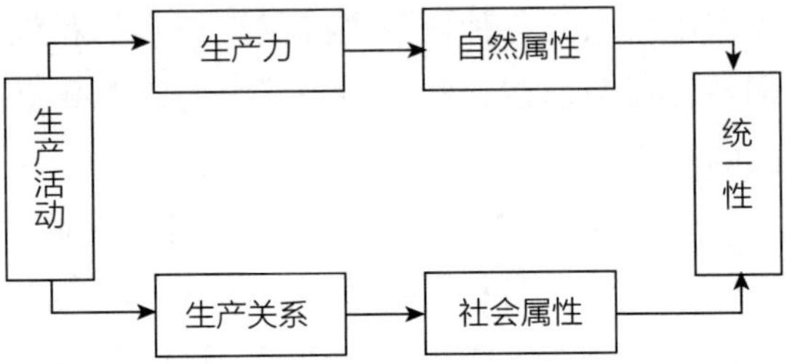

图 1.1　管理二重性的含义

掌握管理的二重性，对于我们学习管理学和从事管理工作具有十分重要的意义。

（1）正确认识管理的二重性。管理的二重性体现着生产力与生产关系的辩证统一关系。任何组织为了提高劳动生产率，为了维护所有者的利益，都需要管理。反映自然属性的管理理论和管理方法在不同社会制度下可以共用，这些管理理论和管理方法是为提高劳动生产率服务的；但在不同的社会制度下，反映社会属性的管理理论和管理方法是不能共用的，因为这些理论和方法是为维护所有者的利益服务的。

（2）注重学习、引进国内外先进的、有益的管理理论、技术和方法。大到一个国家，小到一个企业组织，要想提高管理水平和增强竞争力，就要不断地学习、引进先进的管理理论、技术和方法，取其精华、去其糟粕，博采众长，在学习中创新。这是由管理的自然属性决定的。

（3）要结合实际，因地制宜地学习与运用。任何管理理论、技术与方法的出现，都有其时代背景和适合的土壤。因此，组织学习运用某些理论、技术与方法时，必须结合本部门、本单位的实际情况，因地制宜，探索适合自身的管理模式和体系。这是由管理的社会属性决定的。

2. 管理的科学性和艺术性

管理既是一门科学，又是一门艺术，是科学与艺术结合的产物。

管理的科学性，是指管理作为一个活动过程，其间存在着基本的客观规律。这些规律来源于管理实践，是大量的研究者和实业家对管理工作的长期总结、归纳逐渐形成了系统的管理理论体系，构成了管理科学的基本框架。管理学作为一门独立的科学存在和在实践中所起的不可替代的作用，已经成为人们的共识。人们一致认识到，管理必须依靠科学的理论指导，按照管理的客观规律办事。管理的科学性强调管理者要认真地学习管理理论和方法，深刻理解管理的本质，遵循管理的规律，运用科学的管理手段和方法来指导管理实践。

管理的艺术性是指管理的实践性，是指在运用管理知识和技能方面的灵活性，同时要具有一定的创造性。管理没有一成不变的模式，没有放之四海而皆准的经验。管理的艺术性是由作为最重要的管理要素——人具有主观能动性和感情所决定的。人的主观能动性的基础是人能够积极地思考，能够自主地决定行为。管理者只有充分利用这种主观能动性，才能把人们的积极性和创造性调动起来，使他们自觉地为实现组织的目标去努力工作。此外，人还富有感情。感情是难以数量化，模式化的东西，它的变化有一定的规律，但又带有相当的戏剧性。感情的变化受多种因素的影响，如不同的个人对同一种管理方式会有截然不同的反应，会产生完全不同的行为。同样，在不同的环境中，管理者处理同一问题也可能采取不同的方法。这都体现出管理者在运用管理知识时具有很强的实践性。管理的艺术性表明，学习书本上的管理学理论是必要的，但又是不够的。成功的管理者必须根据具体的管理对象、管理环境，创造性地去解决实际中所存在的问题，能够因势利导，理论联系实际，只有这样，管理才可能成功。

管理的科学性与艺术性二者之间并不矛盾。管理需要科学的理论指导，没有理论指导的实践是盲目的实践，最终会以失败而告终。但是，每一项具体的管理活动都是在特定的情境下开展的，它要求管理者结合实际进行创造性的管理。只有掌握管理的基本规律，理论联系实际，灵活地运用管理的方式方法，才能成为一名合格的管理者。

三、管理的职能

管理的职能是指管理活动的职责和功能。它是管理者对管理对象施加影响的具体体现。管理的二重性，决定了管理具有两个基本职能，即合理组织生产力和维护生产关系。而这两个基本职能的实现，必须依赖于管理所具有的一些具体的职能来实现。然而，关于管理活动具体包括哪些职能，至今仍有许多观点。但管理学界普遍公认的观点是，管理具有四大职能，即计划、组织、领导和控制。

1. 计划

计划是指为实现组织的目标，制订和执行决策，对组织内的各种资源进行配置的行动方案和规划。计划一直都被认为是管理的首要职能。它是对组织未来行动的谋划和估计，既是行动的指南，又是控制的标准。在计划职能中，又包括如下三个职能：

（1）计划制订职能，指确定组织的行动目标和程序的职能，其主要任务是制订书面形式的计划。

（2）预测职能，指对计划方案中所确定的目标的可信度、实现的概率等进行预先估计的职能。预测要使用科学的方法，由专业人员进行。

（3）决策职能，指对多种计划方案进行优选，择其最优方案并予以执行的职能。在计划职能中，决策职能最为重要，最为关键。

2. 组织

组织职能是指为实现组织的目标，执行组织的决策，对组织内各种资源进行制度化安排的职能。在组织的众多资源中，由于人是最重要的资源，所以组织职能实际上讨论的是人力资源的配备问题。它的具体职能有：

（1）建立组织机构的职能，即按照组织目标的要求和组织的实际情况，建立合理的组织结构，对人员进行权责分工、角色定位。

（2）管理人员的选聘，管理人员是最为重要的人力资源，选聘合适的管理人员是组织工作的重心，他们构成组织机构运转的现实要素。

（3）人员配备职能，指对组织运行所需的劳动力资源的招聘、任用、培训等。

3. 领导

领导职能是指领导者带领和指导组织成员完成组织任务，实现组织目标的职能。领导的内容包括：一是带领，是指在实现组织目标，完成组织任务的过程中，领导者不仅要明确方向，更要身先士卒，以身作则；二是指导，是指领导者负有指导下属完成任务的责任。领导职能包括：

（1）指挥职能，在领导的过程中，要建立合理的领导体制、要树立领导者的权威，充分发挥领导者的影响力。

（2）沟通职能，领导者在领导过程中，必须与被领导者充分沟通，这样才能做到上下一心，同心协力，实现组织的共同目标。

（3）激励职能，领导者在掌握了被领导者的需要之后，为了调动他们实现组织目标的积极性，必须学会运用恰当的激励手段和方法。

4. 控制

控制是指为保证组织目标得以实现，决策得以执行，对组织行为过程（包括下级的工作）进行的监督、检查、调整的管理活动。控制一直是管理的重要职能。因为在制订计划时无论考虑得多么周密，无论投入多少人力和物力，也很难保证计划绝对准确，决策万无一失。况且，许多外部因素的变化是组织的管理者根本无法控制的。在计划的执行过程中，由于外部环境变化，执行人员的疏忽等，都会使计划执行偏离预期的轨道。管理者就是要及时通过控制职能发现这些偏差，并采取措施予以纠正。

在管理实践中，各项职能之间是密不可分、互相影响的。无论是负责全面工作的直线主管，还是负责某一职能管理工作的部门主管，都有必要掌握这些管理职能。管理四大职能的运用取决于管理实践中的具体要求，正如管理的艺术性所强调的，管理者要因地制宜地运用这四项基本职能，只有如此，才能更好地胜任管理工作。

第二节　管理者

管理者是一个组织的心脏，其工作绩效的好坏直接影响着组织的成败与兴衰。美国管理大师德鲁克曾说过：“如果一个企业运转不动了，我们当然是要去找一个新的总经理，而不是另雇一批工人。”管理者是从事管理活动的主体，是组织中具有一定的管理能力从事管理活动的人，是担负管理职责指挥他人工作的人。如公司的经理、医院的院长、学校的校长或系主任、政府机关的局长或处长等。

一、管理者的类型

组织中的管理者，由于他们的责任和权限不同，所处的地位和发挥的作用也不同。

1. 按照所处的管理层次不同，可分为高层管理者、中层管理者和基层管理者

高层管理者是对整个组织的发展负全面管理责任的人，其主要职责是制定组织的战略发展目标、做出组织的重大决策、控制组织的资源和人员的分配、评价整个组织的绩效等。在与外界的交往中，他们往往代表组织以“官方”的身份出现。如公司的总裁或总经理、大学校长等。

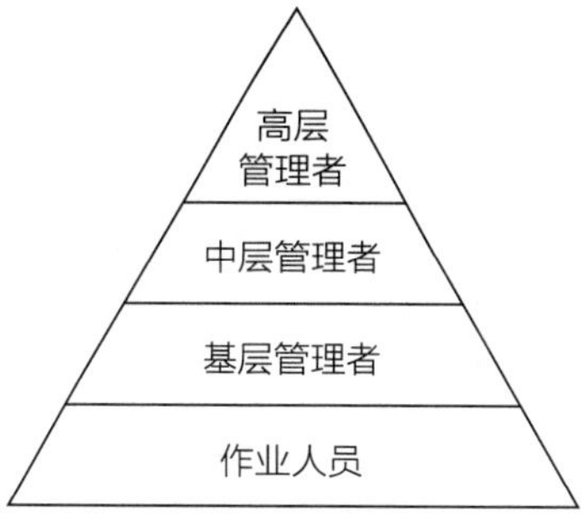

图 1.2　组织管理层次

中层管理者的主要职责是贯彻执行高层管理者所制定的重大决策，并监督和协调基层管理者的工作。与高层管理者相比，中层管理者更注意日常的事务管理。中层管理者属于“执行层”，在组织中起着承上启下的作用。如公司的部门经理、大学的系主任等。

基层管理者是一线的管理者，他们的主要职责是直接指挥和监督一线员工，保证上级下达的各项计划和任务的有效完成。如工厂的车间主任、工长、饭店的领班等。他们是组织整个管理系统的基础。

2. 按照管理领域和工作性质的不同，可分为综合管理者和职能管理者

综合管理者是指负责整个组织或组织中某个事业部全部活动（包括生产、营销、人事、财务等）的管理者，如总裁、总经理等。他们拥有这个组织或事业部所必须的权力，对整个组织或事业部的目标的实现负有全部责任，而不是对单一资源或职能负责。综合管理者大多数是组织的高层及中层管理者。

职能管理者是专门负责组织内某一类活动（或职能）管理的管理者。根据这些管理者所管辖的专业领域性质的不同，具体划分为生产、营销、人事、财务以及研究开发部门管理者等，如生产经理、营销经理、人事经理等。职能管理者只对组织中某一职能或专业领域的工作目标负责，在本职能或专业领域范围内行使职权，指导工作。职能管理者更多的是组织的中层及基层管理者。

扩展阅读

彼得·德鲁克小传

彼得·德鲁克（1909—2005），管理学科开创者，他被尊为“大师中的大师”“现代管理学之父”，他的思想传播影响了130多个国家；他称自己是“社会生态学家”，他对社会学和经济学的影响深远，他的著作架起了从工业时代到知识时代的桥梁。

1909年彼得·德鲁克生于维也纳的一个书香门第，1931年获法兰克福大学国际法博士学位，1937年与他的德国校友多丽丝结婚，并移居美国，终身以教书、著书和咨询为业。

在美国，他曾担任由美国银行和保险公司组成的财团的经济学者，以及美国通用汽车公司、克莱斯勒公司、IBM公司等大企业的管理顾问。为纪念其在管理领域的杰出贡献，克莱蒙特大学的管理研究生院以他的名字命名；为表彰他为非营利领域所带来的巨大影响，国际慈善机构“救世军”授予德鲁克救世军最高奖项“伊万婕琳·布斯奖”。

他曾连续20年每月为《华尔街日报》撰写专栏文章，一生在《哈佛商业评论》上共发表38篇文章，至今无人打破这项纪录。他著述颇丰，包括《管理的实践》《卓有成效的管理者》《管理：使命、责任、实务》《旁观者》等几十本著作，以30余种文字出版，总销售量超过600万册。其中《管理的实践》奠定了他作为管理学科开创者的地位，而《卓有成效的管理者》已成为全球管理者必读的经典。

他曾7次获得“麦肯锡奖”；2002年6月20日，他获得当年的“总统自由勋章”，这是美国公民所能获得的最高荣誉。20世纪80年代，德鲁克思想被引入中国；2004年，德鲁克管理学全面进入中国的管理教育。

2005年11月11日，德鲁克在加州克莱蒙特的家中溘然长逝，享年95岁。

（资料来源：彼得·德鲁克著，许是详译. 卓有成效的管理者. 机械工业出版社，2013）

二、管理者的角色

为了有效地履行管理职能，顺利开展管理活动，管理者必须明确自己要扮演什么角色，以及要站在一个什么样的立场上来行使管理职权。

1. 德鲁克的管理者角色理论

“管理者的角色”（The role of the manager）这一概念，最早是由美国管理大师彼得·德鲁克（Peter F Drucker）在1955年提出来的。德鲁克认为，管理者所扮演的角色，大体上可分成以下三类：

（1）从管理研究对象的角度来看，其角色是管理一个组织，即明确组织目标——确定该组织是干什么的；应该有什么样的目标；如何采取积极措施实现目标；如何获得组织的最大效益；如何“为社会服务”和“创造顾客”。

（2）从管理者的角度来看，其角色是管理管理者，即确保下级的设想、意愿、努力等能朝着共同的目标前进；培养集体合作精神；培训下级；建立健全组织机构；进行自我管理。

（3）从被管理者的角度来看，其角色是管理工人和工作，即激励、约束、控制组织成员的行为，充分发挥他们的能动性，使其与组织目标相一致。

2. 明茨伯格的管理者角色理论

20世纪60年代末，加拿大管理学家亨利·明茨伯格（Henry Mintzberg）通过仔细观察研究了多位总经理的工作内容，发现管理者在组织中扮演着十个角色，提出了被广泛认可的管理者角色理论。如表1.1所示。

表1.1　明茨伯格“管理者角色”理论

管理者角色		角色定位	主要活动
人际关系角色	挂名首脑	代表组织履行一些社会性、法律性的例行义务	正式参加一些仪式、宴会、聚会等
	领导者	激励和动员下属、人员调配、培训等	向下属发布指令、动员员工参加活动等
	联络者	维系与外界的联系，构建组织内外的关系网络	协调不同部门的工作、与合作企业建立联盟等
信息传递角色	监听者	收集各种信息，是组织信息的神经中枢	评估工作成果、获取竞争者动向等
	传播者	将收集到的信息传递给组织成员	告知外部环境变化、与员工沟通组织现状等
	发言人	将组织的信息传递给组织以外的利益相关者	广告宣传、宣讲组织未来规划等
决策制定角色	企业家	寻求组织内外环境的发展机会，推动变革	决定国际扩张、新产品创新等
	混乱驾驭者	当组织面临危机时，负责采取措施补救	解决突发的企业产品问题等
	资源分配者	负责对组织的资源进行分配	决定预算和薪资计划等
	谈判者	代表组织对外进行谈判	与供货商、分销商议价等

（资料来源：亨利·明茨伯格．经理工作的性质．北京：中国社会科学出版社，1986）

（1）人际关系方面的角色

人际关系方面的角色产生于管理者在组织中的正式权威和地位。管理者所扮演的三种人际角色分别是：

挂名首脑：管理者代表组织正式的权威，作为组织的首脑，要履行一些社会性、法律性的例行义务，如接待来访者，签署文件等。这种角色往往代表着组织的合法性、社会地位和外界影响等。

领导者：作为一个组织或部门的领导者，要负责激励和动员下属、人员调配、培训，以确保组织目标的实现。正式的权力赋予了管理者一定程度的潜在影响力。

联络员：管理者是主动维护其所领导的组织内外的个人或团体关系的重要网络。

（2）信息传递方面的角色

信息传递角色是指管理者要负责确保和其一起工作的人能及时获得必要的、足够的信息，同时传递一些必要的信息，从而确保各项工作顺利完成。其角色包括：

监听者：管理者作为组织内外部的信息中心，要不断关注组织内外环境的变化，通过各种渠道获取对组织有用的各种信息，同时对所获取的信息进行一些必要的处理，充分发挥信息的作用。

传播者：管理者将获取的各种有用信息及时传递给组织的其他成员，便于信息共享和开展工作。主要是面向组织内部传递信息。

发言人：主要是面向组织外部发布信息，如发布组织的计划、政策、决定、报告等，使那些对本组织有重要影响的组织或公众了解组织的运营状况。

（3）决策制定方面的角色

管理者要通过决策来确定具体的工作任务、方针和政策，并分配资源以保证计划的实施。明茨伯格把决策制定分解为四个方面的工作，形成了决策方面的四种角色：

企业家：管理者在其职权范围内充当本组织变革的发起者和设计者，寻求组织内外环境的发展机会，制定技术和管理创新的方案，以适应环境的变化。

混乱驾驭者：当组织面临重大的、意外的冲突或问题时，负责采取补救措施，处理危机。

资源调配者：负责调配组织各种资源（人、财、物、信息、技术、时间等），以充分利用这些资源。

谈判者：作为组织的代表，与员工、供应商、客户和其他团体组织，进行必要的谈判，以确保组织朝着预定的目标迈进。

这十个角色是一个相互联系、密不可分的整体。在现实中，由于组织类型不同，管理者在组织内所处的层次不同，所扮演的角色的侧重点或重要程度也会有所不同。

扩展阅读

亨利·明茨伯格小传

亨利·明茨伯格（1939—），是全球管理界享有盛誉的管理学大师，经理角色学派的主要代表人物。

1939年9月2日，明茨伯格生于加拿大的一个普通家庭，父亲是一家生产女装的小公司的管理者。当明茨伯格还是个孩子时，他就想知道父亲在办公室里做些什么。他在1993年所写的自传中表明，那只是一时的好奇而已，和后来走上管理学的道路并无必然关系。

明茨伯格高中毕业以后，因为喜欢拆开东西（他坦承很少能把它们恢复原样），所以进入位于蒙特利尔的麦吉尔大学攻读机械工程学，毕业后在加拿大国家铁路公司（Canadian National Railways）从事操作研究工作。其间，他的兴趣逐渐转向人们如何工作上。后来，在叔叔杰克的鼓励下，明茨伯格到MIT（麻省理工大学）攻读管理学，他的人生轨道也由此改变。拿到博士学位后，明茨伯格回到了麦吉尔大学任教，成为管理学教授。

他的整个职业生涯都专注于探索和理解管理者如何做决策以及如何制定战略。明兹伯格始终是一个非常引人注目的人物。他的第一本著作《管理工作的性质》曾经遭到15家出版社的拒绝，但是，如今这本书已是管理领域的经典。

明茨伯格是最具原创性的管理大师，迄今已发表文章140多篇，出版著作10余本。明茨伯格一直以他在管理领域所提出的大胆、创新和颇具开拓精神的观点而为人所瞩目，他的思想非常独特，他被很多正统学者认为是离经叛道的代表人物。

明茨伯格曾多次在《哈佛商业评论》上发表文章，其中两次获得“麦肯锡奖”。1980年，明茨伯格成为加拿大皇家协会的会员，是该协会第一位管理学教授出身的会员。2000年，他因对管理学所做出的贡献获得管理学会颁发的“杰出学者奖”。

（资料来源：百度百科. http：//baike. baidu. com/item/亨利·明茨伯格，2016）

3. 罗伯特·奎恩等人的管理者角色理论

在20世纪80年代至90年代，以罗伯特·奎恩（Robert Quinn）为代表的一些学者，对管理行为进行了广泛的实证研究，出版了一部巨著《成为一位卓越的管理者》。在这本书中，他们提出了一种新的管理者角色理论。他们认为，管理者实际上是在扮演着8种看似相互矛盾又必须兼顾的角色。

（1）导师。管理者要体恤与关怀下属，并能设身处地地为下属着想。

（2）促进者。管理者要做一个重视过程、促进互动的管理者，提高管理生产力。

（3）监督者。管理者要成为一个对业务十分娴熟的技术专家，主要从事相关信息的收集活动，能使下属按部就班、有条不紊地完成组织的目标。

（4）协调者。管理者要做一个可靠的、可信任的管理者，能有效地维系组织内部的团结。

（5）指导者。管理者要果断、英明，能为下属提供工作的框架、原则和方向。

（6）生产者。作为一个生产者，管理者是一位工作取向、发起行动的管理者。

（7）掮客（Broker）：懂得扮演掮客角色的管理者，是一位资源取向的、政治上十分机敏的管理者，能为组织争取和获取资源。

（8）革新者。管理者要做一个有创造力、聪明的、能预见变革的、带领改革的管理者。

奎恩等人除了提出管理者要扮演的 8 个角色，还强调了管理者在工作中一定要把握好每一个角色的度，否则就会产生负面的影响。例如，管理者若太过分强调导师的角色，则会成为心软的、放纵的管理者；过度热衷于争取资源的管理者则可能变成狂热的机会主义者等。

三、管理者的技能

管理者是从事管理活动的主体。管理是否有效，很大程度上取决于管理者是否具备应有的管理技能。

1955 年，罗伯特·卡茨（Robert L. Katz）在他的《能干的管理者应具有的技能》一书中关于管理者的技能给出了比较权威的概括。他认为，管理者必须具备技术技能、人际技能、概念技能这三种基本的技能。

1. 技术技能（Technical Skill）

技术技能是指管理者掌握和运用某一专业领域内有关的知识、技术、程序和方法的能力。例如，工程师、会计师、广告设计师、推销员等都掌握有各自相应领域的技术技能，所以被称作专业技术人员。对于管理者来说，虽然没有必要使自己成为精通某一专业领域的行家，但要对相应的专业领域进行有效管理，就必须懂行，必须了解并初步掌握与其管理的专业领域相关的基本技能，否则将很难与其所主管的组织内的专业技术人员进行有效的沟通，无法对所管辖的业务范围内的各项工作进行业务上的指导。技术技能对基层管理者来说尤为重要。

2. 人际技能（Human Skill）

人际技能是指与人事关系处理有关的技能，即联络、处理和协调组织内外人际关系的能力，激励、指导和指挥他人的能力。这种能力当然首先包括领导能力，因为管理者必须学会同下属沟通并对下属有影响力。但人际技能的内涵远比领导技能广泛，因为管理者除了领导下属外，还得与上级领导和同级同事打交道，要学会说服上级领导，学会同其他部门同事紧密合作。在现代管理中，人际技能是一项重要技能，对各层级的管理者都具有同等重要的意义。

3. 概念技能（Conceptual Skill）

概念技能是指管理者纵观全局、处理各种全局性的复杂关系的决策能力，也就是洞察企业与环境相互影响的复杂性的能力。具体地说，概念技能包括对复杂环境和管理问题的观察、分析能力；对全局性、战略性、长远性的重大问题的处理与决策能力；对突发性紧急情况的应变能力等。这种能力对组织决策和组织发展具有极其重要的意义，是高层管理者必备的最为重要的能力。

显然，任何管理者都会面临一些混乱而复杂的环境，需要认清各种因素之间的相互联系，以便抓住问题的本质，根据形势和问题果断地做出正确的决策。管理者所处的层次越高，其面临的问题越复杂、越无先例可循，就越需要概念技能。

这三项技能之间具有紧密的相关性，对任何管理者来说，都是应当具备的。但不同层次的管理者，由于所处的位置、所起的作用和所用的职能不同，对这三项技能的要求有所不同。如前所述，技术技能对基层管理者来说更为重要；人际技能对各层级的管理者都具有同等重要的意义；高层管理者需要具备更强的概念技能。如图 1. 3 所示。

图 1. 3　不同层次管理者对管理技能的需求程度

课堂讨论案例

钟彬娴：　雅芳历史上的第一位华裔女性

“我相信有一些非常特殊的要素决定了哪些人会成为领导者，并帮助她们在今天高度竞争的环境中显露锋芒。成功与不成功的区别很简单，那就是‘激情’。”——钟彬娴

1999 年，雅芳业务陷入低谷，公司股价狂跌 50%，此时，钟彬娴临危受命，出任 CEO。

她一上任就表现出了超凡的能力和果敢。4 个星期后，她宣布在保留直销的同时，全力进入传统零售业。首先，在全球市场首批设立了 50 个商场专卖柜台，一下子吸引了许多年轻女性，同时不失时机地涉足电子商务以方便消费者网上购物。而在过去，雅芳由于担心与自己的销售代表竞争而始终对零售业敬而远之。

另外，她辞退了雅芳的广告代理商，下令对包装进行全新设计；她摒弃了雅芳繁多的地区性品牌，代之以“雅芳色彩”这个国际品牌，雅芳的产品品种因此锐减了 30% ~ 40%；她将研究及发展的预算增加至 46%，并把新产品推出的时间从三年缩短至两年；她将以前 300 个供应商减少至 75 个，节省了 6000 万美元，然后再将落单的流程自动化，又为公司削减了近 4 亿元成本。

钟彬娴了解到，雅芳的客户以职业女性为主，她们在经济上未必能应付得了高档的美容产品，但又渴求拥有高档品牌所带来的优雅感觉。于是，钟彬娴将雅芳的产品包装重新设计得更时尚、更高档。为了更深切地体会顾客的需要，她还亲自做雅芳小姐，逐家逐户推销雅芳产品，从中听取顾客意见。

在她的领导下，雅芳由一家女性化妆品直销公司，变成了一家兼具电子商务和其它销售渠道的女性化妆品公司。

2003 年 10 月 23 日 19 时 20 分，身着鲜红套装的她出现在清华大学经管学院报告厅。一个恰到好处的微笑，一句不太流利的中文“大家晚上好”，立刻拉近了她与台下听众的距离。

这就是钟彬娴，美国雅芳公司百年历史上的第一位华裔女性 CEO。在过去的 4 年里，她成功地引领雅芳走出低谷，成为《财富》杂志评选出的最令人敬佩的公司之一。

事实上，各个行业中限制女性上升的天花板一直存在。钟彬娴成了那个打破天花板的人，在钟彬娴掌管雅芳期间，雅芳连续三年被《商业周刊》评为全球最有价值的品牌。钟彬娴 1994 年加入雅芳，1999 年 11 月临危受命，担任雅芳 CEO，肩负着带领公司步出低谷的重任。2001 年 9 月当选为雅芳全球董事会主席。除了在雅芳的职位以外，她也是苹果公司和通用电气的董事，一度是财富 500 强企业任职时间最长的女性 CEO。

作为全球企业的明星经理人，钟彬娴在雅芳近 20 年。在其任下，雅芳的销售额和股价都曾在很短时间内实现翻番，其本人也收获了巨大的荣誉。但不幸的是，到了 2011 年，以中国为代表的新兴市场业绩持续低迷，成为致钟彬娴“下课”的导火索。“雅芳 2011 年在中国市场的收入约 20 亿元，不仅被老对手安利远远甩在身后，与玫琳凯、完美等百亿元的营业收入相比，也早已不在一个量级上了。”2012 年底，钟彬娴卸任董事长后，继续担任雅芳董事会高级顾问。

（资料来源：钟彬娴：女人公司女人管 . http：//women. sohu. com/2004/06/28/）

回答问题：

1. 钟彬娴表现出了管理者应具备的哪些管理技能？
2. 你认为一名合格的管理者应具备哪些素质与能力？

第三节　管理环境

任何组织都是处于一定的环境之中，其生存和发展与环境有着千丝万缕的联系。同时，管理者所作出的任何管理决策也都要受到组织内外环境的影响和制约。

一、管理环境的概念

“环境”一词在现实生活中应用比较广泛，但究竟什么是环境？不同的学者从不同的角度做出了解释。曾有一位作家写道："从整个宇宙中减去代表组织的那一部分，余下的部分就是环境"。也就是将组织以外的那一部分定义为环境。实际上，组织以内的各种条件对组织的绩效和行为也会产生很大的影响。因此，环境是指一切存在于组织内、外并对组织有现实和潜在影响的因素的总称。

对于管理环境，本书定义如下：所谓管理环境，是指一切存在于组织内、外并对组织的管理活动和决策产生现实和潜在影响的各种因素的总称。包括外部环境和内部环境。组织的外部环境是指对组织产生影响的外界的客观情况和条件，这些因素经常处于变动之中，对组织的各项决策有着重要的影响。组织的内部环境是指影响组织内部的各种因素，如组织的价值观、规章制度、目标政策、管理方式、人员素质、物力资源、财力资源等。

二、组织的外部环境

根据对组织的管理活动和决策影响程度的不同，组织的外部环境可分为一般环境和具体环境。

1. 一般环境

组织的一般环境，也可以说是组织的大环境，主要包括政治法律环境、经济环境、科技环境、社会文化环境、自然环境和国际环境等。一般环境的影响往往是广泛的，对于某一特定社会中的所有组织都可能会产生影响，不是仅仅影响某个特定的组织。

（1）政治法律环境

政治法律环境包括一个国家的社会制度、政治制度，以及执政党的性质、路线、方针、政策、法律法规等。政治法律环境的变化，组织一般难以预测，但这种变化会给组织带来何种影响，却是可以分析的。由于政治法律环境对组织的影响往往是根本性的，带有强制性的约束力，组织必须对政治法律环境的变化给予充分的关注，要及时了解国家的方针政策，了解、熟悉相关法律法规。只有这样，才能使组织的各项经营管理活动符合国家和社会的利益，才能把握有利的时机，获得政府的支持和法律的保护。

（2）经济环境

经济环境是指构成组织生存和发展的社会经济状况及国家经济政策，它是一个多元的、动态的系统，主要由社会经济结构、经济发展水平、经济体制和宏观经济政策等四个要素构成。社会经济结构又称国民经济结构，包括产业结构、分配结构、交换结构、消费结构和技术结构，其中最重要的是产业结构。经济发展水平是指一个国家经济发展的规模、速度及所达到的水准，反映一个国家经济发展水平的常用指标主要有国民生产总值、国民收入、人均国民收入、经济增长速度等。经济体制是指国家组织经济的形式，它规定了国家与企业、企业与企业、企业与各经济部门的关系，并通过一定的管理手段和方法，调控或影响社会经济活动的范围、内容和方式等。经济政策是国家或执政党制定的实现一定时期国家经济发展目标的战略与策略，它包括综合性的全国经济发展战略和产业政策、国民收入分配政策、价格政策、金融货币政策、劳动工资政策、对外贸易政策等。

(3) 科技环境

科技环境大体包括四个基本要素：社会科技水平、社会科技力量、国家科技体制以及国家科技政策和科技立法。

社会科技水平是构成科技环境的首要因素，它包括科技研究的领域、科技研究成果门类分布及先进程度和科技成果的推广应用三个方面。社会科技力量是指一个国家或地区的科技研究与开发的实力。科技体制是一个国家社会科技系统的结构、运行方式及其与国民经济其它部门的关系状态的总称，主要包括科技事业与科技人员的社会地位、科技机构的设置原则和运行方式、科技管理制度、科技成果推广渠道等。国家的科技政策和科技立法是国家凭借其行政权力和立法权力对科技事业履行管理、指导职能的途径。

科技环境对企业的影响，表现在生产工具、生产手段的进步上，表现在新产品的出现上，也表现在对人的素质和技能的更高要求上。随着知识经济时代的到来，产品和服务中的科技含量日益提高，科技环境对企业的影响也越来越大。

扩展阅读

人工智能会在哪些领域影响未来的发展？

在现实生活中，许多人认为人工智能不可能创造出情感和思维，机器人替代人类是天方夜谭。但是，随着人工智能技术的飞速发展，计算机程序已经证明它可以在一些领域做得比人类更加出色。

不可否认，计算机程序想要读懂人类的感情是很困难的，计算机并不会察言观色，更不擅长识别谎言。根据 Tomas Chamorro-Premuzic 的研究，高情商的人情绪化特征不明显，情绪和行动的关联性是可控的，通过理性的分析可以减少环境干扰。机器人在这一方面比人类更有优势，它的程序化和理性化能让它更理智的“思考”。

目前，人工智能技术已经可以通过计算机程序，外部传感器和其他设备观察人类的面部特征、肢体语言、手势以及对话氛围等特征，基于数据分析来与人类更有感情的对话。

1. 金融领域的人工智能

在华尔街，每个股票交易员手中至少掌握着数百万美元的资产，对市场的分析稍有误差就可能导致巨额亏损。从历史数据来看，在这种高压环境中，想要让交易员一直保持冷静的状态来分析市场是不太现实的，员工的坏情绪可能让自己为决策失误付出高昂的代价。

为了应对员工的不理智情绪，国际上的一些金融巨头，比如摩根大通和美国银行正在与科技公司共同合作，通过人工智能程序来监控操盘者的情绪和市场数据，并给出操作建议。

此外，据彭博社报道，许多美国银行已经开始和一家名为 Humanyze 的创业公司展开合作，来共同研究员工情绪对工作结果的影响。据了解，Humanyze 由麻省理工学院的毕业生设立，通过一个类似徽章的传感器实时获取和传输佩戴者的情绪状况，将情绪报告和工作状态加以拟合分析，进而获取情绪对该员工工作结果的影响程度，为管理者的任务安排和团队分工提供参考指标。

2. 智能办公

SaaS 是全球知名的“软件即服务”供应商，近期该公司表示正在研究一款名为 LISA 的软件，帮助企业的销售人员实现办公自动化。

在功能上，LISA 将能自动识别转发给它的邮件，通过语义分析判定内容是积极还是消极，结合历史数据帮助使用者起草回复内容。有统计显示，销售人员有很大一部分时间是花在回复邮件上的，而这些邮件中的大多数是机械性化的回复。借助 SaaS 平台的这款软件，销售人员再也不用在回复邮件上花费大量时间，转而可以腾出手来拓展新的客户。

人工智能助理软件 LISA 将在不久的将来让办公变得智能起来，它将作为一款免费软件提供给用户，只需简单地设置，就可以处理机械性的邮件编辑工作，大大提高办公效率。

（资料来源：电子工程师社区. http：//www. elecfans. com/rengongzhineng/）

（4）社会文化环境

社会文化环境包括一个国家或地区的社会阶层的形成和变动、人口情况、国民教育程度和文化水平、宗教信仰、风俗习惯、审美观念、价值观念等。组织的成员都来自于社会，组织的活动离不开社会，社会文化环境主要就是通过作用于组织成员以及其他社会成员，从而对组织产生影响。

（5）自然环境

自然环境包括组织所在地区的位置、气候条件、资源状况等。对于企业来说，自然环境是影响其生产经营活动的至关重要的因素。所谓“天时、地利、人和”，“地利”所指的主要就是自然环境。

组织所处的地理位置决定了其可能获得的交通运输条件、通信条件、人力资源条件、政策优惠条件等，从而影响组织的生产经营成本或运行成本、人员素质、信息获取、社会负担等。气候条件对那些受气候影响较大的组织，如旅游企业、空调生产企业、农牧企业等尤其重要，良好的气候条件可以为这些组织提供机会，恶劣的气候条件则可能对其产生破坏性的影响。这里所说的资源状况主要是指自然资源，如矿藏、水资源、林木资源等的数量和质量，这是所有组织生存和发展的必要条件。

（6）国际环境

由于全球经济一体化趋势的迅速发展，国际环境对组织的生存与发展正变得越来越重要。它包括组织所在国以外的所有可能对组织产生影响的因素，如汇率、各种国际组织、国际协定，以及与组织有关的其他国家的政治环境、经济环境、法律环境、社会文化环境、市场环境、商业习惯等。

2. 具体环境

具体环境是指与特定组织直接发生联系的那些环境要素，主要包括供应商、顾客、竞争者、政府管理部门、工会、新闻媒体以及其他利益代表团体（如消费者协会、妇联）等。具体环境对每一个组织而言都是不同的，它会随着组织所提供的产品或服务的范围及其所定位的细分市场的变化而发生改变。在此，我们以企业组织为例，分析直接影响组织绩效的具体的环境因素。

（1）供应商

供应商是指向该组织提供所需的各种资源的人或其他组织，如提供设备和原材料的企业，提供资金来源的银行和其他金融机构，以及提供所需人力资源的高等院校和其他培训机构等。供应商对一个组织的影响主要表现在两个方面：一是供应商能否按照组织的需求按时、按质、按量地提供各种资源要素，这直接决定了组织的生产经营活动能否正常运行；二是供应商的价格谈判能力，这决定了组织的生产经营成本的高低，并进一步影响着组织的经济效益。

（2）顾客

顾客即组织所提供的产品或服务的购买者，包括最终消费者和中间经销商等。一个组织提供的产品或服务，只有满足顾客的需求才能给组织带来经济效益。顾客是组织生存的基础。随着科技的进步和人们生活水平的提高，顾客的需求越来越多元化，同时也具有个性化。只有不断深入市场，了解顾客的需求，有针对性地推出新产品和有特色的服务，最大限度地满足顾客的需要，才能成功地拥有顾客，在市场上占有一席之地。

（3）竞争者

竞争者是指所有与本组织争夺顾客、市场或资源的其他人或组织，可能是来自同一行业提供相同产品或服务的其他组织，也可能是来自其他行业提供类似或替代产品或服务的组织。例如，可口可乐公司和百事可乐公司以及其他饮料公司都互为竞争者，等等。在此，我们将竞争者划分为直接竞争者、潜在竞争者、替代品生产者三大类来加以分析。潜在竞争者和替代品生产者也可合称为间接竞争者。

直接竞争者主要是指同行业中现有的组织，他们生产相同或相似的产品，必然会想方设法争夺市场，从而形成竞争关系。对直接竞争者进行研究，主要包括直接的竞争者有哪些，以及他们各自的地区分布、规模、资金实力、技术实力、经营特色、主要产品、市场占有情况、产品获利能力、主要发展方向等。

潜在竞争者主要是指那些可能进入本行业的新进入者。新进入者进入该行业，必然会带来新的生产能力，并取得一定的市场份额，因而会对原有组织产生威胁。管理者要研究新进入者的规模、经营特色、资源供应等状况，采取必要的应对措施。

替代品生产者是指那些提供具有相同或相似功能的其他产品的组织，如洗衣粉可替代肥皂，圆珠笔可部分替代钢笔。用户购买商品的目的在于获得其使用价值或是实现其功能，那些能满足用户同一需求的产品都具有可替代性。当用户购买了某种产品后，他们对那些具有相同或相似功能的产品的需求就会减少。因而，替代品生产者也是该组织的竞争者。

（4）其他环境因素

组织的具体环境因素还包括一些对组织的活动有着直接影响的管辖机构和监督机构，如工商、税务、物价、质检、卫生防疫等政府管理部门，以及消费者协会、新闻媒体和本组织所在的社区机构等。组织需要与这些相关的组织或部门建立和保持良好的关系，确保组织的正常生产经营活动顺利进行。

三、组织的内部环境

组织的内部环境是指存在于组织内部、能够被组织所控制的各种资源、组织结构、核心能力、组织文化等因素的总称，是组织内部的一种共享价值体系。内部环境是组织内部与战略有重要关联的因素，是制定战略的出发点、依据和条件，是竞争取胜的根本。

从组织的构成以及对组织管理活动的影响因素进行分析，本书认为，组织的内部环境包括资源环境、能力环境、文化环境等。

组织资源环境是指组织为了开展生产经营活动而投入的各种资源总和，包括人、财、物、信息、技术、关系、声誉等。既有有形的、显性的资源，也有无形的、隐性的资源。这些资源决定着组织的生产能力、营销能力、创新能力等。

组织能力环境是组织所拥有的各种资源的融合。其中，能为组织带来相对于竞争者的持久优势的资源和能力称为核心竞争力，也称核心能力。管理者开展管理工作时，最根本的就是要最大限度地培育、发展和运用组织的核心竞争力。判断某种资源和能力能否转化为核心竞争力，有以下四个基本衡量标准：价值性、稀缺性、难以模仿性、不可替代性。只有同时满足以上四个评判标准，组织才称得上拥有核心竞争力。

组织文化环境包括以下三个层面的内容，一是组织的精神文化，包括组织的价值观念、组织信念、经营管理哲学以及组织的精神风貌等；二是组织的制度文化，包括组织的工艺操作规程和工作流程、规章制度、考核奖励制度以及健全的组织结构等；三是组织的物质文化，包括组织的名称、标识、产品、建筑、知名度、美誉度等，是能够为人们直接感知到的组织外在形象的体现。

一个组织必须要结合自身的内部条件来识别外部环境所带来的机会与威胁。只有与组织自身所拥有的资源、能力、文化相匹配，环境中存在的机会才有可能转变为组织的机会。因此，组织首先要着眼于提高和改善自身的内部条件，打造自身的核心竞争力。

四、管理环境的特点

如上所述，构成管理环境的因素有很多，并且很复杂，它们从不同的方面对组织的生存与发展和组织的绩效产生着十分重要的影响。因此，研究和掌握管理环境的特点非常必要。一般来说，管理环境具有如下特点：

1. 复杂性

一个组织所面临的环境因素既包括人的因素，也包括物的因素；既包括内部因素，也包括外部因素；既包括一般环境因素，也包括具体环境因素。这些因素同时对每个组织的管理工作都会产生影响，决定着组织的管理绩效。在这种复杂的环境下，管理者只有全面了解和分析各种因素的影响，才能做出正确的决策。

2. 交叉性

管理环境因素不仅复杂，而且各种因素之间是相互依存和相互影响的。无论哪一方面的因素发生变化，都会直接或间接地引起其他因素的变化。如原材料价格上涨，导致产品成本增加，必然引起产品价格上涨，进而影响顾客的需求。需求一旦下降，经济的增长就会受到影响。这种依存关系，必然会对组织的管理决策和国家的政策调整产生连锁反应。

3. 变动性

管理环境因素不是一成不变的，其总是处于变化之中。如国家政策的调整、法律的不断完善、顾客需求的多样化、资源的逐渐匮乏等，随之而来的就是环境的变化。可以说环境的不确定性威胁着一个组织的成败，因此管理者要加强预见性，全面了解各方面的信息，及时掌握环境变化的趋势，提前做好应对的准备，将这种不确定性减至最低程度。

任何组织都存在于一定的环境之中，环境一方面为组织活动提供了必要的条件，另一方面又对组织活动起到制约作用。因此，把握住环境的现状及将来的变化趋势，利用有利于组织发展的机会，避开不利于组织发展的威胁，这是组织谋求生存和发展的首要问题，也是非常重要的一个问题。

一方面，环境对组织的活动有着非常重要的影响。组织所需的各种资源都需要从它赖以生存的环境中获取，如从人才市场获取人力资源，从原料市场获取原材料，从银行获取贷款等。现实生活中，很多资源都是有限的。这些有限的资源的数量、质量、价格和获取的难易程度，必然限制或影响着组织的生存和发展，起着决定性的作用。另外，环境因素本身对组织的管理决策也具有影响作用。

另一方面，组织要主动适应环境的变化。环境对组织的活动有着非常重要的影响，环境又总是处于变化之中。组织要生存和发展就要主动去适应环境的变化，采取有效措施，积极利用环境所提供的各种有利条件，努力避开环境变化可能带来的威胁和风险。但组织对环境的适应不是被动的、消极的，而是主动的、积极的，而且组织还可以通过各种方法对环境加以控制，变被动为主动。尤其是在影响具体环境方面，组织可以发挥更大的能动作用，以使组织摆脱劣势，赢得竞争的优势地位。

总之，一个有效的管理者，只有在履行管理职能时，充分了解环境、掌握环境、分析并研究环境，使组织的生存和发展与环境相适应，使自己的管理方法和技巧随环境的变化而变化，才能做出及时、正确的管理决策。

本章小结

本章主要介绍了管理的概念、性质、职能；管理者的分类、角色及应具备的素质；管理环境的特点、组织与环境的关系等内容。

管理是指在特定的环境下，对组织所拥有的资源（人力、物力、财力、时间、信息等）进行有效的计划、组织、领导、控制和创新等一系列活动，以便达成既定的组织目标的过程。

管理的自然属性是由生产力和社会化大生产所决定的。管理的社会属性是由生产关系和社会制度所决定的。

管理既是一门科学，又是一门艺术。管理作为一个活动过程，其间存在着一系列基本客观规律和相应的法则，这是指管理的科学性；管理的艺术性是指管理的实践性，是指在运用管理知识和技能方面的灵活性。

管理的职能主要包括计划、组织、领导、控制等。

管理者是从事管理活动的主体，是指组织中具有一定的管理能力从事管理活动的人，是担负管理职责指挥他人工作的人。

组织的环境主要包括一般环境和具体环境。一方面，环境对组织的活动有着非常重要的影响；另一方面，组织要主动适应环境的变化。

练习题

一、单项选择题

1. 关于管理的概念，提出“管理就是决策”的管理学家是（　　）。

A. 泰罗　　B. 法约尔　　C. 孔茨　　D. 西蒙

2. 管理的二重性是指（　　）。

A. 经济性和目的性　　B. 科学性和艺术性

C. 自然属性和社会属性　D. 有效性和经济性

3. 管理是一种艺术，这是强调管理的（　　）。

A. 复杂性　B. 有效性　C. 实践性　D. 精确性

4. 亨利·明茨伯格认为，管理者扮演的十大角色可以归入三大类，即（　　）。

A. 领导角色、人际角色与信息角色　B. 人际角色、信息角色与决策角色

C. 人际角色、信息角色与技术角色　D. 领导角色、决策角色与技术角色

5. 在管理者的技能中，能够纵观全局、处理各种全局性的复杂关系的决策能力，也就是洞察企业与环境相互影响的复杂性的能力是指（　　）。

A. 技术技能　B. 人际技能　C. 概念技能　D. 决策能力

6. 中层管理者的主要工作是（　　）。

A. 战略管理　B. 现场管理　C. 沟通协调　D. 开拓创新

7. 对高层管理者的技能要求与对中层管理者的要求不同，按三种技能在其技能组成中的比重从大到小排列，对高层管理人员的技能要求应该为（　　）。

A. 人际技能、概念技能、技术技能　B. 技术技能、人际技能、概念技能

C. 概念技能、人际技能、技术技能　D. 概念技能、技术技能、人际技能

8. 影响管理系统生存和发展的一切要素的总和是（　　）。

A. 管理环境　B. 管理道德　C. 管理方法　D. 管理手段

9. 从环境对组织的影响角度，（　　）是组织生存的基础。

A. 政治环境　B. 顾客　C. 供应商　D. 竞争者

10. 管理环境因素不是一成不变的，其总是处于变化之中。这是指管理环境的（　　）。

A. 复杂性　B. 交叉性　C. 变动性　D. 适应性

二、名词解释

管理　管理的二重性　管理环境

三、简答题

1. 学习和掌握管理二重性的现实意义是什么？
2. 为什么说管理既是一门科学，又是一门艺术？
3. 管理的职能包括哪些？
4. 管理者应具备哪些基本技能？并简要概括。
5. 简述组织与环境的关系。

四、案例分析题

案例　升任公司总裁后的思考

郭宁最近被一家生产机电产品的公司聘为总裁。在他准备去接任此职位的前一天晚

上，他浮想联翩，回忆起他在该公司工作 20 多年的情况。

他在大学时学的是工业管理，大学毕业后就到该公司工作，最初担任液压装配单位的助理监督。因为他对液压装配所知甚少，在管理工作上也没有实际经验，他感到几乎每天都手忙脚乱。可是他非常认真好学，他一方面仔细参阅该单位所定的工作手册，努力学习有关的技术知识；另一方面监督长也对他主动指点，使他渐渐摆脱了困境，胜任了工作。经过半年多的努力，他已有能力独自承担液压装配的监督长工作。可是，当时公司没有提升他为监督长，而是直接提升他为装配部经理，负责包括液压装配在内的四个装配单位的领导工作。

在他当助理监督时，他主要关心的是每天的作业管理，技术性很强。而当他担任装配部经理时，他发现自己不能只关心当天的装配工作状况，他还得做出此后数周乃至数月的计划，还要完成许多报告和参加许多会议。他没有多少时间去从事他过去喜欢的技术工作。当上装配部经理不久，他就发现原有的装配工作手册已基本过时，因为公司已安装了许多新的设备，吸收了一些新的技术，这令他花了整整一年时间去修订工作手册，使之切合实际。他还主动到几个工厂去调研，学到了许多新的工作方法，他也把这些吸收到修订工作中去。由于该公司的生产工艺频繁发生变化，工作手册也不得不经常修订，郭宁对此都完成得很出色。工作了几年后，他不但自己学会了这些工作，而且还学会如何把这些工作交给助手去做，教他们如何做好，这样他可以腾出更多时间用于规划工作和帮助他的下属工作得更好，用更多的时间去参加会议、批阅报告和完成自己向上级的工作汇报。

在他担任装配部经理 6 年之后，正好该公司负责规划工作的副总裁辞职，郭宁便主动申请担任此职务。在同另外 5 名竞争者较量之后，郭宁被正式提升为副总裁。他自信拥有担任此职务的能力，但由于高级职务工作的复杂性，仍使他在刚接任时碰到了不少麻烦。例如，他感到很难预测一年后产品的需求情况，而且在新岗位上还要不断地处理市场营销、财务、人事、生产等各部门之间的协调问题。但是，他还是渐渐适应了，做出了成绩，之后又被提升为负责生产工作的副总裁，而这一职位通常是由该公司资历最深的、辈分最高的副总裁担任。到了现在，郭宁又被提升为总裁。他知道，当上公司最高的主管，他应该自信有处理可能出现的任何情况的才能，但他也明白自己尚未达到这种水平，不免为此有些担忧。

（资料来源：杨明刚．实用管理学——知识、技能、案例与实训．2001）

回答问题：

1. 你认为郭宁当上总裁后，他的管理职责与过去相比有了哪些变化？他应当如何去适应这些变化？
2. 你认为郭宁要成功地胜任公司总裁的工作，哪些管理技能是最重要的？为什么？

案例　仓促上阵的新车间主任

张东升是平山矿业公司露天矿机修车间的一位维修工，技工学校毕业，今年38岁，正值年富力强。他干劲大，手艺强，肯负责，人缘好，还带了三名学徒工，同事和上级都挺喜欢他，车间主任李继明更是倚他为骨干，常让他代表自己去矿上或公司开干部会，大家都说李主任的接班人非他莫属。

今天是周一，他正赶上白班，忽然听说李主任心脏病犯了，已经住进职工医院。李主任德高望重，深受大家敬爱，就是身体不好。这回住院，人人都盼望他早日康复，以为又像往常那样，过几天就出院上班，不料傍晚传来噩耗，李主任病重，抢救无效，已病逝在医院中。大家都很悲痛，纷纷去向李师母表示悼念和慰问。

次日一早，分管人事工作的周副矿长来电话，要张东升暂时代理车间主任，行使权力。还特别关注车间正在抢修的一台装载机，问几时能修好，这可是矿上等着要用的急活。张师傅答应周四前一定修好交用。

周三上午，周副矿长把张师傅召去，正式通知他公司已任命他继任车间主任，并表示祝贺和期望。然后张师傅就匆匆赶回车间，参加突击抢修那台装载机去了。任务很重，他不放心，又跟着工人继续干到晚上九点多，再三叮嘱夜班班长抓紧工作后，才回家休息。

周四上午，张师傅上班特别早，发现昨晚矿上又有四辆自卸式载重卡车送来待修。而那台装载机还未修好。张师傅赶忙把全车间白班职工召集到一起，说明了面临的修车任务如何重要、迫切和艰巨，号召大家化悲痛为力量，群策群力，尽快完成任务。工人们纷纷表态要努力干活，如期修好这批车辆。

张师傅略感松了一口气，就上备品库去检查库存是否足以应付这批抢修任务。这时，露天采掘队来电话，说他们的一台主力设备，32吨自卸卡车抛锚在现场，要求派人去抢修。张师傅知道如今每个人手头的活都又多又紧，就自己背起工具箱，到露天采掘现场去抢修了。

待他修好那台自卸卡车回到车间，已经快中午了。他发现车间里乱糟糟一片：四辆待修自卸车中有三辆停工待料。忙问这是怎么回事，工人们说已故李主任以前定下的规矩，备件只有主任签字后才能领取。这时，矿上又有两台故障车送到待修。张师傅刚办完接车手续，周副矿长又来电话要装载机了。

听说还没修好，周副矿长老大不快，埋怨活抓得不紧，并强调这会给矿上带来很大损失。刚放下电话，公司常务副总经理来电话，让张师傅马上去总部出席紧急干部会议。

本来张师傅知道自己被正式提升为车间主任，还挺高兴也颇有信心当好这主任，如今想法好像也有些变了。他怀疑这提升对自己究竟是不是一件好事，对能否胜任这主任一职，也变得不太有把握了。

（资料来源：赵涛．管理学习题集．天津大学出版社，2005）

回答问题：

作为一名基层管理者，张东升具有哪些优势？有哪些不足？

案例　日本尼西奇公司发展的秘诀

尼西奇股份公司是日本福冈市的一家小企业。这是一家专门生产婴儿尿垫的公司。现在日本市场上的婴儿尿垫70%以上都是尼西奇公司生产的。尼西奇公司不仅已成为日本的“尿布大王”，而且是世界上最大的一家尿布专业公司。现在，欧洲、美洲、大洋洲及非洲市场上都有大量尼西奇公司生产的尿垫，而且公司每年销售额以20%的速度递增。尼西奇公司规模并不是很大，却能取得如此出色的成就，其奥妙在哪里？

原来尼西奇公司自1921年开始创建以来，就一直以生产和销售婴儿尿垫为主。但同时也生产雨衣、旅游帽、卫生带等橡胶制品。企业规模虽小，但仍然经常订货不足，企业经营不稳定。第二次世界大战后，日本的经济经过复兴时期，国民经济开始好转，人民生活水平日益提高，生活方式也逐渐发生变化，家庭用品的档次也在不断提高。有一次，当尼西奇公司经理看到一份人口普查的报告，得知日本每年大约出生250万婴儿的信息，他想，现在人们生活方式都在变化，收入在不断提高。如果每个婴儿用两条尿垫，一年就需要500万条，这是一个相当广阔的尿垫市场。如果把眼光放到国外，市场更大，而生产尿垫，正是尼西奇公司的专长。于是公司决定致力于专门生产尿垫，把尼西奇公司变成尿垫生产的专业公司，以集中力量，创立名牌。

尼西奇公司根据这一战略决定，为了满足日本战后生育高峰所带来的对婴儿尿垫的巨大需求，集中力量大力进行婴儿尿垫和尿布的生产，聘请专业研究人员研究各种花色品种，不断选择新材料，开发新品种，在激烈的竞争中首先站住了脚跟。

尼西奇公司是怎样走上专业化生产道路的呢？他们认为，作为一个小型企业，财力、人力、技术力量都很有限，如果什么都想搞，就可能造成一事无成，更不可能有特色。只有扬长避短，选择合适的目标发挥所长，搞专业化生产才能发展。婴儿尿垫虽然是小商品，但它却是人民生活中不可缺少的东西，只要根据消费者的需要生产，任何小商品都可以开拓巨大的市场，变成有销路、有市场的大路货，尼西奇公司选择的就是这样一条道路，它们沿着专业化生产的方向办企业。

为了加速滚动资金周转，他们在营销策略上想了许多办法。由于尼西奇公司资本不多，必须加速资金周转，因此他们下大功夫抓产品销售，建立了遍及全日本的销售网，使“尼西奇”牌尿垫遍及日本各地每一个角落，使公司的年销售额几十倍于公司的总资产。

为了满足顾客的需求，只有推销是不够的，还必须提供热心周到的服务，否则你的产品就可能得不到顾客的青睐。尼西奇公司建立了一种对使用者的辅导制度，在较大的销售点，派出尿垫使用指导员，这些指导员都由30多岁的、有照顾小孩经验的妇女担当。她们既管销售，又负责向顾客进行宣传和指导，向顾客讲解产品使用的功能和特点、用法、洗涤方法以及如何挑选合适的尺码，一个婴儿要几条等等。同时在销售过程中了解顾客对尼西奇产品的意见和要求，及时地把用户的意见向总公司有关部门反映。尼西奇公司通过这些指导员同成千上万的母亲建立了密切的关系，指导员成了公司与顾客间的桥梁，而她们自己也在销售和服务之中成了母亲们可信赖的顾问。这种指导员制度和这些指导员们，为尼西奇公司的产品取得用户信任，做出了重要的贡献。

在日本，市场竞争是激烈的，对于小小的尿垫也是不例外的。尼西奇公司为了在竞争中占上风，非常注意满足消费者多种多样的需要，不仅要提高产品质量，而且还要不断提高技术、研究新材料、设计新款式。为了让职工品评不同式样、品种、质量的尿垫，改进自己的产品，公司建立了样品陈列室。在尼西奇公司的样品室里，仅陈列在架子上的尿垫少说也有几百种。公司还特别开设了开发中心，为使自己的产品物美价廉，十分重视对设备与工艺的技术革新和改造。公司内建立了“建议制度”，鼓励职工通过业余小组进行技术革新和管理创新。对重要的革新项目和合理化建议，公司都给予表彰和奖励。

尼西奇公司的开发中心，设有一个资料室，专门收集了各种式样的尿垫，里面陈列的都是日本和国外厂家生产的有特色的尿垫，可以称为一个“尿垫博览会”。除了日本所有生产尿垫的厂家的产品外，还有美国、西欧、俄罗斯、东南亚各国以及中国（包括中国香港特别行政区）等30多个国家和地区的数百种尿垫样品。开设这个资料室的目的有两个：一是了解日本国内外各竞争对手的情况；二是供设计参考，以便博采众长。中国上海生产的一种利用边角料拼接的尿垫，被尼西奇公司开发中心的所长看到之后，很受启发，回去后立即效仿。由于上下同人的努力，尼西奇公司生产的尿垫已多达近万种。

（资料来源：尚淑红．中小企业工商管理案例及分析．北京：企业管理出版社，1999）

回答问题：

1. 尼西奇公司成功的奥秘是什么？试分析尼西公司的战略及其战术。
2. 从本案例中你可得到什么启发？

五、论述题

联系实际，谈谈你对管理的认识以及管理的重要性。

第二章　西方管理理论的形成与发展

寓言故事：大树和芦苇

有一天，狂风刮断了大树。大树看见弱小的芦苇没受一点损伤，便问芦苇：为什么我这么粗壮却被风刮断了，而纤细、软弱的你什么事也没有呢？

芦苇回答说："我们感觉到自己的软弱无力，便低下头给风让路，避免了狂风的冲击；你们却仗着自己的粗壮有力，拼命抵抗，结果被狂风刮断了。"

学习目标

知识目标

1. 掌握科学管理理论与人际关系理论的主要思想；
2. 理解现代管理理论主要学派的观点；
3. 了解西方现代管理理论的新发展。

能力目标

初步具有运用管理理论分析实际管理问题的能力。

导入案例

为何管理效果不同?

甲研究所设备先进，人才济济，却一直没有很高水平的科研成果。该所负责人李所长采用“重金悬赏”的方法。他坚信“重赏之下必有勇夫”，但收效甚微。为了更好地管理研究人员，他制定了严格的考勤制度；迟到3分钟要罚款100元。为此，员工有时为准时到达，不惜打出租车上班。该所员工的出勤率一直保持较高水平。在一次行业研讨会上，规模相近的乙研究所发布了几项重要科研成果，并介绍了经验。他们认为每个员工都希望做好工作，为此推行了“弹性工作制”以及研究人员自由组合、自主管理的办法。看到乙研究所取得的成绩，李所长认为采用这种方法会失去控制，不宜推广。

（资料来源：三峡大学精品课程网教学案例库）

在上述案例中，甲、乙研究所所长的管理风格、管理方法截然不同，产生的结果也不同。实际上，之所以两位所长会采用不同的管理风格和管理方法，是因为他们对人的看法不同，即所谓不同的人性假设。这实际上就涉及管理理论应用的问题，管理理论来源于实践，反过来又不断地指导着实践，并在实践和应用过程中不断地得到完善和补充。

管理理论的形成和发展是和生产力的发展以及生产组织方式的变化紧密相联的。可以说是这些因素决定着管理理论的发展和变化的过程，管理理论的形成和发展离不开人们的管理实践活动。随着生产力的不断发展，人们把在实践活动中形成的各种零散的管理思想加以归纳、整理和总结，形成了系统化的、内涵十分丰富的管理理论。本章主要从早期管理思想、古典管理理论、行为科学理论和现代管理理论四个阶段来介绍西方管理理论的形成和发展的过程。

第一节 早期的管理思想

在西方早期管理思想中，最具有代表性的是古埃及的管理思想、古巴比伦的管理思想、古希腊的管理思想、古罗马人的管理思想等。早期的管理对象是国家、军队、部落、教会和家庭，也有对小规模、初级的经济活动的管理。早期的管理思想还没有形成体系或学说，都是在管理实践中隐含或总结的比较零散的管理思想，但这些管理思想对西方管理理论的形成与发展起到了重要的推动作用。

一、西方文明古国的管理思想

1. 古埃及的管理思想

古埃及的政府体制建设中包含着分权和集权的管理思想，是一个由分权到集权转变的过程。在古王国时期，埃及政府是高度分权的组织。从公元前2160年至前1788年，税收是中央政府和下属各省的惟一真正联系。中王国时期的统治者发现这种松散的控制造成了税收上的减少和各省效忠程度的降低，于是从公元前1600年开始，通过军队接管各省的权力来实现集权化。由于是军队接管，军官占据了行政职位并改组中央政府。这次集权化使所有的土地都归于以法老为首的皇家官员手中。权力都集中于法老，他把地方权力授予由中央政府任命的省长或县长。新地方官失去了独立性，只是执行法老的指示。法老由一位宰相辅佐，管理国家工作。这样，埃及人在经过一千年之后，终于认识到，虽然由于国土分散需要分权，但只有在建立了有效的中央控制之后，分权化才能成为一种有效的管理组织的形式。

扩展阅读

埃及金字塔

彼得·德鲁克曾在1987年的一次美国闭路电视演讲中说：世界上最伟大的管理者是那些修建金字塔的人。

金字塔的建筑技术从现代的观点看可能是原始的，但其工程成就却无声地向我们昭示了埃及人的管理和组织能力。例如，齐奥普斯大金字塔的塔身高达146.5米，塔底每面长230米，占地13英亩，共包含230万块平均两吨半的巨石；齐夫林金字塔比齐奥普斯金字塔只低3米，塔前卧着一座狮身人面像，高20米，长62米，用一整块巨石凿成。这些工程成就堪称世界奇迹。

一位希腊历史学家为了解金字塔建造情况曾访问过埃及人。他记叙说，建造齐奥普斯金字塔曾在全国征调了大量的人力，组成各种庞大的专业队。当时石料是从很远的地方运到现场的，光铺设运石通路，就用了10万人，花了10年时间；建造工程又用了10万人，花了20年的时间。如此庞大的工程，没有规划和管理是完不成的。在什么地方和什么时间采掘石头，石块要多大的以及如何运输等，都需要目前叫作“长期规划”的工作。金字塔所有石块的采掘和搬运工作突出地表明了古埃及人的组织制度。

（资料来源：姜杰．西方管理思想史（第2版）北京：北京大学出版社，2011）

2. 古巴比伦的管理思想

古巴比伦的第六代国王汉穆拉比为了巩固其政权，颁布了一部法典，作为改进行为的准绳。法典共分为三部分，即引言、法典本文和结语。《汉穆拉比法典》是人类已知的最古老的法典之一。该法典共 282 条，内容几乎无所不包，涉及财产、借贷、租赁、转让、抵押、遗产、奴隶等各个方面，对各种职业、各个层面上人员的责、权、利关系给予了明确的规定。通过法律进行政府管理，也许是古巴比伦人对管理思想的最大贡献。从《汉穆拉比法典》的法律条文中，我们能够真切地了解到古巴比伦人的管理思想。

3. 古希腊的管理思想

古希腊人在规章制度、艺术、语言、戏剧和文学方面的成就，至今仍为人们所敬仰。但希腊的经济哲学是反商业的，贸易和商业被认为是有损于希腊思想和尊严的行为。因而手工业者和商人在希腊民主中是受歧视的，甚至不能取得公民资格。然而，希腊时代毕竟播下了民主的种子，它在建立个人自由方面的初步尝试，成为采用科学方法解决问题的开端。这个时代产生了许多颇有成就的思想家，在他们的著作中包含了古希腊人对管理思想的贡献。

苏格拉底很早就认识到管理的普遍性原则。他认为，不同组织的管理技术和管理职责是相通的。他认为"管理私人事务和管理公共事务仅仅在量上有所不同"，它们都涉及对人的管理。如果一个人不能管理好他的私人事务，他肯定也不能管理好公共事务。

色诺芬是苏格拉底的学生，是第一位论述劳动分工优越性的学者，著有《家庭管理》（又称《经济论》）。色诺芬对劳动分工的必要性作了精彩的分析：一个人不可能精通一切技术，而在社会分工的情况下，一个人只要从事一种工作就可以谋生。

柏拉图就国家范围内的社会分工问题进行了阐述。他认为，理想国家的组织和构造，应以社会分工为基础，即一国中应该有专门从事各种行业的人，而每一个人应担任哪种行业和职务，取决于其自身的秉性，是先天决定的。柏位图把理想国家的人分为三个等级：最低等级是自由民阶层，由农民、手工业者、商人等直接从事经济活动的人组成；第二个等级是护国的卫士或军人；最高等级是执政者和哲学家。柏拉图的学说虽有唯心主义色彩，且鄙视劳动和劳动者，但他确实把社会分工和管理的纵向层次发展到了非常完整的程度。

亚里土多德既是哲学家，又全面地总结了希腊的多学科成果，代表了古希腊科学发展的最高水平。亚里士多德对管理思想的最大贡献，在于提出了通过感觉和推理了解现实世界的观点，从而成为科学方法之父，并为文艺复兴和理性时代奠定了思想基础。在此基础上发展起来的科学精神和科学观点，也是后来科学管理运动的思想基础。

4. 古罗马的管理思想

正如詹姆斯·D. 穆尼（James. D. mooney，1884–1957）所说："罗马人伟大的真正秘密是他们的组织天才。"他们利用等级原理、委派、授权方法，把罗马城扩展成一个前所未有的、组织效率很高的帝国。古罗马没有管理方面的专著，但是从一些政治家、思想家、哲学家的论述中可以发现古罗马萌芽状态的管理思想，如建立了类似工厂的体制，经历了从集权到分权再到集权的过程，有了分工及权力层次的意识等。

二、西方中世纪的管理思想

西方中世纪时期是指欧洲近 1000 年的封建社会的历史时期。封建组织基本上是一种金字塔式的等级组织。处于塔顶的是国王，他拥有国家的全部土地，是最大的封建主。国王对下属的统治关系是在逐级的土地分封中形成的。这种逐级分封制是一种连续的等级制。它除了确定上下级等级关系外，还确定了组织中的交流关系、决策关系、权力界限等。

欧洲这一时期的社会经济虽然是按封建结构组织的，也没有权威的著作，但在组织和管理思想方面有了重大的进展，也有较为丰富的管理实践。如威尼斯兵工厂是当时欧洲最大的工业，在当时体现了高超的管理水平。

1. 成品部件的编号和储存

兵工厂所有的成品部件，如坐板、舵、桅杆、足带、桨等都要编上号码储存在指定的地方。这样在安装舰船时，就能以较少的时间和劳力找到所有部件，加快安装速度。而且，产品的系统存放也有助于实行装配线作业和精确计算存货。

2. 装配流水线作业

兵工厂安装舰船时，采用了类似 20 世纪流水作业的制度。各种零配件仓库都安排在运河两边，当舰船在运河中被拖着经过各仓库时，从窗口传出所需零部件，大大提高了装配效率。

3. 标准化

兵工厂制定了促进标准化的政策，如所有的弓应制造得使箭能够适用；所有的船尾柱应按同一设计建造，以便使每一个舵无需特别改装便能适用，所有的索具和甲板用具都应该统一等。标准化不仅可以降低生产成本，还可以提高零部件的互换性，提高维修效率。

4. 存货控制

兵工厂坚持仓库记录和检查制度。如什么武器在什么时候被发送了出去，不管是谁命令发货的，都要有所记录，所有运出兵工厂的实物都由门卫负责检查，凡未经厂长签字放行的都不准运出。

5. 成本会计控制

管理当局要求，无论从公开市场上购买产品或是按合同向手工工人提供材料和计件工资而换取产品，都要有完整而准确的账目。对于金钱、材料和人员所用时间也要有严密的会计记录。在控制成本方面，兵工厂把所有费用分为固定费用、必需支出但数额不定的费用和额外费用三类；把收入按用途分为几种资金，分别入账；还规定所有的交易都必须登录在一本分类账和两本日记账中，目的在于能追踪所有的费用并对费用支出者进行评价。

6. 人事管理

兵工厂在劳动纪律、工资报酬、考核晋升等方面都有完备的制度。工厂制定了严格的工作时数标准，并严格执行，工人按其工作分别付给计件工资和计时工资，如对制造木桨的一般按件计酬，而对于奴仆工作和捆绑木材和木板这类高强度工作按日计酬。在造船厂的某些行业，特别是木工行业，工人要通过考试才能被雇用。对于职工的升迁，工厂采用了类似20世纪人事经理采用的系统评价方法。它设置了一个委员会，在每年的3月和9月开会评定每个工人的工作成绩，决定是否可以晋升或增加工资。

欧洲中世纪时期的思想家对管理思想的发展也有一定的启示，比较有代表性的是尼科罗·马基雅维利、托马斯·莫尔等人。

尼科罗·马基雅维利在《君主论》中提出了四大领导原则：

1. 必须得到群众的同意

他认为，君主或国王的权力来源于下属，他要想持续地统治下去，必须得到群众的同意和拥戴。君主虽然可以通过夺取或继承获得权力，但权力的维持离不开人民的支持。

2. 必须维持组织的内聚力

他认为，组织内聚力的一个关键因素是使人民确实知道他们可以指望自己的君主以及君主期望于他们的是什么（信息沟通和责任明确性原则）。一个君主如果没有法律而只有多变的政策，很快就会使整个国家陷入混乱（法律的稳定性原则）。人民应该确切地知道，如果犯了罪，会受到什么惩罚。一个犯了罪的人，无论过去有什么功劳，也应予以惩罚（赏罚分明原则）。

3. 领导者必须具备坚强的生存意志力

他指出，任何组织的主要目标之一是使自己存在下去。一个君主，为了避免被人推翻，必须始终保持警觉，一遇风云变幻，必须果敢决断地采取措施。必要时，他可以抛开任何道德借口或正义伪装，采取一切可以采取的手段实现他的目的。

4. 领导者必须具备领袖的品德和能力

他认为，领导者的品性包括：（1）博爱和仁慈，同时不失威严。领导者应以他的榜样和权威形成一种无形的力量，吸引追随者，鼓舞他的人民从事伟大的事业。（2）公平。一个君主应奖赏那些有益于城市和国家的人，保证他的公民不至于遭受不公平的剥夺，以此鼓励他们从事自己的职业和使命。（3）智慧。一个好的君主必须能明智地对事件和人民进行观察，能够使事件和人民有利于自己，学会如何利用机会；能够识别时代潮流并适应之；能够明智地识别谁忠谁奸，并使他们均有利于自己。

托马斯·莫尔（Thomas More，1478—1535）是英国伟大的空想社会主义者。莫尔的《乌托邦》是一部幻想形式小说。在书中第一卷，他描绘了当时英国社会的缺陷，第二卷则描绘了理想国家的情景。莫尔把当时英国在经济上的弊端归咎于统治者的管理不善。作为讲道德的经济学家，莫尔把富人的浪费和穷人的消遣看作经济问题的根源，建议通过改善管理来解决经济和社会问题。

虽然莫尔并不想在《乌托邦》中讨论组织和管理问题，但还是提出了一些值得注意的观点。如他提出的统一组织生产和贸易以及公社化食堂的设想，突出了大规模生产的经济性；在有关乌托邦政府的相当粗略的一节中，描绘了一种官员选举产生的政府制度；他还提出了六小时工作日的理想等等。

三、文艺复兴时期的管理思想

起源于意大利、繁盛于整个欧洲的14至16世纪的文艺复兴运动，是人类社会发展史上的一个重大转折点，是资产阶级反对封建教会的思想解放运动。文艺复兴时期的主要社会思潮为人文主义，其核心是：肯定人，注重人性，要把人、人性从宗教束缚中解放出来。文艺复兴促进了近代自然科学的产生，哥白尼学说的提出对科学和哲学的发展有着重要的意义，为古典管理思想的形成奠定了基础。

1. 文艺复兴运动使人格得以解放

它解决了人的自身问题，反对宗教神学中贬低人的观点，肯定了人本身的价值。人只有成为掌握自己命运的自由人，才能成为资本主义生产方式的基本要素。从管理思想的角度而言，管理的首要条件是人必须要有独立的人格，使人和人性从宗教的束缚下解放出来，使其在管理过程中服从理性的管理。没有人性的解放，人类就不可能进入到科学管理和现代管理的时代。

2. 文艺复兴运动为资本主义工业革命储备了条件

宗教改革改变了生产力发展的环境问题，即摧毁了封建教会的精神枷锁，为人的解放、生产力的发展提供了一个社会人文环境，使得资本主义发展得到持久的精神来源，为后来的资产阶级革命和英国的工业革命提供了精神上的储备。

3. 文艺复兴运动标志着近代科学的诞生

哥白尼的“日心说”，不仅打击了宗教创世说，而且撇开了宗教神学教条的教义，用天文观察资料来说明太阳系的结构，为今后人类认识自然提供理性的分析方法，使人类认识自然的水平产生了一个飞跃。

实践证明，管理思想发展的每一个阶段都是和当时人类对自然的认识水平，和当时的生产工具（科技）的先进程度，和当时生产的组织方式以及当时的文化背景紧密联系在一起的。文艺复兴这一伟大思想运动对以上要素的进一步发展与完善起着巨大而深远的影响，它对资本主义精神的建立，对资产阶级革命以及工业革命的爆发都有着十分重要的影响。所以说，文艺复兴运动是人类历史发展的一个重要转折点。

四、工业革命时期的管理思想

在18世纪60年代以后，西方国家开始了第一次产业革命，生产力有了很大发展，随之而来的是管理思想和管理方法、手段的创新，出现了一批卓有贡献的管理学家。

亚当·斯密在1776年发表了他的代表作《国富论》。他认为劳动分工之所以能够大大提高生产效率，可以归纳为三个原因：第一，劳动分工增加了劳动者的技术熟练程度；第二，劳动分工节省了从一种工作转换为另一种工作所需要的时间；第三，劳动分工使专门从事某项作业的劳动者在提高劳动技能的基础上，更容易改良工具和发明机器设备。

查尔斯·巴贝奇是一位精通数学、机器制造的经济学家，他在 1832 年发表了《论机器与制造业的经济》一书，除了进一步阐述劳动分工对提高劳动生产效率的作用外，还强调了体力劳动与脑力劳动分工的主张。同时，他提出了一种工资加利润的分享制度，以此来调动劳动者工作的积极性，为现代劳动工资制度的发展和完善作出了重要贡献。

罗伯特·欧文是一位空想社会主义者，曾为工厂管理制度的改革进行过一系列实验。他首先倡导在企业管理中要重视人的因素，反对将人视为机器或机器的附属物。他提出要缩短工人的劳动时间，提高工资，改善住房。他的改革实验证明：重视人的作用，尊重人的地位，可以使工厂获得更大利益。可以说，欧文是“人事管理”的创始人。

这些早期的管理实践与管理思想，尽管对管理的发展有着重要的贡献，但是在这一时期，这些管理思想还不够系统，不够全面，没有形成专门的管理理论和学派。

第二节　古典管理理论

早期管理思想实际上是管理理论的萌芽。比较系统的管理理论建立于 19 世纪末 20 世纪初。泰罗的科学管理理论的诞生，标志着古典管理理论的形成。

古典管理理论的代表人物主要有泰罗、法约尔、韦伯。他们分别从三个不同角度，来解决企业和社会组织的管理问题，为当时的社会解决企业组织中的劳资关系、管理原理和原则、生产效率等方面的问题，提供了管理思想的指导和科学的管理方法。

一、泰罗与科学管理理论

扩展阅读

泰罗小传

弗雷德里克·温斯洛·泰罗（F. W. Taylor，1856—1915）生于美国费城的一个律师家庭。从少年时代起，他对任何事情都有一股刨根问底、追求真理的劲头，观察问题细致，并且对试验感兴趣。在继承父业的思想指导下，他考上了哈佛大学的法律系，但由于眼疾而辍学，并于 1875 年进入费城的一家机械厂当学徒。1878 年，他进入费城的米德维尔钢铁厂当技工，由于工作表现出色，陆续被提升为车间管理员、技师、工长、维修工厂制图部主任，并于1884年被提拔为总工程师。

1890年至1893年，泰罗在一家制造纸板纤维的制造投资公司担任总经理。1893年至1898年，他独立开业从事管理咨询工作。1898年至1901年，他受雇于宾夕法尼亚的伯利恒钢铁公司从事管理顾问工作。在此期间，他进行了三个著名的实验，即“搬运生铁实验”“铁锹试验”和“金属切削实验”。1901年以后，他用大部分的时间从事写作、演讲，推行他的科学管理理论。1906年，他出任美国机械工程学会主席。1915年3月21日于费城去世。后人为了纪念他的功绩，在他的墓碑上刻上：科学管理之父——F. W. Taylor。

泰罗的代表作是1911年出版的《科学管理原理》一书。经济学家迈克尔·D·波顿曾如此评价泰罗：“他的贡献在于他将企业经营带入了管理世界，没有他，就不会有现代管理，正如现代物理学是基于爱因斯坦的相对论而建立的一样。”

科学管理理论研究的中心问题是提高劳动生产率。其主要内容包括：

1. 工作定额原理

泰罗提出要用科学的方法对工人的劳动过程进行分析和研究，具体方法是挑选合适且技术熟练的工人，把他们的每一个动作、每一道工序及所用的时间记录下来，然后进行分析研究，消除其中多余的或不合理的部分，得出最有效的操作方法作为标准。然后，累计完成这些基本动作的时间，加上必要的休息时间和其他延误时间，就可以得出完成这些操作的标准时间，据此制定一个工人的“合理工作量”。

2. 标准化

泰罗主张用科学的方法对工人的操作方法、使用的工具、劳动和休息的时间，以及机器设备的安排和作业环境的布置进行分析，消除各种不合理的因素，将最佳因素结合起来，形成标准化的方法，在工作中进行推广。例如，用标准化的方法进行操作，工人每天搬运生铁的数量提高了3.8倍。

3. 差别计件工资制

泰罗认为，工人之所以磨洋工的一个重要原因是报酬制度不合理。计时工资不能体现劳动的数量，计件工资虽然能够体现劳动的数量，但工人又担心劳动生产率提高后，雇主会降低工资率，从而不能从提高效率中受益。针对这种情况，泰罗提出了一种新的报酬制度——差别计件工资制。这种工资制度主要通过制定合理的工作定额，实行有差别的计件工资制度来鼓励工人完成或超额完成定额。即按照完成工作定额的不同情况规定差别工资率：完成工作定额标准的以正常工资率支付报酬，未达到工作定额标准的以低工资率支付，超过定额的则发放高工资。这种工资制度，促使工人掌握科学的操作方法，不断提高劳动生产率。

4. 计划职能与执行职能相分离

泰罗主张的计划职能实际上就是管理职能，执行职能就是工人的劳动职能。计划职能由企业管理当局建立专门的计划部门，专门进行标准化研究，制定标准，下达任务，工人则按计划生产。泰罗提出一种“职能工长制”，实行工长对工人的管理，即将管理工作予以细分，一个工长只承担一项管理职能，每个工长在其业务范围内有权监督和指导工人的工作。

5. 例外原则

泰罗认为，规模较大的企业组织及其管理，需要运用例外原则，即企业的高层管理人员为了减轻处理纷繁事务的负担，把例行的一般日常事务授权给下级管理人员去处理，自己只保留对例外事项的决策权和监督权。

6. 工人和雇主双方都必须来一次“精神革命”

泰罗认为，劳资双方必须变相互指责、怀疑、对抗为相互信任，共同为提高劳动生产率而努力。在 1911 年 10 月美国国会举行的听证会上，泰罗在证词中对科学管理“不是什么”的辩护特别引人注目，也阐述了科学管理的实质。他说，从实质上，科学管理是任何公司或产业中劳资双方的一种切实的精神革命。劳资双方之间要进行的革命是双方不再把注意力放在盈余分配上，不再把盈余分配看作是最重要的事情，而是将注意力转向盈余的增加上。

扩展阅读

著名的“搬运生铁试验”

1898 年，泰罗来到伯利恒钢铁厂工作。不久，生铁的价格急剧上涨，工厂的生意很好。不过，这种好景象也使不少工人累倒在工厂里。这促使泰罗思考如何既保证经营，又能减轻工人疲劳。这时，他开始了著名的搬运生铁的试验。

当时，生铁是由一组计日工搬运的。每个工人每天可以挣到 1.15 美元。工人们可能得到奖励，也可能受到惩罚，做得好的人第二天就可以到公司车间里做等级工，工资也要高一些，做不好的当然就得继续干这种重体力活。泰罗从统计资料中看到，当时平均每个工人一天搬运铁块的重量在 12~13 吨之间。泰罗观察工人的工作状况，发现他们的工作效率很低。他通过精密的工时计算得出每个工人每天搬运生铁的重量能达到 47 吨左右。于是，泰罗开始试验。

第一步是找到合适的工人。他们用了 4 天时间，观察和研究了 75 个人，从中挑选出 4 个人，然后又从 4 个人中选定了来自宾夕法尼亚的荷兰人施米特。施米特是一个十分自信的工人。泰罗试着用金钱激励他，每天给他 1.85 美元，条件是必须按他要求的那样去搬运生铁。施密特同意接受这个试验。

泰罗与他的助手们在研究中，试着转换各种工作因素，以观察它们对施米特的日生产率的影响。他们还试验了行走速度、持握的位置和其他变量，从中获取数据。比如，从车上或是地上把生铁搬起来需要多长时间；搬起铁块在平地上行走，每英尺需要多长时间；沿着跳板走向车厢，每步需要多长时间；把生铁扔下或者堆放起来需要几秒钟；空手回到原地，每走一英尺需要多长时间等。泰罗和他的助手们对这些数据进行了精确的计算。

试验结果让泰罗万分振奋：如果对工人进行训练，把劳动时间和休息时间很好地搭配起来，工人每天搬运生铁的重量，可以从原来的12~13吨，提高到48吨！而且，负重时间只有42%，其余时间是不负重的，工人也不容易疲劳。

泰罗的搬运生铁试验为当时钢铁厂的管理提供了重要的依据，大大降低了运营成本，也开启了科学管理的先河，为标准化生产和科学管理方法培训创造了条件。

二、法约尔与管理过程理论

亨利·法约尔（Henri Fayol）1841年生于法国的一个中产阶级家庭，虽与泰罗处于同一个时代，但个人经历不同。1860年，法约尔从圣埃帝安国立矿业学院毕业后，进入康门塔里-福尔香堡采矿冶金公司，成为一名采矿工程师，并在此度过了他的整个职业生涯。从采矿工程师到矿井经理直至公司总经理，由一名工程技术人员逐渐成为专业管理者，他在实践中逐渐形成了自己的管理思想和管理理论，对管理学的形成和发展作出了巨大的贡献。他对管理的研究成果主要集中在1916年出版的《工业管理和一般管理》一书中，标志着一般管理理论的形成。

法约尔的贡献主要体现在以下三个方面。

1. 企业经营的六种基本活动

法约尔指出，任何企业的经营都包括六种基本活动，管理活动只是其中的一部分，这六种活动分别是：

（1）技术活动，指生产、制造、加工。

（2）商业活动，指采购、销售和交换。

（3）财务活动，指资金的筹措、运用和控制。

（4）会计活动，指货物盘点、会计、成本统计、核算。

（5）安全活动，指设备维护、商品和人员的保护。

（6）管理活动，指计划、组织、指挥、协调和控制。

2. 管理的五项职能

法约尔首次将管理活动分为计划、组织、指挥、协调和控制五大要素。

（1）计划。计划职能是五种职能中最重要和最困难的。他指出："计划就是探索未来和制定行动方案"，计划不好会导致犹豫不决、步骤错误、行动不及时、普遍的缺陷以及可能的失败。他还特别强调预测对计划的重要作用，认为预测本身已经是开始计划行动了。

（2）组织。组织就是建立企业的物质和社会的双重结构。法约尔把组织分为物质组织和社会组织两类，而他论述的主要是社会组织。从这一点来讲，他还带有强烈的行为科学学派的气息。

（3）指挥。指挥就是使其人员发挥作用。对于管理者来说，指挥的目的是根据企业的利益，使人尽其才，物尽其用。为了做好指挥工作，法约尔认为要做到以下八点：对自己的职工要深入了解；淘汰没有工作能力的人；深入了解企业与职工之间的协定；做出好榜样；对组织进行定期检查；不在工作细节上耗费精力；在职工中保持团结、积极、创新和效忠的精神。

（4）协调。协调就是连接、联合、调和所有的活动和力量。做到统一和谐，归根到底就是让事情和行动都有合适的比例，这一比例应适合于每个机构有保证地、经济地完成自己的任务。

（5）控制。控制就是注意一切活动是否按已经制定的规章和下达的命令进行。其目的是指出工作中的缺点和错误，以便加以纠正并避免重犯。对企业中各方面的工作都应该进行控制，控制职能的发挥可以确保企业经营过程中各项活动的顺利进行，并保证企业目标的实现。

3. 管理的十四条原则

法约尔在他的《工业管理与一般管理》一书中首次提出了一般管理的十四条原则。

（1）分工。在技术工作和管理工作中进行专业化的分工可以提高效率。由于分工的结果促使职能专业化和权力的分散，所以法约尔指出："劳动分工有一定的限度"。

（2）权力与责任。权力是指"指挥他人的权以及促使他人服从的力"。在行使权力的同时，必须承担相应的责任，不能出现有权无责和有责无权的现象。作为一个优秀的领导人必须两者兼有。

（3）纪律。纪律是企业领导人同下属人员之间在服从、勤勉、积极、举止和尊敬方面所达成的一种协议。组织内所有成员都要通过各方达成的协议对自己在组织内的行为进行控制，这对企业能否成功至关重要。不管任何一级的管理者和其下属都必须接受纪律的约束，而且，执行纪律要严明、公正。

（4）统一指挥。每一个雇员应当只接受来自一位上级的命令。这不仅是一条管理原则，而且是一条定律。组织中的冲突、不稳定往往源于双重命令。因此各级领导人应特别注意这一条。

（5）统一领导。每一项具有同一目标的组织活动，应当在一位管理者和一个计划的指导下进行。统一领导原则与统一指挥原则是不相同的。通过建立完善的组织来实现一个社会团体的统一领导，而统一指挥取决于人员如何发挥作用。统一指挥必须在统一领导下才能存在，但不来源于统一领导。

（6）个人利益服从集体利益。任何雇员个人或群体的利益不应当置于组织的整体利益之上。当两者发生矛盾时，各级领导人应以身作则，使其一致。另外，应尽可能签订公平的协定，并认真执行。

（7）合理的报酬。对工作人员的服务必须给付公平的工资，对工作绩效优良者应当给予奖励。但奖励是有一定限度的。并且，任何良好的工资制度都无法取代优良的管理。

（8）适当的集权和分权。提高下属重要性的做法就是分权，降低这种重要性的做法就是集权。要根据企业实际情况来决定是采用集权还是分权。

（9）等级链。从最高层管理到最低层管理的直线职权代表了一个等级链，信息应当按等级链传递。但是，如果遵循等级链会导致信息传递的延迟，则可以允许横向交流，条件是所有当事人同意和通知各自的上级。

（10）秩序。设备、工具要排列有序，每个成员都要有自己明确的位置，都在自己的工作岗位上发挥作用。做到这一点必须有赖于有效的组织，以及为每个岗位选择合适的人，即“合适的人被安排在适当的位置上”。

（11）公平。每个人都希望自己的领导人能公平地对待自己以及自己的工作，如果领导人不能做到这一点，就会影响到雇员工作积极性的发挥。

（12）保持人员稳定。雇员的高流动率是低效率的，管理当局应当提供有规划的人事计划，并保证有合适的人选接替职务的空缺。所以繁荣企业的领导人员是稳定的，而那些效益不佳的企业的领导人员常是变动的，这种不稳定同时是企业不景气的原因与结果。但应注意的是，人员的变动有时是不可避免的。

（13）首创精神。允许雇员发起和实施他们的计划将会调动他们的极大热情。首创精神是创立和推行一项计划的动力。“想出一个计划并保证其成功是一个聪明人最大的快乐之一，这也是人类活动最有力的刺激物之一。”在组织中应尽可能鼓励和发挥全体人员的首创精神。

（14）团结精神。鼓励团队精神将会在组织中建立起和谐和团结的工作关系，这是企业发展的巨大力量。所以领导者应尽力保持和巩固企业成员之间的团结。

法约尔将管理活动从经营活动中独立出来，并提出了管理活动的五大职能以及十四项管理原则，为管理科学提供了一套科学的理论构架，为以后管理理论的发展奠定了基础。法约尔被称为“经营管理之父”。

三、韦伯与理想的行政组织理论

马克斯·韦伯（Max Weber，1864—1920）是古典管理理论的代表人物，著名的社会学家。由于对古典组织理论的杰出贡献，韦伯被称为“组织理论之父”。他生于德国爱尔福特的一个律师家庭，与泰罗和法约尔是同时代的人。与他们相比，韦伯主要是一个学者，他对社会学、宗教学、经济学和政治学都有广泛的兴趣。韦伯是第一位从社会学的角度来论述管理的管理学家，他的管理思想主要体现在《社会组织与经济组织理论》一书中。韦伯在书中首先提出了对权力的分类，并在此基础上引出了理想的行政组织理论。

1. 韦伯的权力论

韦伯认为，任何社会组织的管理都必须以某种形式的权力为基础，才能实现目标。只有权力，才能变混乱为秩序。他认为，人类社会主要存在三种类型的权力。

（1）传统的权力。它是以古老传统的不可侵犯性和执行这种权力的人的地位的合法性为基础的。对这种权力的服从是对拥有这种不可侵犯的权力地位的个人的服从。传统权力通过传统惯例和世袭得到。

（2）个人崇拜式的权力。它是以对个人的明确而特殊的尊严、英雄主义的或典范的品格的拥戴为基础的。这种权力来源于别人的崇拜和追随，依靠对领导人物的信仰和信任，是非理性且不稳定的。

（3）合理合法的权力。它是以“法律”所确认的，也称法定权力，具有公正威严的基本特征。韦伯认为，合理合法的权力才是行政组织体系的基础，因为它提供了管理连续性的基础；权力是合理的，因为占据管理职位的成员是在能胜任其职责的基础上来挑选的；领导者具有行使权力的合法手段，所有的权力都加以明确的规定，并按照完成组织任务所必须的职能加以仔细划分。

相比之下，传统的权力效率较差，领导人不是按能力来选择，管理本身也只是为保持过去的传统而行事；个人崇拜式的权力，没有具体的规章制度，靠感情用事，很难具有合理性。因此，第一种和第二种权力形式不宜作为行政组织体系的基础。

2. 理想的行政组织体系的特征

韦伯的理想的行政组织体系的思想是根据对教会、政府、军队和企业的经验进行分析而得出的，他确信等级、权力和行政体系是一切社会组织的基础。理想的行政组织体系的特征如下：

（1）实现明确的分工。把组织中要从事的全部活动划分为各种基本的作业项目，分配给组织中的各个成员来执行。同时，明确每一个成员的权力和责任，并且把这些权力和责任作为正式职责而使之合法化。

（2）实行等级原则。组织内的各个职位是按照职权的等级原则组织起来的，形成一个指挥体系或阶层体系。这是一个按职位高低层层控制、井然有序、权责分明的组织体系。各级人员要接受其上级的控制和监督，不仅要对上级负责，还要为自己所属下级的决定和行动负责。为此，必须使其拥有一定的权力，可以发出下级必须服从的命令。

（3）实行考核和训练制度。组织中人员的任用，完全根据职务的要求，通过正式考试和教育训练，择优录用。每一职位上的工作人员必须称职，如被录用不能随意免职。

（4）所有公职的担任者都是任命的而不是选出的（按规定必须通过选举产生的公职除外）。

（5）行政管理人员领取固定的薪金。他们是专职的管理人员，有明文规定的升迁制度，按照年资、工作成绩来考虑升迁。管理人员的升迁完全由上级决定，下级没有发言权，以避免破坏等级指挥体系。

（6）行政管理人员不是他所管理的单位的所有者。

（7）组织是根据明文规定的法规、规章组成的。法规、规章不变更，组织结构也固定不变。组织中任何一个成员都受法规、规章的控制。他们的工作活动必须遵循固定的程序，按照规定行使权力，尽其义务，减少摩擦和冲突，完成职责。

（8）组织中人员之间的关系完全以理性准则为指导，不受个人感情的影响。同样，这种公正的态度也适用于组织与外部人员和部门的关系。

韦伯认为，具有以上特征的组织是高度理性化的组织，员工的行为可预期，组织目标也易于实现。这类组织的稳定性、纪律性和可靠性都比较强。韦伯的行政组织理论为社会发展提供了理性的、高效的管理体制，是古典管理理论的重要组成部分，也对现代管理理论和实践有着根本性的影响。

扩展阅读

褚橙传奇

褚橙，冰糖橙，甜橙的一种，云南著名特产，以味甜皮薄著称。由于它是由昔日烟王红塔集团原董事长褚时健种植而得名，结合褚时健不同寻常的人生经历，因此也叫励志橙。

每个人都曾失败过，是一蹶不振还是再次站起，褚时健这个最富争议的人物，给了我们一个答案。1994 年，褚时健曾被评为全国“十大改革风云人物”。1999 年，他因经济问题在古稀之年入狱。2002 年，褚时健被获准保外就医，在经历了人生的辉煌与沉沦之后，76 岁的他回到了哀牢山，种起了橙子。2014 年，褚时健荣获由人民网主办的第九届人民企业社会责任奖特别致敬人物奖。

褚时健在经营管理企业方面有自己的一套管理逻辑，他能运用科学的管理方法将企业把控到位。在褚时健的果园里，园区所有的设置和果树的生长，都有一系列经过测算的数据支撑。虽然从未受过专业的训练，但褚时健的学习能力很强，平时看的最多的就是柑橘种植、采收方面的书。

褚时健为自己的冰糖橙种植制定了很多细致的工序。比如，要想橙子品质高，必须先前就摘除一部分果实；树长大后，空间不够，相互争夺阳光和养料，这时就必须砍掉三分之一的树枝；这些措施虽然会减少整体产量，但会提高单个橙子的质量。

为了保证橙子的口感，褚时健自制肥料，成本只有 200 多元，效果却比市场价 1000 元的化肥还好。自制的肥料不仅改善了山里的土壤结构，还让冰糖橙的甜酸比达到 18∶1，这是别的橙子很难达到的口感标准。

种橙的前几年，橙子口味没有现在这么稳定，有时候味道太淡了，有时候又太酸了。那几年，橙子都是以便宜的价格卖掉。现在，质量基本稳定了，褚时健对种橙的要求也极为苛刻：比如，一棵树挂果最多不能超过 260 个；还有，落在地上的果子不能卖，只能任其腐烂埋在地里作为肥料。这些举措也改变了当地农民仅追求产量的理念。

山上种树，怎么灌溉是一个大问题。经过考察，褚时健决定挖个水库，将哀牢山顶的水引到水库，再铺设管道，将水库蓄的水引来灌溉。

褚时健是一个特别较真的人。早几年，到养鸡场买鸡粪。大多数人都是直接拎着袋子，过秤、交钱、装袋、走人。而褚时健会把鸡粪倒出来，放在手掌上捻一捻，看看水分多少，有没有掺过多的锯末。

如今的褚时健俨然已成为一个冰糖橙技术专家。他的较真、执着、不服输的精神，铸就了他今日的辉煌。

第三节 行为科学理论

古典管理理论把人看作简单的生产要素，当作“机器人”来看待，忽视了人性的特点，压抑了人的积极性、创造性，是建立在以追求最大的经济利益为一切活动目的的“经济人”假设基础之上的。20 世纪 20 年代中期以后产生的人际关系学说和行为科学理论开始注意到人的因素，把人看作是“社会人”，注重研究人的需要和行为特点，行为科学逐渐发展起来。

行为科学是一个综合性的学科，它广泛采用心理学、社会学、人类学、生理学、生物学以及其他相关学科的成果，通过系统分析的方法，来研究管理过程中人的行为和人与人之间关系的规律，以提高和加强对人的行为的预测、引导和控制的能力，有效地调整生产关系，缓和社会矛盾，推动生产和社会的发展与进步。

行为科学本身有一个发展过程，基本上分为两个时期。前期叫作人际关系学说，它以梅奥和孟斯特伯格为代表；后期是 1949 年在美国芝加哥大学召开的一次跨学科的会议，这次会议讨论了应用现代科学知识研究人类行为的一般理论，这门综合学科被命名为“行为科学”。从 20 世纪 30 年代到 60 年代，它始终在西方组织理论研究中占据着主导地位。

扩展阅读

雨果·孟斯特伯格的心理学与工业效率

雨果·孟斯特伯格（Hugo Munsterberg，1863—1916）是工业心理学的主要创始人，被称为“工业心理学之父”。著作有《意志的活动》《心理学基础》《心理学与工业效率》等，他的研究和思想对后来的研究工作和工业心理学理论有着深远的影响，甚至对于我们今天的甄选技术、员工培训、工作设计和员工激励仍有着重要的影响。

孟斯特伯格认为，心理学应该对提高工人的适应能力与工作效率做出贡献。他明确指出："我们要问的是如何去找出最合适的工作和如何保证获得最佳的可能效果。"在如何获得最大的工作效率上，孟斯特伯格认为包含三个重要目标：

"最合适的人"——要识别具备最适合他们所做工作的心理品质的人。

"最合适的工作"——要研究处于什么心理状态下才能使每个人达到最高效率。

"最理想的效果"——要研究用什么样的方式刺激、诱导人们进行生产以达到最满意的产量或最高效率。

孟斯特伯格使心理学和工业管理进行了完美的结合。他的研究成果被广泛地应用于职业选择、劳动合理化，以及改进工作方法、建立最佳工作条件等方面。在当时，选择适应于工人体力、心理特征的工作条件，不仅是提高生产力的重要因素，也是减少工人同企业主矛盾冲突的重要条件。

一、梅奥与霍桑实验

乔治·埃尔顿·梅奥（Gearge Elton Mayo，1880—1949），原籍澳大利亚，后移民到美国，曾获得逻辑学和哲学硕士学位，又对医学和精神病理学进行了学习和研究。1927年，梅奥应邀到美国西方电气公司所属的霍桑工厂，主持开始于1924年的研究工作条件与生产效率之间关系的实验，后称"霍桑实验"。

霍桑实验从1924年至1932年，历时8年。霍桑工厂是一个制造电话交换机的工厂，具有较完善的娱乐设施、医疗制度和养老金制度，但工人们仍愤愤不平，生产成绩很不理想。为了找出具体的原因，由美国国家研究委员会组织研究小组开展实验研究，但由于缺乏突破性的进展一度中断。霍桑实验共分为四个阶段。

第一阶段为照明实验。时间从1924年11月至1927年4月。当时关于生产效率的理论占统治地位的是劳动医学的观点，认为影响工人生产效率的是疲劳和单调感等，于是当时的实验假设便是"提高照明度有助于减少疲劳，使生产效率提高"。可是经过两年多实验发现，照明度的改变对生产效率并无影响。具体结果是：当实验组照明度增大时，实验组和控制组都增产；当实验组照明度减弱时，两组依然都增产，甚至实验组的照明度减至0.06烛光时，其产量亦无明显下降；直至照明减至如月光一般、实在看不清时，产量才急剧降下来。研究人员面对此结果感到茫然，失去了信心。此时，梅奥等人将实验工作接管下来，进行了一系列的后续的调查研究工作。

第二阶段为福利实验。时间是从1927年4月至1929年6月。实验目的是测试福利待遇的变换与生产效率的关系。但经过两年多的实验发现，不管福利待遇如何改变（包括工资支付办法的改变、优惠措施的增减、休息时间的增减等），都没有影响实验对象的生产效率，反而在持续提升，工人自己也对生产效率提高的原因说不清楚。

后经进一步的分析发现，导致生产效率上升的主要原因如下：（1）参加实验的光荣感。实验开始时 6 名参加实验的女工曾被领导召去谈话，她们认为这是一种莫大的荣誉，被重视的自豪感提高了女工的工作热情和士气，进而生产效率得以提升。（2）成员间良好的相互关系。

第三阶段为访谈实验。此计划的最初想法是要工人就管理当局的规划和政策、工头的态度和工作条件等问题发表意见，但这种规定好的访谈计划在进行过程中却出乎意料。工人们对政策规划等方面的问题并不在意，他们真正看重的是具体的管理制度和方法。访谈者了解到这一点，及时把访谈计划改为事先不规定内容，每次访谈的平均时间从 30 分钟延长到 1~1.5 小时，多听少说，详细记录工人的不满和意见。访谈计划持续了两年多。工人的产量大幅提高。工人们长期以来对工厂的各项管理制度和方法存在许多不满，无处发泄，访谈计划的实行恰恰为他们提供了发泄机会。发泄过后心情舒畅，士气提高，使产量得到提高。

第四阶段为群体实验。梅奥等人挑选了 14 名男性工人在单独的房间里从事绕线、焊接和检验工作。对这个班组实行特殊的工人计件工资制度。实验者原来设想，实行这套奖励办法会使工人更加努力工作，以便得到更多的报酬。但观察的结果发现，产量只保持在中等水平上，每个工人的日产量平均都差不多，而且工人并不如实地报告产量。深入调查发现，这个班组为了维护他们群体的利益，自发地形成了一些规范。他们约定，谁也不能干得太多，突出自己；谁也不能干得太少，影响全组的产量，并且约法三章，不准向管理当局告密，如有人违反这些规定，轻则挖苦谩骂，重则拳打脚踢。进一步调查发现，工人们之所以维持中等水平的产量，是担心产量提高，管理当局会改变现行奖励制度，或裁减人员，使部分工人失业，或者会使干得慢的伙伴受到惩罚。实验结果显示，为了维护班组内部的团结，成员可以放弃物质利益的引诱，自发地形成群体规范，即在正式的组织中存在着自发形成的“非正式组织”，这种群体有自己的特殊的行为规范，对人的行为起着调节和控制作用。同时，也加强了内部的协作关系。

二、人际关系学说的主要内容

霍桑实验之后，梅奥进行了系统的梳理和总结，于 1933 年出版了《工业文明的人类问题》一书。书中阐述了与古典管理理论不同的观点，从而诞生了人际关系学说，为管理理论的发展作出了巨大的贡献。

人际关系学说的主要内容包括以下三点。

1. 人是“社会人”

古典管理理论把人当作“经济人”来对待，认为金钱是刺激人的积极性的惟一动力。而梅奥则认为，人在组织中不是单纯追求金钱收入，还有社会及心理方面的需求，如追求人与人之间的友情、安全感、归属感和受人尊重等。这就要求企业管理当局在进行组织和管理时，要考虑到人的社会和心理方面的需求，不能将其视为“机器”来对待。

2. 企业中存在着非正式组织

梅奥在霍桑实验中认为，一切组织中都存在着两种类型：一种是正式组织，这是由职位、权力、责任及其相互关系和规章制度明确界定、相互衔接而构成的组织体系，它以效率逻辑作为价值标准；还有一种是非正式组织，这是人们在正式组织的共同劳动过程中，因相同的兴趣、爱好、利益等而结成的自发性群体组织，它以感情逻辑作为价值标准，具有群体成员自愿遵从的不成文规范和惯例，对成员的感情倾向和劳动行为具有很大的影响力，这两种类型的组织相伴相生，相互依存。

3. 新型领导应通过增加员工“满意度” 来提高“士气”

实验表明，生产率的升降在很大程度上取决于工人工作的积极性、主动性和协作精神，即取决于工人的“士气”。而工人的士气则取决于他们对各种需要的满足程度，满足程度越高，士气就越高，劳动生产率也就越高。在这些需要中，金钱和物质方面的需要只占很少的一部分，更多的是要得到友谊、尊重、安全与保障等方面的社会需要。新型领导应尽可能满足工人的需要，不仅要解决他们物质生活与生产技术方面的问题，还要善于倾听工人的意见，沟通上下级之间的思想，适时、充分地激励工人，提高工人的士气，从根本上提高生产效率。

三、行为科学理论的发展

行为科学起源于梅奥的人际关系学说。行为科学理论综合运用社会学、心理学等相关学科的知识与方法，对工人在生产中的行为产生的原因进行分析研究，其内容主要涉及人的本性与需要、动机、行为之间的关系。行为科学理论的特点是：致力于探索人类行为的规律，强调人的感情和社会联系是管理中必须重视的因素。从 20 世纪 50 年代开始，行为科学的发展主要集中在以下四个领域。

1. 关于人的需要、动机、行为等方面的研究

这一阶段的主要理论如下：

（1）马斯洛的“需要层次理论”。马斯洛认为，人有五种不同的需要，这些需要是呈阶梯状排列的，从低到高依次是：生理需要、安全需要、社会需要、尊重需要和自我实现的需要。

（2）麦克利兰的“成就需要理论”。麦克利兰认为，人的需要包括成就需要、友谊需要和权力需要。

（3）赫兹伯格的“双因素理论”。赫兹伯格认为，影响人的积极性的因素可以分为两大类：保健因素和激励因素。其中，保健因素能预防和消除职工的不满，但不能直接起到激励作用；而激励因素能对职工产生一种内在的激励，使职工有一种满足感，促进人们不断提高工作效率。

（4）弗鲁姆的“期望理论”。弗鲁姆提出，人们受到激励的程度受两个因素的影响：一是效价，即激励因素的价值，或者说是个人主观上对实现目标后获得的奖励价值大小的评价；二是期望值，即人们主观上认为实现既定目标的可能性的大小。

（5）亚当斯的公平理论。亚当斯认为，人们通常都有一种要求受到公平对待的感觉。职工不仅会把自己的努力与报酬作比较，而且还会把自己和其他人或群体作比较，并通过增减自己付出的努力或投入的代价，来取得他们所认为的公平与平衡。

2. 关于企业中人性的研究

这一阶段的主要理论如下：

（1）麦格雷戈的“*X*-*Y* 理论”。麦格雷戈对马斯洛的理论加以发展，提出领导者对人性的不同认识会形成不同的领导风格。而人们对人性的认识可以大致分为两种，即 *X* 假设和 *Y* 假设。其中，*X* 假设强调从外部对员工进行刺激，而 *Y* 假设则强调激发员工内部积极性，两者都有其合理的一面，管理者应根据不同的情况加以选择使用。

（2）阿吉里斯的“不成熟-成熟理论”。阿吉里斯的观点与麦克雷戈的 *X* 假设相对应，认为管理者对员工的看法，使员工始终处于不成熟状态，已经成为激励过程的主要障碍。为了激励员工，必须创造条件，使员工逐渐由不成熟走向成熟。

3. 关于企业中非正式组织以及人与人的关系问题的研究

主要是对非正式组织和人与人之间关系的研究，涉及组织的目标、规范、压力、内聚力和信息交流等。代表性的理论主要有：

（1）卢因的“团体力学理论”。该理论由卢因于 1944 年提出。团体力学所研究的团体指非正式组织。卢因认为，同正式组织一样，团体有三个要素：一是活动；二是相互影响；三是情绪。在这三项要素中，活动是指人们在日常工作、生活中的一切行为；相互影响是指人在组织中相互发生作用的行为；情绪是人们内在的、看不见的生理活动，如态度、情感、意见、信息等，但可以从人的“活动”和“相互影响”中推知。活动、相互影响和情绪不是各自孤立的，而是密切相关的，其中一项变动，会使其他要素发生改变。团体中各个成员的活动、相互影响和情绪的综合构成了团体行为。

（2）布雷福德的“敏感性训练”。布雷福德是卢因的学生，他的研究又称为 T-团体训练、人际关系训练或领导训练。1947 年，布雷福德在梅因州的贝瑟尔建立了第一个“敏感性训练”，即研究人们相互关系的实验室。所谓敏感性实验，其实质是通过受训者在团体学习环境中的相互影响，提高受训者对自己的感情和情绪、自己在组织中所扮演的角色、自己同别人的相互影响关系的敏感性，进而改变个人和团体的行为，达到提高工作效率和满足个人需要的目的。

4. 关于企业中领导方式问题的研究

行为科学对领导方式的研究中，比较有代表性的理论有：

（1）俄亥俄州立大学的“四分图理论”。美国俄亥俄州立大学的研究者首先把领导者对人的重视和对行为的重视结合起来，提出了“四分图理论”。他们认为，领导者对人的重视和对行为的重视并不矛盾，而应该是相互联系的。一个领导者只有把两者结合起来，才能进行有效的领导。

（2）布莱克和穆顿的“管理方格理论”。布莱克和穆顿在“四分图理论”的基础上，对其加以改进，提出了“管理方格理论”。该理论把领导方式分为 9×9＝81 种，并分析其中 5 种典型的领导方式，为领导改进自己的领导方式指明了方向。

总之，行为科学理论的发展改变了人们对管理的思维模式，使管理者不再把人看作是简单的生产要素，而是强调从人的需求、动机、相互关系和社会环境等方面来研究管理活动对组织及个人的影响。

第四节　现代管理理论

一、现代管理理论丛林

第二次世界大战以后，世界政治经济稳定发展，科学技术也有了很大的增长空间，管理学作为一门综合性的学科越来越多地被人们所关注。很多学者从不同的背景和角度对管理进行了阐述，出现了很多不同的流派，美国管理学家哈罗德·孔茨将这种现象称为“管理理论丛林”。主要有管理科学学派、经验主义学派、系统管理学派、决策理论学派、权变理论学派等。如表 2. 1 所示。

表 2. 1　各学派的主要观点

学派名称	代表人物	观点与贡献	图例
管理科学学派	伯法	借助于数学模型和计算机技术研究管理问题，重点研究的是操作方法和作业方面的管理问题。 强调管理程序中的计划与控制职能，减少管理活动中的经验、直觉、主观判断或个人艺术成分。	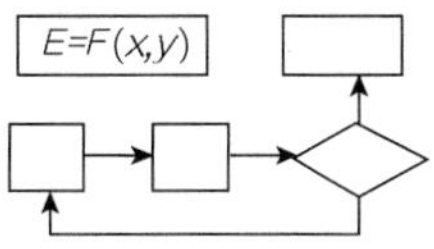
经验主义学派	欧内斯特·戴尔、彼得·德鲁克	主张通过分析经验（案例）来研究管理问题，通常以大企业的管理经验为主要研究对象，通过成功或失败的案例学习管理。	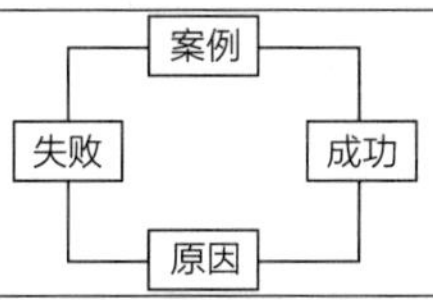
系统管理学派	卡斯特、罗森茨韦克等	组织是一个开放的、动态的系统，组织与周围的环境存在着广泛的联系。管理者的任务是将组织视为有机的系统，协调组织系统中的各个部分、各个因素，以及重视环境因素，去实现组织的目标。	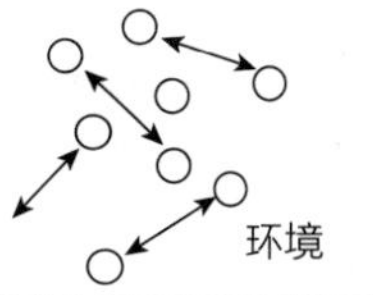

续表

学派名称	代表人物	观点与贡献	图例
权变理论学派	伍德沃德	企业的内外部环境处于不断的变化中，不存在“普遍实用的、一成不变的、最好的”管理理论或方法，管理者必须根据实际的环境和具体的情境选择适用的管理方式或方法。	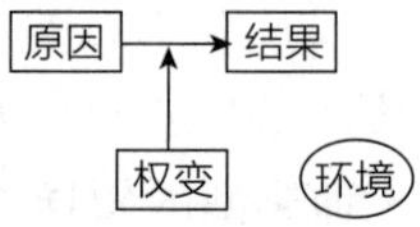
决策理论学派	西蒙、马奇等	管理的关键是决策，决策贯穿管理的全过程，并且用满意的行为标准代替了最优化标准。	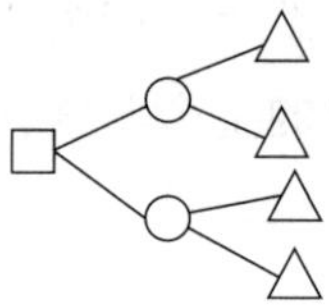
社会系统学派	巴纳德	组织是一个社会协作系统，人只有通过相互作用的社会协作，才能完成组织目标。 一个有效的协作系统包含三个要素：共同的目标、协作的意愿、信息的沟通。	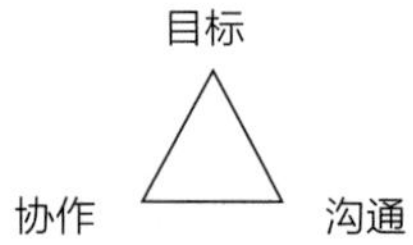

课堂讨论案例

神秘的大房间

H公司是一家电器生产企业，多年来在市场上有不俗的表现，消费者也颇为认可。最近，公司张总经理因为即将退休，董事会再三挽留不住，只得聘请年轻有为的李先生为公司新任总经理。临别时，张总告诉李总：“公司过去之所以取得良好的业绩，在市场的竞争中保持了相当大的优势和市场份额，全依赖公司员工上下一条心和较强的组织凝聚力；只要万众一心，就没有战胜不了的困难。希望李总不要忘了这一点。”对于张总的一番话李总颇为赞同，深感自己责任的重大。虽然自己以前也做过一些高层管理工作，但大都与业务有关，如何激励员工和增强组织的凝聚力，的确缺乏经验。

李总走马上任后对公司各方面作了调查研究，召开了一些各职能部门管理人员和一般员工的座谈会。一个月后，一个增强企业内部和谐氛围，增强员工协作与努力的方案在李总的脑海中形成了，于是他召开了总经理办公会议，请副总们、部门经理们一起讨论他的方案。

“各位同事，经过一个月的了解，我感到我们公司的确是在各方面都取得了骄人的业绩，管理方面尤其突出，这些成绩的取得应归功于全体员工上下一条心，把公司看作是自己的家，把公司的事业看作是自己的事业来努力。这方面我们应该继续保持下去，即过去各种好的做法可以不变，大家可以大胆地按照原来的惯例执行工作。但我也注意到成绩的背后，还有一些问题尚未解决，例如员工间、部门间因工作产生的纠纷近来时有出现，纠纷出现是正常的，问题是解决的方法。我们原来采用的方法是由上级或上级部门裁决，裁决后尽管纠纷各方面都服从了，但我知道其中一定有一方心中不痛快或不服气，如果长此以往，必定会使我们公司凝聚力强、上下一条心的集体精神遭到破坏。把青蛙扔进开水锅里它倒死不了，因为它能马上跳出来；而把青蛙放进温水里慢慢加热会使它在不知不觉中送了命。为此，我们提出一个解决员工间、部门间工作纠纷的新方案。具体地说，就是纠纷双方自己坐下来协商解决，即自我管理。”

望着下属们不解的眼光，李总清了一下嗓子，继续说：“公司专门设一大房间，我特请心理学家和行为科学家来布置。凡发生工作纠纷的各方请自动一起到那个房间坐一坐，我相信，最终一定是各方心情愉快，纠纷圆满解决。”

李总的话刚结束，下面就像开了锅，大家议论纷纷，好像天方夜谭一般，充满了迷惑。“这样吧，我先带大家参观一下这个房间，然后我们再接着开会。”李总笑嘻嘻地说着，便起身招呼大家跟他走。大家来到了那个神秘的大房间，有一位工作人员打开了门，让大家进去。

原来这个大房间被分隔成四小间，一间套一间。进入这大房间先得进第一小间，第一小间迎面立着的一个屏风上装有一大块玻璃镜，绕过镜子几步就进入第二小间；第二小间的门口挂着一个大沙袋，非得推着它人才能进去；第三小间的墙上挂满公司历年所获各种奖状，公司优秀员工的事迹与照片，公司各年业绩的图示等；第四小间就是几个沙发和小桌椅，旁边还有可自取的咖啡、茶、饮料等，似乎就是一个小会议室，另还有一扇门可供外出。

李总带着他们回到会议室，这下可好了，大家议论了起来……

（资料来源：案例集锦网站转载）

回答问题：

1. 李总的新方案是基于什么理论提出的?你有何看法?
2. 有没有更好的方法来解决员工与部门间因工作产生的矛盾冲突?

二、现代管理理论的新发展

20 世纪 60 年代以来，各个管理学派相互渗透，相互融合，取长补短，企业管理有趋向全面管理、综合管理的趋势。在这一时期，管理所面对的客观条件更加捉摸不定，管理人员的任务也越来越艰巨。大量的管理实践提出了新的问题和任务，推动着管理理论的研究与发展，出现了新的管理理论和思想。

1. 组织行为理论

20 世纪 60 年代以后，行为科学的又一个重要发展方向是组织行为研究，主要研究管理情境中个人和群体的行为。其特征是既注意人的因素，又注意组织的因素。到 20 世纪 80 年代以后，组织理论得到了很大的发展，并且对企业管理的科学化和现代化产生了巨大的影响。它改变了传统管理对人的认识，从忽视人的作用转变为重视人的作用，由原来的以“事”为中心，发展到以“人”为中心，由原来对“纪律”的研究发展到对人的“行为”的研究，由“监督”发展到“动机激发”的管理，由原来的“独裁式”管理，发展到“参与”管理。

2. 企业文化理论

企业文化研究主要是20世纪80年代开始兴起的一种新的管理思想。它以美日比较管理学研究为起点，迅速形成一种希望从文化角度开辟管理新纪元的世界性潮流。其代表人物相当多，著作丰富。这些人物的主要观点可总结为：

（1）企业的管理不仅是理论的，还是文化的；

（2）企业文化受企业环境制约，在企业内主要体现为全体成员共同的信念、方向意识、思维方式和日常行为准则；

（3）作为企业领导者，在完成对企业战略、组织、制度、技术管理的同时，应把主要精力用在企业文化的塑造与培育上；

（4）企业领导者必须具有文化意识；

（5）未来企业的竞争，将主要是企业文化的竞争。

3. 流程再造理论

20世纪90年代以来，知识经济迅猛发展，经济全球化日趋增强，顾客需求日新月异，市场竞争异常激烈，企业经营面临的环境迅速变化，按照传统分工理论设计的组织形式显然不能适应新形势的要求。在这样的宏观背景下，管理领域相应发生了一系列新的变化，管理变革与创新进入新的发展阶段，“流程再造”就是适应这种客观环境产生的管理变革与创新的最新构想。

“流程再造”兴起于20世纪90年代，该理论的首创者是美国麻省理工学院的米歇尔·哈默教授。他主张采用激烈的手段，对企业的生产工艺流程、管理组织系统进行重组、再建，彻底改变美国企业的现行管理方法与生产方法，期望能在成本、品质、服务以及绩效等方面得到显著的决定性改善。“流程再造”的完整意义，就是以信息化和知识化为基础，以市场为导向，以具有创造性的合作关系为纽带，以大幅度提高效率和效益为核心，对企业工作程序进行关键性的重新设计和根本性的变革创新，建立能够充分体现个人价值和团队精神的团队式组织。

流程再造理论有三个指导思想，即三个中心：

（1）以顾客为中心。流程再造理论强调“顾客第一”，重新思考关键的业务流程，无论是企业管理组织的设计，还是管理人员、管理程序的安排，都要遵循“一切为了顾客，而不是为了任务”的理念。

（2）以员工为中心。流程再造充分体现“以人为本”的理念，紧紧围绕企业中的“人”来开展，试图把员工个人发展目标与企业目标紧密结合起来，以增强企业的凝聚力，促使员工实现自我管理、自我发展，同时促进企业的良性发展。

（3）以效率和效益为中心。企业活力最终通过效率和效益体现出来，企业的所有经济行为都是围绕提高效率和效益进行的，管理变革和创新的最终结果也是以效率和效益为标志的。

4. 学习型组织理论

学习型组织理论是当前最前沿的管理理论之一，被称为 21 世纪的管理圣经。学习型组织理论由美国学者彼得·圣吉提出，于 20 世纪 90 年代初传播到我国，并迅速引起理论界、企业界和教育界的广泛关注。

学习型组织是指通过培养弥漫于整个组织的学习气氛、充分发挥员工的创造性思维能力而建立起来的一种有机的、高度柔性的、扁平的、符合人性的、能持续发展的组织。这种组织具有持续学习的能力，具有高于个人绩效总和的综合绩效。

学习型组织是由组织和个人通过自我超越、改善心智模式、建立共同愿景、团体学习和系统思考等五项基本修炼来构建，使组织及其成员获取、加工、整理、创新和利用知识，来指导和改善自身的行为和思想，从而达到增强适应环境和影响环境能力的效果。

随着现代科学技术的发展和社会的进步，21 世纪企业经营管理的发展趋势体现在三个方面：经营客户化、组织学习化、管理信息化。

（1）经营客户化：从市场细分、客户定位开始，以顾客满意为导向，注重服务的多样化和服务品质的提升。

（2）组织学习化：注重组织学习能力和创新能力的建设，学习和创新成为 21 世纪经营管理的主旋律。

（3）管理信息化：面向知识型员工，注重知识管理和传承，基于互联网和信息技术的管理工具的使用成为必然。

本章小结

本章主要介绍了管理理论的形成与发展过程，重点阐述了西方早期管理思想、古典管理理论、行为科学理论与现代管理理论的形成与发展；并介绍了管理学在当前社会的主要发展趋势。

古典管理理论主要由泰罗的科学管理理论、法约尔的一般管理理论和韦伯的行政组织理论构成，奠定了管理学的基础；行为科学理论则以梅奥为主要代表，行为科学主要对工人在生产中的行为以及这些行为产生的原因进行分析研究，以便调节人际关系，提高劳动生产率；现代管理理论则主要介绍了管理理论丛林的代表学派。

科学管理理论研究的中心问题是提高劳动生产率。其主要内容包括：工作定额原理、标准化、差别计件工资制、计划职能和执行职能分开、例外原则、工人和雇主双方来一场“精神革命”。

人际关系学说的主要观点：人是“社会人”；企业中存在着“非正式组织”；新型领导通过增加员工的满意度来提高士气。

美国管理学家哈罗德·孔茨所提出的“管理理论丛林”主要包括管理科学学派、经验主义学派、系统管理学派、决策理论学派、权变理论学派等。

练习题

一、单项选择题

1. 科学管理理论是古典管理理论之一，科学管理研究的中心问题是（　　）。
   A. 提高管理水平　　B. 提高人的积极性
   C. 提高劳动生产率　　D. 提高市场占有率
2. 泰罗认为，工人和雇主双方都必须来一次（　　）。
   A. 管理培训　　B. 管理实践　　C. 劳动竞赛　　D. 精神革命
3. 泰罗认为提高劳动生产率，必须为工作配备（　　）。
   A. 一流的干部　　B. 一流的工人　　C. 一流的设备　　D. 一流的原料
4. 泰罗倡导的科学管理特征之一就是工作的标准化与制度化，其中有一重要的原则称为“例外原则”。可以理解为：（　　）。
   A. 管理者具有一定的特殊权力，有些问题的处理可以例外，不受制度约束
   B. 将程序化的工作按制度的规定授权下属去完成，管理者主要集中精力处理非程序化事务
   C. 制度的制定要留有一定的余地，以便特殊情况的处理
   D. 给管理者留有不按制度办事的权力，以便照顾某些特殊关系
5. 法约尔提出的管理五项职能或要素是（　　）。
   A. 计划、组织、指挥、协调和控制　　B. 计划、组织、决策、领导和控制
   C. 计划、组织、决策、协调和控制　　D. 计划、组织、激励、协调和控制
6. “管理的十四项原则”是由（　　）提出来的。
   A. 韦伯　　B. 泰罗　　C. 梅奥　　D. 法约尔
7. 管理的统一指挥原理要求，上级指示从上到下逐级传达，不得发生越级指挥的现象，下级只接受一个上级的领导，只向一个上级汇报并对他负责，这样可以避免多头领导、政出多门；但是为了弥补由此而造成的缺乏灵活性和横向联系等缺陷，在实践中往往还规定管理者有必要的临时处置、事后汇报之权，其依据的原则是：（　　）。
   A. 灵活性原则　　B. 目标至上原则　　C. 法约尔原则　　D. 霍桑效应
8. 梅奥等人通过霍桑实验得出结论：人们的生产效率不仅受到物理的、生理的因素的影响，而且还受到社会环境、社会心理因素的影响。由此创立了（　　）。

A. 行为科学学说　B. 人文关系学说　C. 人际关系学说　D. 科学管理学派

9. 在人际关系学说中，把人看作是（　　）。

A. 经济人　B. 社会人　C. 自我实现人　D. 复杂人

10. 经验主义学派主张通过分析经验来研究管理学问题，也被称为（　　）。

A. 经验教学　B. 案例学派　C. 案例教学　D. 科学学派

二、简答题

1. 简述西方管理理论形成和发展的四个阶段。
2. 简述科学管理理论的主要内容。
3. 法约尔的管理主张是什么？泰罗与法约尔在管理思想上有何异同？
4. 人际关系学说的观点都是什么？
5. 现代管理理论中有哪些热门的学派？它们各自的观点是什么？

三、案例分析题

案例　联合邮包服务公司

联合邮包服务公司（United Parcel Service，UPS）是美国的一家投递公司。它雇佣了约 15 万职工，平均每天将 900 万个包裹发送到美国各地和世界近 180 个国家。为了实现公司“在邮运业中办理最快捷的运送”的宗旨，UPS 的管理当局系统地培训了他们的员工，使他们以尽可能高的效率从事工作。下面是该公司递送邮件的司机的各种情况，从中可以清楚地了解到该公司的管理状况。

UPS 的工业工程师对每一位司机的行驶路线都进行了时间研究，并对每个送货、暂停和取货活动都建立了标准。这些工程师记录了红灯、通行、按门铃、穿过院子、上楼梯、中间休息喝咖啡的时间，其中甚至包括上卫生间的时间，然后将这些数据输入计算机中，从而得到每一位司机每天中工作的详细工作标准。

为了完成每天取送 130 件包裹的目标，投递的司机（注：美国的投递工作均开车递送，投递人员往往就是开车的司机）必须严格遵循工程师设定的程序。当司机到达投送的地点时，他们会松开安全带，按喇叭，关发动机，拉紧手刹，将挡位放置停车挡，为送货完毕的启动离开作好准备。然后，司机从驾驶室下来，右臂夹着文件夹，左手拿着包裹。右手拿着车钥匙，看一眼包裹上的地址，以每秒钟 0.91 米的速度快步走到顾客的门前，敲门，不要去按门铃，以免在寻找门铃时浪费时间。送货完毕后，司机在回到汽车的路上完成登记工作。

这样十分刻板的工作时间表看起来十分烦琐，但效率专家们公认，UPS 是世界上效率最高的公司之一。例如，同是美国的联邦捷运公司（Federal Express）平均每人每天递送 80 件包裹，而 UPS 是 130 件。在提高效率方面的不懈努力对 UPS 的净利润产生了良好的影响。

回答问题：

1. 从这个案例中，结合本章所学的内容，分析 UPS 在管理工作中体现了哪一种管理思想？为什么？
2. 结合你所了解的中国企业的管理状况，你认为，如要学习 UPS 的管理经验，提高工作效率，应从哪些方面做起？为什么？
3. 你认为 UPS 的管理方式是否过于刻板，过于失去人性，过于强调了计算机和技术工程师们的作用，缺乏管理需要的弹性和“尺度”？请对你的答案选择进行恰当的解释。

案例　油漆厂工人为什么闹事

钱兵是某名牌大学企业管理专业毕业的大学生，分配到宜昌某集团公司人力资源部。前不久，因总公司下属的某油漆厂出现工人集体闹事问题，钱兵被总公司委派下去调查了解情况，并协助油漆厂高厂长理顺管理工作。

到油漆厂上班的第一周，钱兵就深入“民间”，体察“民情”，了解“民怨”。一周后，他不仅清楚地了解到油漆厂的生产流程，同时也发现工厂的生产效率极其低下。工人们怨声载道，他们认为工作场所又脏又吵，条件极其恶劣，冬天的车间内气温只有零下8℃，比外面还冷，而夏天最高气温可达40℃。而且他们的报酬也少得可怜。工人们曾不止一次地向厂领导提过，要改善工作条件，提高工资待遇，但一直未得到厂里的重视。

钱兵还了解了工人的年龄、学历等情况，工厂以男性职工为主，约占92%。年龄在25~35岁之间的占50%，25岁以下的占36%，35岁以上的占14%。工人们的文化程度普遍较低，初高中毕业的占32%，中专及其以上的仅占2%，其余的全是小学毕业。钱兵在调查中还发现，工人的流动率非常高，50%的工人仅在厂里工作一年或更短的时间，能工作五年以上的不到20%，这对生产效率的提高和产品的质量非常不利。

于是，钱兵决定将连日来的调查结果与高厂长做一下沟通，他提出了自己的一些看法：“高厂长，经过调查，我发现工人的某些起码的需要没有得到满足，我们厂要想把生产效率搞上去，提高产品的质量，首先得想办法解决工人们提出的一些最基本的要求。”可是高厂长却不这么认为，他恨铁不成钢地说：“他们有什么需要？他们关心的就是能拿多少工资，得多少奖金，除此之外，他们什么也不关心，更别说想办法提高自己。你也看到了，他们很懒，逃避责任，不好好合作，工作是好是坏他们一点也不在乎。”

钱兵不认同高厂长对工人的这种评价。为了进一步弄清情况，钱兵决定做一次问卷调查，以此来确定工人们到底有什么样的需要，并找到哪些需要还未得到满足。他也希望通过这次的调查结果来说服厂长，重新找到提高士气的因素。于是他设计了包括15个因素在内的问卷，当然每个因素都与工人的工作有关，包括：报酬、员工之间的关系、上下级之间的关系、工作环境条件、工作的安全性、工厂制度、监督体系、工作的挑战性、工作的成就感、个人发展的空间、工作得到认可情况、升职机会等。

调查结果表明，工人并不认为他们懒惰，也不在乎多做额外的工作，他们希望工作能丰富多样化一点，能让他们多动动脑筋，能有较合理的报酬。他们还希望工作多一点挑战性，能有机会发挥自身的潜能。此外，他们还表达了希望多一点与其他人交流感情的机会，在友好的氛围中工作，也希望领导经常告诉他们怎样才能把工作做得更好。

基于此，钱兵认为，导致油漆厂生产效率低下和工人有不满情绪的主要原因是报酬太低，工作环境不到位，人与人之间关系的冷淡。

回答问题：

1. 高厂长对工人的看法是基于哪一种人性假设理论？
2. 钱兵的问卷调查结果说明什么？
3. 根据钱兵的问卷调查结果，请你为该油漆厂出点主意，应如何来满足员工的需求？

四、论述题

试论西方古典管理理论对当代中国企业管理的影响。

五、实训题

1. 利用课下时间让学生查阅有关管理思想演进的资料，根据收集到的资料绘制管理思想演进结构图，并在课堂上进行展示与交流。
2. 组织学生观看电影《摩登时代》，并运用所学的管理理论知识撰写观后感。

第三章　管理原理

寓言故事：纪昌学箭

纪昌向飞卫学射箭，飞卫没有传授具体的射箭技巧，却要求他必须先学会盯住目标而眼睛不能眨动。纪昌花了两年，练成了即使锥子刺来眼睛也不会眨一下的功夫。

飞卫又进一步要求纪昌练眼力，标准要达到将体积较小的东西能够清晰地放大，就像在近处看到一样。纪昌苦练三年，终于能将最小的虱子看成车轮一样大。这时，纪昌张开弓，轻而易举地一箭便将虱子射穿。飞卫得知结果后，对这个徒弟极为满意。

学习目标

知识目标

1. 了解学习管理原理的意义；
2. 理解管理原理的内涵和要点；
3. 掌握管理原理在实践中的应用。

能力目标

1. 能总结各条管理原理的思想精髓；
2. 能运用管理原理分析现实中的管理现象，并指出遵守（违背）了什么管理原理。

导入案例

两个厂长，谁的观点正确？

在一次管理经验交流会上，有两个厂的厂长分别介绍了他们各自对如何进行有效管理的看法。

A厂长认为，企业首要的资产是员工，只有员工把企业当成自己的家，把个人的命运与企业的命运紧密联系在一起，才能充分发挥他们的智慧和力量为企业服务。管理者有什么问题，都与员工们商量解决；平时要十分注重对员工需求的分析，有针对性地给员工提供学习、娱乐的机会和条件；每月给当月过生日的员工送上祝福和礼物；员工生小孩，厂长会亲自送上贺礼。员工们能把企业当作自己的家，全心全意地为企业服务，工厂的效益蒸蒸日上。

B厂长则认为，只有实行严格的管理，才能保证各项工作的顺利进行和实现企业的目标。企业要制定严格的规章制度和岗位责任制，建立严格的控制体系；注重上岗培训；实行计件工资制等。在B厂长的厂里，员工们都非常注意遵守规章制度，努力工作以完成任务，工厂的发展迅速。

问：这两个厂长谁的观点正确？为什么？

在上述案例中，每个工厂都士气高昂，发展迅速，说明两个厂长的管理模式和方法都是有效的。一个组织若没有规章制度，就没有章法；若不能落实责任，就会处于失控状态；若不能把员工当作家人来对待，就不会有主人翁的精神。这些管理的精髓适用于任何一个组织。也就是说，在管理活动中是有一些基本的客观规律的。如果管理者不能掌握管理活动的客观规律，就很难制定出切实可行的规章制度和适用有效的管理办法，组织也难以获得发展。本章主要介绍管理原理的内涵、要点及其在管理实践中的应用。

第一节　管理原理概述

管理活动虽然错综复杂、千变万化，但万变不离其宗，有着基本的客观规律。管理者只有掌握了管理的客观规律，才能面对任何纷繁杂乱的局面都胸有成竹，管理得井井有条。

一、管理原理的内涵

从字面上来解释，原同“源”，有原本、根本之意；理是指道理、基准、规律。原理是指某种客观事物的实质及其运动的基本规律。以此推理，管理原理就是指各种管理活动和过程的实质及其基本规律。管理原理是管理领域具有普遍意义的基本规律，它是对现实管理现象的一种抽象和管理实践经验的一种升华，是对管理实践的客观规律进行分析和总结而得出的具有普遍意义的道理。管理原理作为管理理论的基础，舍去了管理学中的具体方法、措施和制度，而着重研究管理活动及过程中具有的规律性、实质性的内容。管理原理是管理学的一个重要的组成部分，同时也是管理学的基础。

正如泰罗在其代表作《科学管理原理》一书中所言：“科学管理的根本原理适用于人的一切行为——从我们最简单的个人行为到我们大公司的业务运行”“无论何时，这些原理如正确运用，都能够立竿见影，其成效令人震惊”。管理原理的重要性不言而喻。

二、管理原理的特点

管理的基本原理是对客观事物的实质及其运动规律的基本表述，它反映管理的根本问题，即“管理是什么”“如何进行管理”。同时，管理原理还具备以下的特点。

1. 普遍性

管理原理是对管理的实质及其客观规律的表述。管理原理的普遍性体现在它能够被运用于各种不同的管理实践中去，因为它反映了各种管理活动过程中所具有的规律性的东西，是一种抽象的概括。抽象程度越高，应用的范围就越大，越具有普遍性。

2. 客观性

管理原理的应用不仅具有普遍性，同时又是各种管理活动及过程客观规律的描述，它反映的是事物内部的内在联系和事物发展的必然趋势，是不能主观臆断的，管理者必然要按照客观规律去处理实际问题。

3. 稳定性

管理原理同其他科学原理一样，具有相对的稳定性。这也是由管理原理的普遍性和客观性决定的。只有具有稳定性，才能被人们所认识和接受，从而用来指导管理实践活动并取得成效。

4. 系统性

管理原理从不同的角度、不同的侧面来反映管理的根本问题，各个部分之间相互联系、相互依存，形成一个完整的有机体。任何一条管理原理都不是孤立的，只有在其他管理原理的配合下才能发挥作用。如果孤立地运用某一个原理，效果可能会适得其反。

三、学习管理原理的意义

管理原理来源于管理实践，是大量管理实践经验的概括和升华。管理者学习和掌握管理原理，对于指导管理实践，做好管理工作有着普遍的指导意义。

1. 有助于提高管理工作的科学性，避免盲目性

管理原理是不可违背的管理的基本规律。实践反复证明，凡是遵循这些原理的管理，都是有效的管理。例如，很多企业员工工作积极性不高，效率低下，留不住人才，都和违背管理原理分不开。学习和掌握管理原理，管理工作就有了行动指南，对于建立组织结构、管理决策、有效控制等也就有了科学依据，避免工作中出现盲目性。

2. 有助于掌握管理的基本规律，提高社会实践活动能力

管理工作虽然错综复杂、千变万化，但万变不离其宗。管理者只有掌握了管理活动中的客观规律，才能应变自如，管理得井井有条。通过学习和掌握管理原理，能使管理者更快地形成自己的管理哲学和方法，以应付纷繁复杂的管理局面。

3. 有助于迅速找到解决管理问题的途径、手段和方法

通过学习和掌握管理原理，管理者能够建立科学合理的规章制度，找到有效的管理模式与方法，使管理行为制度化、规范化，使管理的许多常规性工作有章可循，有规可依。

总之，管理者学习和掌握管理原理，对于管理工作的加强、管理水平和工作效率的提高、组织效能的充分发挥、组织目标的实现，都有着十分重要的指导意义。

扩展阅读

二八定律的应用

二八定律由意大利统计学家、经济学家维弗雷多·帕累托提出。1897年，帕累托偶然发现19世纪英国人的财富和收益模式。在调查取样中，他发现大部分的财富流向了少数人手里。于是，帕累托从大量具体的事实中发现：社会上20%的人占有80%的社会财富。

帕累托指出：在任何特定群体中，重要的因子通常只占少数，而不重要的因子则占多数，因此只要能控制具有重要性的少数因子即能控制全局。即关键的少数决定大多数。这个原理经过多年的演化，成为管理学界所熟知的“80/20原理”——80%的价值是来自20%的因子。

二八定律在很多领域都很适用。如：

（1）80%的销售额是源自20%的顾客；

（2）80%的病假是由20%的员工所占用；

（3）80%的看电视时间都花在20%的节目；

（4）80%的看报时间都花在20%的版面；

(5) 80%的教师辅导时间都被20%的学生所占用。

在时间管理方面，二八定律的启示是：应该将时间花在重要的少数问题上，避免将时间花在琐碎的多数问题上，因为掌握了这些重要的少数问题，虽然只花了20%的时间，却能取得80%的成效。

在存货管理方面，“ABC分类法”就是将存货分为A、B、C三类。A类代表“重要的少数”，这类存货量少、价值高。它们应备受重视而享有最佳的存货管理，包括最完整的记录、最充裕的订货等候时间、最小心的保管等。C类存货则指“琐碎的多数”。这类存货量多而价值低，例如文件夹、订书器、档案袋、信封等办公用品，一般情况下，当管理员发现这类物品用完时，才设法加以补充。B类存货则指介乎C类与A类之间的货品。通常这类存货的数量降至某一特定数量时，企业才自动增补存货。

在保险管理方面，某保险公司在偶然情况下针对其客户交易额的大小进行分类，结果发现总营业额之中几乎有90%的营业额源自所有客户中不足10%的大客户。这个发现促使该公司对大小客户一视同仁的营业政策发生改变——集中更多的资源服务于少数的大客户。结果，该公司的营业额及利润大幅上升。

第二节　系统原理

系统原理是现代管理科学体系中的一个最基本的原理。该原理要求管理者在从事管理工作时，运用系统的观点、理论和方法对管理活动进行充分的系统分析，以达到管理的优化目标，即从系统论的角度来认识和处理组织管理中出现的问题。

一、系统原理的内涵

1. 系统的定义及其特征

按照系统论的观点，系统是普遍存在的，任何事物都可以看作是一个系统。何谓系统？系统是指由相互联系、相互作用和相互依赖的若干组成部分（要素）结合而成的具有特定的结构和功能的有机整体。系统处于一定的环境中。系统由相互联系的若干个要素组成；各要素之间的排列组合方式形成了特定的系统内部结构；要素与整体之间，以及整体与环境之间，存在着一定的有机联系；系统与外部环境在相互联系和作用的过程中实现一定的功能。因此，要素、联系、结构、功能和环境是构成系统的基本条件。

任何组织都是由人、财、物、信息等要素组成的系统，管理就是通过合理配置组织的各种资源要素以实现组织目标的过程，这种对资源要素的合理优化配置的过程正是体现了系统优化的管理思想。

根据系统论的知识，系统具有如下四个特征：

（1）整体性：系统是由若干个部分（要素）而组成的不可分割的整体。系统的功能可以达到“1+1>2”的效果，即系统的“整体大于部分之和”。任何一个系统的各组成部分（要素）都不能离开系统整体而孤立地发挥作用。因此，在对系统进行控制时，必须从整体出发，从组成系统的各要素间的相互关系中探求系统整体的本质和规律，把握系统的整体效应。

（2）目的性：每个系统都有明确的目的，不同的系统有不同的目的。系统的结构不是盲目建立的，而是按照系统的目的和功能建立的。根据系统的目的和功能设置各组成部分（要素）的位置，建立各组成部分（要素）之间的联系，在组建、调整系统的结构时，要强调各组成部分（要素）服从于系统的目的。

（3）层次性：层次性是系统的本质属性。系统与要素、系统与环境是相对的。任何一个事物都可能存在于某一个大系统中，是这个大系统中的一个子系统。在一个系统内部，若干的组成部分（要素）按照一定的层次排列，形成特定的结构，为实现系统的功能服务。在研究一个复杂系统时，首先要明确在哪个层次上来研究该系统，其次将系统本身划分为若干个层次，然后把系统的各个部分、各个方面和各种因素联系起来，来考察系统的整体结构和功能。

（4）适应性：任何系统都具有一定的环境适应性。也就是说，系统要能够适应环境的变化，具有随环境的改变而改变其结构和功能的能力。任何一个系统都存在于一定的环境之中，与环境进行物质、能量和信息的交换。环境的变化会对系统产生很大的影响，只有经常与外部环境保持最佳适应状态的系统才是有活力的系统，不能适应环境变化的系统是难以生存和发展的。

2. 系统原理的内涵

系统原理源于系统理论。管理是一项综合性、复杂的活动，管理对象诸要素之间既相互独立又相互联系。系统原理认为，任何组织都可看作是一个完整的、开放的系统，或者是某一大系统中的子系统，在认识和处理管理问题时，应遵循系统的观点和方法，以系统论作为管理的指导思想。它要求管理从组织的整体出发，从局部入手，进行系统的分析和优化，并依据组织活动的效果和环境的变化，及时调整和控制组织的行为，最终实现组织的目标。这就是系统原理的基本含义。

二、系统原理的要点

系统原理具体的要点体现在以下三个方面：

1. 整分合原理

整分合原理是指管理工作必须从整体出发进行协调，在整体的基础上进行明确分工，在分工的基础上进行综合，即对一项管理工作要进行整体把握、科学分解、组织综合。要求管理者在工作中要从整体着眼，局部入手，统筹兼顾，各方协调，以达到整体的最优化。

理解整分合原理时要注意以下三点：

第一，整体的观点是该原理的核心和基础，不从整体出发的分工必然是盲目的、混乱的；

第二，分工是该原理的关键，没有分工就没有专业化，没有分工的系统是缺乏效率的、杂乱无章的；

第三，对分工的结果进行有效的综合是保证系统目标实现的必经之路。分工是为了更好地协作，是为了实现组织的共同目标。因此，最后要有一个协调整合各方资源，实现“1+1>2”管理效果的活动过程。

管理者的责任在于从整体目的出发，制订系统的目标，进行科学的分解，明确各组成部分（要素）的分目标，再按照确定的标准检查实际工作执行的情况，处理例外事项和考虑新的发展目标。着重强调“分”还有分解之意，在这里，分解是关键。只有分解正确，分工才会合理，标准才会更加明确和科学。

2. 动态性原理

系统作为一个有机体，其稳定状态是相对的，运动状态则是绝对的。系统内部各要素之间的联系、系统与外部环境之间的相互作用等都是一种运动，系统是处于变化之中的。动态性原理要求管理者历史地、运动地、发展地考察并对待系统，正确把握系统的过去、现在和未来的运动规律，并处理好系统内部和外部同环境之间的动态适应关系。

第一，要求管理者树立动态的观点。任何事物都不是一成不变的，组织的管理同理。为使组织具有可持续发展的潜力并更好地完成组织目标，管理者必须根据其内外部环境的变化及时地调整，把握组织内外各方面的联系，保持组织良好的应变能力。

第二，要求管理者以联系和发展的眼光看待管理问题。在处理任何一个系统的管理问题时，不能孤立地分析其中的个别要素，而是要把每一要素联系起来，放在一个动态的环境中去分析和研究，联系过去，结合现在，展望未来。

例如，在现代人力资源管理的理念指导下，对员工进行考核时，不仅要考核其过去为组织做了多少贡献，还要关注其目前的努力会为组织的将来带来什么价值。业绩考评机制就是一个动态的机制，不仅要看过去的成绩，还要注重员工的学习和发展潜力，这也是动态性原理的应用。

3. 开放性原理

开放性原理要求管理者必须意识到对外开放是系统的生命。只有不断与外界进行人、财、物、信息等要素的互动与交流，才能维持系统的生命和活力。绝对不能将系统封闭起来，与世隔绝地去管理。明智的管理者应当从开放性原理出发，充分估计外部与本系统的联系，努力扩大本系统从外界获取的物质、能量和信息等必不可少的资源，同时根据环境的变化调整好系统各要素的配置，从而促进组织实现可持续的发展目标。

扩展阅读

夺冠的秘诀

山田本一是日本著名的马拉松运动员，他曾在1984年和1987年的国际马拉松比赛中，两次夺得世界冠军。记者问他凭什么取得如此惊人的成绩，山田本一总是回答："凭智慧战胜对手！"

大家都知道，马拉松比赛主要是运动员体力和耐力的较量，爆发力、速度和技巧都还在其次。因此，对于山田本一的回答，许多人觉得他是在故弄玄虚。

10年之后，这个谜底被揭开了。山田本一在自传中这样写道："每次比赛之前，我都要乘车把比赛的路线仔细地看一遍，并把沿途比较醒目的标志画下来：比如第一标志是银行，第二标志是一棵古怪的大树，第三标志是一座高楼……这样一直画到赛程的结束。比赛开始后，我就以百米的速度奋力地向第一个目标冲去，到达第一个目标后，我又以同样的速度向第二个目标冲去。40多公里的赛程，被我分解成几个小目标，跑起来就轻松多了。开始我把我的目标定在终点线的旗帜上，结果当我跑到十几公里的时候就疲惫不堪了，因为我被前面那段遥远的路吓倒了。"

三、系统原理的应用举例

在企业管理中，很多企业实行了目标管理法。事实上，目标管理法就是整分合原理的应用。一般是由董事会提出初步方案，经职工代表大会讨论通过，形成企业的总目标；然后将目标分解到各个部门、科室直至个人，形成分目标和小目标；最后加以综合协调，保证企业目标的统一性，促进目标的实现，从而取得显著的效益。

企业总是处于一个开放的、不断变化的环境中运行，只有及时把握市场动态，才能掌握市场的主动权。所以，企业要建立完善的信息管理系统，建立与外部相联系的机制，通过各种方式获得有关外部环境的信息，为企业的经营决策提供依据。这实际上体现了系统原理中的动态性原理和开放性原理。

课堂讨论案例

海尔的"用户满意"理念

海尔的"用户满意"理念中主要包括内部系统和外部系统。内部系统是从内部的产品质量抓起，在产品生产的每一个环节都做到产品价值的增值。要做到这一点，需要企业管理的每一个环节都围绕"用户满意"这一理念而展开。外部系统是产品的延伸系统——为用户提供特色的星级服务体系。在用户需求日趋个性化的今天，完美的服务与高质量的产品同样重要，必须严格做好“售前”“售中”“售后”三个阶段的售后服务，才能做到真正地使“用户满意”。

海尔电脑就是通过以下的几个方面来打造星级服务体系，来实现“用户满意”策略的。

1. 以用户为中心的服务理念

用户满意是企业生存的本源。所谓的市场经济，对海尔人来说就是用户经济。海尔电脑秉承集团“真诚到永远”的服务宗旨，从战略规划到战术实施，都是围绕用户满意展开的。很多在其它企业经常与用户纠缠不清的问题，在海尔往往都能以用户满意而结案。用户满意就是企业创新的过程，用户永远是对的，用户关系是第一竞争力。

2. 不断创新的服务模式

海尔星级服务在不断的升级与创新，海尔的三次服务升级与创新都走在同行业的前列：由原来的规范化服务（被动服务），到亲情化服务（主动服务），再到高增值服务(感动服务)，海尔始终作为服务模式的开创者立于潮头。

在服务质量提升上，海尔提出了“随叫随到、一次就好、创造感动、信息增值”的服务质量新标准。服务也是营销，只有通过持续性推出亲情化的、能够满足用户潜在需求的服务新举措，才能拉开与竞争对手的距离，创造用户感动，实现与用户的零距离。

3. 亲和不间断服务的呼叫中心

海尔电脑服务在全国使用统一客户服务专线4006999999，支持7×24小时手机、电话拨打。海尔的电话客服人员更多是作为用户代表，追溯用户问题得以彻底解决。

4. 强大的技术支持中心和完备的知识管理系统

海尔电脑不仅拥有多名通过国际相关技术认证的IT业界资深技术支持专家，还获得了微软、Inter专家的特别支持与培训。海尔功能齐备的方案实验室，保证了客户问题在第一时间得到复现和解决，甚至客户的个性化需求也能得到满足。海尔在线技术支持系统在高效解决用户问题的同时，也能以知识库形式做好知识的积累与管理。

5. 严格的工程师认证体系

由海尔大学牵头，已经吸引了一大批大专院校与海尔一同组成了工程师培养基地。而海尔电脑还推出了更为严苛的工程师培养与人员选拔机制，全面保证了海尔电脑服务一线工程师良好的素质和能力。截止目前，已经有1500余名星级服务工程师通过了海尔最严格的选拔与培训，致力于为客户提供快速周到的亲情服务。

6. 先进的服务管理系统

海尔电脑通过多项加严的服务指标，跟踪和分析服务进程，及时发现异常服务，确保承诺兑现。海尔在启动全球化品牌战略的同时，创造性地提出以“人单合一”模式作为企业制胜的法宝，即通过高质量、高层次的服务来创造订单。

（资料来源：海尔服务——以用户为中心的服务理念.IT世界网.）

回答问题：

海尔是怎样实现“让用户满意”策略的？

第三节　人本原理

现代管理认为，管理的核心是人，管理的动力是人的积极性。一切管理活动均应以调动人的积极性，做好人的工作为根本。

一、人本原理的内涵

管理是人类有目的的活动。在管理活动中，管理者是人，被管理者也是人；而且在管理对象中其他要素和整个管理过程也都需要人去掌握和推动。因此，对管理效果起决定作用的因素是人，这正是人本原理指导管理实践的根本出发点。

所谓人本原理，就是以人为核心的管理思想的体现。人本原理要求每个管理者必须明确，要做好整个管理工作，管好资金、技术、时间、信息等其他要素和资源，首先必须紧紧抓住做好人的工作这个根本，肯定人的主体地位和作用，充分调动和激发人的积极性、主动性和创造性，追求人的全面自由发展。

遵循人本原理，就要把人的因素放在第一位，将组织内的人际关系处理放在首位，努力为最大限度地发挥人的能动性和满足被管理者的自我实现需要创造各种条件。要强调和重视人的作用，就要善于发现人才、培养人才和使用人才，真正树立以人为本的管理理念，依靠人、尊重人、开发人、关心人、发展人。

二、人本原理的要点

人本原理要求人们在管理活动中坚持一切以人为核心，以人的需要为根本，强调人的主观能动性，力求实现人的全面、自由发展。其实质就是充分肯定人在管理活动中的主体地位和作用。具体来说，人本原理包括以下几个要点。

第一，员工是组织的主体。在任何一个组织中，不管是生产产品，还是提供服务，或是从事其他方面的活动，员工发挥的作用是巨大的，可以说是他们创造了和创造着价值和财富。如在学校，教师是学校的主体，教师的知识、教学水平、敬业精神直接影响到人才的培养质量，甚至影响到学校的声誉和生源。因此，组织的管理者要充分认识到员工的主体地位，激发他们的工作热情，引导他们的行为，使其朝着组织的目标而努力。

第二，员工的参与是有效管理的关键。员工参与管理，既能体现民主管理，又能提高组织决策的科学性和准确性。不仅管理者要从事管理活动，普通员工也要参与组织的管理，结合实际情况提出合理化的意见和建议，集思广益，广泛听取各方面的意见，避免决策的盲目性，提高工作效率。

第三，现代管理的核心是使人性得到完美的发展。促进人的全面发展，是人本管理要实现的最终目标。一个组织要对它的每一个员工担负起发展的责任，创造良好的环境，给员工提供发展的空间。如海尔的人力资源中心面向员工进行以人为本的人生设计；海尔大学对员工进行岗前培训、岗中培训，以提高员工的素质；在用人制度上，建立了“人人是人才，赛马不相马”的用人机制，重才干而不唯学历等。用一句话概括，那就是“让每一个海尔人尽情发挥自己的才智”，为每个员工搭建展示自己才能的舞台，使每一个人都得到完美的发展。

遵循人本原理，就是要尊重人的种族、信仰、文化、爱好、兴趣、才能，尊重人性的发展规律，制定人性化的、有效的管理制度和政策，营造健康、向上、协作、创新的组织氛围，最终促进人的全面发展。

第四，管理的根本目的是服务于人。管理是一个协调组织内外部关系的过程，而这种协调体现在具体的工作中，实际上就是为人服务的过程。管理者要转变观念，重新认识服务的内涵。服务的对象包括上级领导、下级员工、顾客、股东、社区民众和政府部门等。其中，最重要的是顾客和员工。在日常的管理活动中，管理者要时刻想着自己的工作要为他人提供更大的便利，要为顾客提供更满意的服务。也就是说，管理者既要为员工服务，又要为顾客服务。当今时代，作为管理者，要把“服务于人”定位在管理的根本目的上，真正为员工、为顾客服务。

扩展阅读

惠普公司“人本管理”

惠普公司取得的成功，在自己的许多经理看来，靠的是它重视人的宗旨。惠普公司“人本管理”宗旨的具体体现是关心人、重视人、尊重人。

1. 关心人需要真心实意地把职工当作人来关怀。在惠普公司里，领导者总是同自己的下属打成一片，他们关心职工，鼓励职工，使职工们感到自己的工作成绩得到了承认，受到了重视。与此同时，惠普公司也注重教育职工要有高度的信心和责任感。对于个人的职位升迁问题，公司总是教育职工先做好自己的本职工作再求发展。一位惠普公司最老的制造部的中层经理，以前管理着一个有 50 人的部门，一年以后，他开始考虑个人的前途问题，于是把自己的心思告诉了直接上级，并且问他自己怎样才能升上去。他的上级思索片刻，笑着说，“你干吗着急？在这儿想往上升，最好的办法就是干好你的本职工作，从现在起就注意好好干，高兴点儿！就这样能提升！”

2. 惠普公司信任人。惠普公司相信职工们都想有所创造，都是有事业心的人。这一点在该公司的一项政策里，即“开放实验室备品库”表现得最为突出。实验室备品库是该公司存放电气和机械零件的地方。工程师们可以随意地取用实验室备品库里的物品，不但这样，公司还鼓励他们拿回自己家里去供个人使用！这样做是因为惠普公司认为，不管工程师们拿这些设备所做的事是不是跟他们手头从事的工作有关，是在工作岗位上还是在自己的家里摆弄这些玩意，都总是能学到一些有用的东西的。

曾经有一次，惠普的创始人之一威廉·休利特在周末到一家分厂里去视察，却发现该分厂的实验室备品库门被上了锁。他很生气，马上跑到维修组去，拿来一柄螺栓切割剪，把备品库门上的锁一下子给剪断了，然后扔得远远的。星期一早上，人们上班的时候，就看到门上有一张条子，上面写着：“请勿再锁此门。谢谢！威廉。”惠普公司并不是像别的公司那样对这些设备器材严加控制，而是让它敞开大门，随意拿用，充分表明公司对职工们的信任程度。

3. 惠普公司还有其不同于欧美企业的雇用政策，那就是职工一经聘任，决不轻易地辞退。那还是在第二次世界大战中，公司有机会得到一项利润丰厚的军事订货合同。但是，要接受这项合同，当时的职工数还不够，需要新增加雇用12名职工。创始人休利特就问公司的人事处长：“这项合同完成以后，新雇的这些人能安排别的什么合适的工作吗?”人事处长说：“已经没有什么可安排的合适工作了，只能辞退他们。”于是休利特就说：“那么咱们就不要这项订货合同了吧!”后来，考虑到新雇职工的利益，惠普公司硬是没有签订这项赚钱的合同。

4. 惠普公司重视职工培训，并且不惜工本。例如，公司的训练班有长有短，有业余、有脱产，有工程性的也有管理性的；受训对象从工人到总经理，各种人员都有；训练方式有讲课、讨论、电影、录像、计算机模拟、案例分析、技巧实习、自学考核，直至师徒传授。不仅如此，公司还要求各级领导亲自为下级讲课。除本身训练计划外，工程师还被派送到有关大学进行带薪脱产进修，公司给其报销路费，并发给住宿津贴；公司还鼓励优秀的年青人员到邻近有关大学进行脱产选修有关课程，允许他们利用部分的工作时间，也给报销路费。受训人员虽然由公司资助受训，但却不对公司承担义务，学完后留去自便，公司不予干预。

5. 惠普公司重视职工福利。公司的福利除基本生活福利、医疗保险、残废保险、退休金，两天一次的午间茶点，生日送礼以及新职工搬迁补贴外，还有两项特殊福利：一是现金分红制度，即凡在公司任职达半年以上的职工，每年夏初及圣诞节，可得到一份额外收入；另一项特殊福利是股票购买制，即职工任职满10年后，公司还另赠10股。

6. 惠普公司提倡职工创新。惠普公司相信人人都有搞好自己本职工作的愿望，因而，该公司总是力图给广大职工创造一个任人发展创新的工作环境。惠普公司有一种关注创新的气氛，即每一个工程师都有放下手中设计项目做“候补队员”的时候。在惠普公司里，搞生产的可以停下手中的生产线，让工程师们取走些部件去进行创新测试。这在别的公司看来似乎是不可理解的。

综上所述，惠普公司以人为本的管理给人的感觉是，员工进了公司后，就像进了温暖的家。

(资料来源：人本管理的典范——惠普公司. 百度文库. https：//wenku. baidu. com/)

三、人本原理的应用举例

人本原理是以人为核心的一种管理思想。人本原理强调和重视人的作用。其具体的应用体现在以下几个方面。

1. 依靠人

人是生产力中最活跃的因素。IBM 董事长兼总裁沃森曾说过：“你可以接收我的工厂，烧掉我的厂房，然而只要留下我的人，我就可以重建 IBM。”此话道出了“企业真正的资源是人”的科学管理的真谛。随着市场竞争的日益激烈，人们越来越认识到，决定一个企业生存和发展能力的，主要并不在于那些机器、设备等物的因素，而在于人所拥有的知识、智慧、才能和技术等人的因素。企业必须树立依靠人的经营管理理念，把人看作是最主要的资源，要把广大的员工团结起来，充分挖掘他们的潜能，通过全体成员的共同努力，去创造组织的辉煌业绩。

2. 尊重人

每一个人，无论是领导者，还是普通员工，都是具有独立人格的人，都有做人的尊严和做人的应有权利，要给予员工充分的尊重和爱护。对人的尊重主要是通过“肯定个人的尊严、人格、贡献、发明、创造”体现出来。事实上，一个备受尊重的人，往往会对自己有更严格的要求，当他的工作被充分肯定和受到尊重时，他会增强责任感和做事的信心，也会尽最大努力去完成自己的使命，为组织做出更大的贡献。

3. 开发人

现代管理大师彼得·德鲁克曾经说过：“企业只有一项真正的资源：人。管理就是充分开发人力资源以做好工作。”企业管理的任务在于如何最大限度地挖掘和调动每个员工的积极性、创造性，使之形成合力，释放其潜藏的能量，让员工们能以极大的热情和创造力投身于企业的各项工作中去。海尔制定的“三工并存，动态转换”的用工制度、“赛马不相马”的管理干部选用机制、提出的“战略事业单位（SBU）”策略、普遍开展了“自主管理班组”活动，让员工以班组为单位自己管理自己，了解库存、材料规划、人事安排、生产目标、成本目标、产品质量，参与管理等等，都体现了注重人的潜能开发的管理思路。

4. 关心人

人本管理是以人为核心的管理，它要求管理者在细节上能够关心员工的生活，关心员工的成长，在物质上、心理上和精神上给予员工最大的满足。只有解除员工的思想、生活问题和后顾之忧，满足他们比较实际的安全和归属需要，使他们能够体会到企业对他们的关心和照顾，并从中获得满足，他们才能更加全身心地投入到工作中去，最大限度地发挥他们的潜能，从根本上提高企业的效率和效益。

5. 发展人

人本管理是以谋求人的全面、自由发展为终极目的的，即通过组织的各项管理活动和制定的一系列培训、激励、约束制度，而最终使员工得到发展，满足他们自我实现的高层次需要。进一步地说，人的自由、全面的发展，不仅是管理所要达到的终极目标，同时也是经济发展的最高目标，是人类社会进步的标志。一个组织只有建立了一整套有效的开发人力资源的制度和政策，给员工创造一个公平的竞争平台，才能实现最终发展人的目的。

课堂讨论案例

人性与责任

某公司是国内一家知名的上市公司，公司董事长兼总经理A从工人干起，一步步地成为了当家人。多年来，在他的带领下，公司一直保持着高速发展，并于1997年底成功上市。

在A总的引领下，公司的文化不乏一些闪光的亮点。

1. 重视人才——从1994年开始，公司每年都招收大量的高学历新员工，给予较高的工资、福利待遇，很快聚集了大量的名校毕业生，极大地提高了公司的产品技术含量和质量。公司也形成了一种尊重人才的氛围。

2. 唯才是举——每年年底，中层干部开始一年一度的干部竞争上岗，干部岗位完全开放。竞岗者要交书面“竞争上岗报告”，通过后，还要经过答辩。每一年都有干部落马，都有新人、能人上岗，使公司的员工产生一种紧迫感和危机感。

但是，A总个人价值观上的一些致命缺陷，也导致了公司内部不良文化的滋生和蔓延，使得该公司在一种畸形的氛围中走入了歧途。

1. 缺乏人情味。A总比较独断专权。在公司内部，严厉打击异己以及不太驯服的员工和干部。不论员工以前有多大贡献，一旦冒犯“天威”，就一定要下来。曾经有一位技术部的经理，只因说了句不太恰当的闲话，就被处罚，写悔过书，三十七、八岁的男子汉，在保卫处，痛哭流涕地检讨自己“我罪该万死……”。即使这样，部门经理还是被撤掉了，并且以后永远不得翻身。

2. 等级制度森严，压抑了人的主动性和创造力。A总搞一言堂，上行下效。公司内小报告盛行。公司有不成文的规定，不允许与辞职人员来往。有一位员工，与从前辞职的员工一起到海边游泳，被人看到，报告了A总，该员工的工资被降了下来，几年里，一直不给他涨工资。该公司的工资水平在他们所在的城市是第一位的，没人愿意丢掉饭碗。

所以，大家说话办事都极其小心。一谈到什么敏感话题，一些年长的员工就神秘兮兮地说“莫谈国事，莫谈国事……”。于是，大家都很知趣地闭上嘴巴。

3. 过度追究责任、矫枉过正，导致扯皮推诿。这一点在生产部门、技术部门、质检部门体现得尤为突出。公司的质量标准是这样的：技术部门出检验方法、标准，生产部门按设计生产，质检部门按技术部的标准检验。一般来讲，一旦产品出问题，先找质检部门，质检部门说，“我们检验的时候没问题，这是质量不稳定，应该找技术部门”，或者说，“我们是按标准检验，是不是技术部的标准有问题?”技术部更聪明，把检验标准提高、再提高，一直到完美无缺的地步。生产部门做不出那么高水平的产品，但质检部门按照完美无缺的标准检验，于是产品就开始在车间里积压，生产线中止，但三个部门各不相让。时间耽搁长了，销售部开始着急——因为延迟交货是要罚款和丢失客户的。

（资料来源：周三多．管理学——原理与方法．上海：复旦大学出版社，2005）

回答问题：

结合该案例谈谈你对人本原理的理解。

第四节　能级原理

“能级”一词是从物理学中借用过来的概念，原意是说原子由原子核和核外绕核运转的电子构成，电子由于具有不同的能量，按照各自不同的轨道围绕原子核运转，即能量不同的电子处于不同的相应等级。在一个组织中，也有类似的能级结构，不同能力的员工被安排在不同层次的岗位上，为了实现组织的目标，在发挥着他们不同的作用。因此，借用物理学上“能级”的概念，将管理学上的这种现象称其为能级原理。

一、能级原理的内涵

在管理活动中，“能”是指人们从事各项工作的能力，“级”是指级别、等级，即表示组织结构中不同的层次和位置。实际上，能级包括组织各层次的岗位能级和各类型人才的专业能级。岗位对人的专业技能和能力的要求是不同的，能级原理的核心是指组织成员的专业能级和组织结构中的岗位能级要相互适应和协调，这样才能提高效率，实现组织的目标。现代管理的任务之一就是要建立一个合理的能级结构，并按照一定的标准，将管理的对象置于相应的等级中。遵循能级原理，就是要把具有不同能力的人，安排到相应能级的岗位上去，承担相应的责任，赋予相应的权力，享受相应的物质利益和精神荣誉，各得其所，各谋其政，各掌其权，各负其责，各取其酬，各享其荣。这就像刘备一样，把有经天纬地之才的诸葛亮，安排到军师和丞相的位子上，总揽军政大权，酬其管乐之志，展其盖世之才。在实际工作中，为了实现组织的目标，要根据组织的战略需要设置不同的管理层次，确定不同的权、责、利，使不同的人能在与自己能力相称的岗位上发挥才能和作用，这就是能级原理的基本内涵。

二、能级原理的要点

在管理活动中，运用能级原理，首先要将组织结构合理划分为不同的管理层次，然后科学评价组织成员的能力，确定其专业能级，最后通过组织建立完善的人事管理制度去选人和用人，将具有不同能力的人安排在相应能级的岗位上。

正确地运用能级原理，需要把握好以下几个要点。

1. 按照层次确定稳定的组织结构

管理系统中能级的划分不是随意的，它们的组合也不是随意的。理论和实践证明，稳定而充满活力的组织结构，应该是多层次的正三角形。三角形的上部具有尖锐的锋芒，下部又有宽厚的基础，这种稳定的组织结构正是建立在合理分级的基础上。处于最高层次的是决策层，它要确定组织系统的大政方针；第二层是管理层，它需要运用各种管理技术来实现组织决策目标；第三层是执行层，主要任务是贯彻执行管理指令，直接调动和组织人、财、物、时间、信息等资源，进行有效的协调；最低层是操作层，主要从事操作和完成各项具体任务。只有这样的能级结构，才能保证人员精干，统一指挥，领导有力，各司其职，各负其责，实现有效的管理。如图 3.1（a）所示。

图 3.1（b）所示的组织为倒三角形结构，直观上就不稳定。这种能级结构反映了某些组织高层人员居多、基层人员偏少的现象。人们戏称这种组织开会时台上坐的人比台下的人多，兵少将多，管理活动只能是空泛议论。

图 3.1（c）所示的组织可以分解成两个三角形，特点是中层机构臃肿膨胀。如果出现欺上瞒下的现象，组织将岌岌可危。

图 3.1（d）所示的组织的弊端是各能级结构能量差异不大，缺乏强有力的领导。

图 3.1（e）所示的组织比较稳定，但特点是管理幅度偏大，需要上层领导的能力较强，适合这一能级工作的人才稀缺。

图 3.1（f）所示的组织层次过多，增加沟通成本，影响沟通效率，并且容易导致官僚主义。

2. 按照组织结构的层次配备适当的工作人员

“把合适的人安排在合适的岗位上”，是组织选拔人才要实现的一个理想的目标。能否做到“人尽其才，才尽其用”，要看是否按照组织的岗位需要去选拔合适的人才。这也是能级原理所包含的要点之一。不同岗位对人才要具备的能力要求是不同的，具有不同能级的人就应该安排在相应能级的岗位上。大材小用不仅浪费人才，增加人力成本，而且这

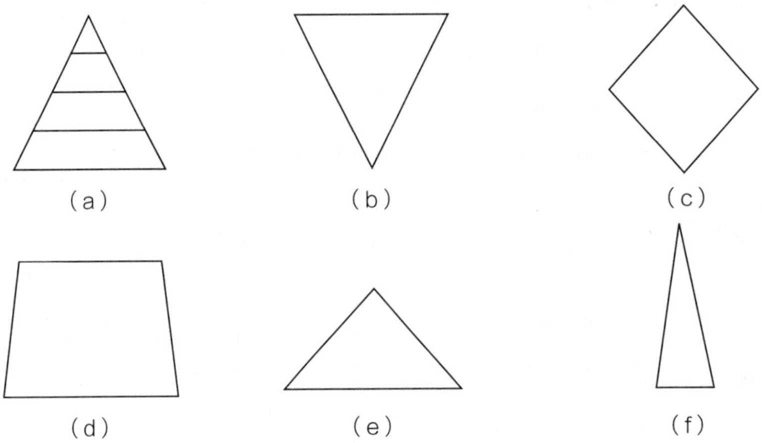

图 3.1　几种组织结构

些人迟早会另谋高就；小材大用只会增加工作压力和影响工作效率。

3. 不同的能级授予不同的责、权、利

不同能级应赋予不同的责任、权力和利益。能级原理不仅将人或机构按照能级水平合理组织起来，而且还规定了不同能级的不同目标和要求。下一能级的目标是达成上一能级目标的手段，只有下一能级圆满地达到了自己的目标，才能保证上一能级目标的实现，才能保证达成整个系统的目标。为了使整个系统各能级都能在完成自身职能方面发挥高效率，表现出高可靠性，就要有一定的物质利益、精神荣誉以及纪律约束与之相对应。简言之，能级原理要求在管理过程中，要保证每个人能在其位、谋其政、行其权、尽其责、取其酬、获其荣、惩其误。有效的管理不是拉平或消灭权力、责任和利益之间的差别，而是对应合理的能级给予适当的均衡。

4. 各能级的人员必须动态的相互流动

能力是个动态的概念。能力的大小，取决于知识的积累，实践的深度、广度以及主观能动性发挥的程度。社会实践的锻炼、教育培训、自主学习，都能使一个人的能力获得显著提高。个人能力的提高就会与目前的岗位不相适应，管理者必须在动态中实行能级对应，实现人才的最佳配置。例如，很多企事业单位提出的“能者上，庸者下”的干部选聘制度就是这一原理的应用。在组织内部，要建立人才流动的用人机制，给员工一定的危机感，以增强组织的活力，并为组织实现合理的人才配置提供保障。

三、能级原理的应用举例

能级原理在管理实践中应用非常广泛，在此列举能级原理在班级管理中的应用。能级原理强调人的专业能级和岗位能级要动态地适应。运用能级原理对班级实行管理，需要从以下三个方面入手。

（1）建立合理的班级结构，并对结构进行分级。班主任首先要在班内建立起合理的班级结构，并进行合理分级。一般地，可把班级结构分为四个能级：第一级即最高层，这是班主任所处位置。其任务是确定班级这个系统的建设目标，即确定将班级建设成什么样的集体；第二级是班长、团支书。其任务是在班主任的带领和指导下，运用一定的管理方法来实现班级所制定的目标，即如何开展班级和团支部的各项工作和活动；第三级是其他班委和各小组长。其任务是执行班委会和团支部制定的各项决定，组织开展各项工作和活动；第四级是全体同学。其任务是完成各项具体任务。这四个能级不仅任务不同，而且标志着四大能级之间的差异，不可混淆。

（2）了解学生的需求和特点，合理配备班委会和团支部成员。在班主任接到一个新班时，必须对全班每个学生进行多方位的了解，如查阅学生的个人档案，与学生个别谈话等，了解每一位学生的个性特点、兴趣爱好、能力特长，根据学生的不同需求和特点，组建班级的班委会和团支部，配备好班干部，明确他们的责、权、利，充分发挥他们以及每一位学生的作用，把班级建设好、管理好。

（3）根据工作开展的实际情况，适当调整班委会和团支部成员。人才和能级的对应不是绝对的，而是在动态中相互地适应的。在组织中，人员的配置是动态的，根据工作需要和个人能力发生的变化，人员的配备也会做相应的调整，这是组织内部正常的人事流动。在班级管理中，班委会和团支部成员也不是固定不变的，要根据实际情况做些相应的调整，即动态地进行人员的配置，才能发挥最佳的管理效能。对于没有入选班干部的同学，可根据个人的兴趣、爱好和特长，组织各种学科活动小组和社团活动等，充分发挥每个学生的才能，让每个学生都感到有用武之地。

运用能级原理对班级进行管理，就是通过对全班同学进行合理的组织、配置和协调，使其各司其职，各显其能，把班级管理系统的功能最大程度地发挥出来，使其真正形成一个有活力的班集体。

第五节　效益原理

效益是管理永恒的主题，任何组织的管理都是为了获得某种效益。效益的高低直接影响着组织的生存和发展。效益原理要求一切管理活动都要以追求某种效益为其根本目的。

一、效益原理的内涵

效益、效率、效果是既相互联系，又相互区别的概念。

效益通常是指一个系统的有效产出与全部投入之比。其表达式为：

效益=系统有效产出/系统全部投入

一般从经济和社会两个不同角度去考察效益，即经济效益和社会效益。经济效益比社会效益直接、明显，可有效度量；社会效益则难以计量，只能借助于其他形式来间接体现。

效果是指由投入经过转换而产出的成果，其中有的是有效益的，有的是无效益的。例如，有的厂家生产的产品虽然质量合格，但不符合社会需要，销售不出去，积压在仓库里，造成了资源的浪费，这些产品是不具有效益的。

效率是指单位时间内所取得的效果的数量，它反映了劳动时间的利用程度，与效益有一定的联系。但在社会实践中，效益和效率并不一定是一致的。例如，企业花巨资购买新设备来提高生产效率，结果可能会使单位产品生产的物化劳动消耗的增量提高而效益降低。也就是说，不一定效率越高，效益也越高。

管理的效益原理就是要求在一切管理工作中，强调以最少的投入和消耗，获得最大的有效产出。在管理活动中，管理者要牢固树立效益观念，把追求最大的经济效益和社会效益放在管理工作的重要位置，克服一切忽视效益和管理的思想。效益原理揭示了现代管理的目的属性。管理工作的一切职能、措施、手段、方法等，最终都是为实现管理工作的预期目标服务的。为了实现这一目标，管理活动必然要反映生产力发展要求，用最新的技术和设备，用科学手段和方法去进行管理，以获得最佳的经济效益和社会效益。

二、效益原理的要点

效益是一切管理活动所要追求的目标。虽然不同性质的组织对经济效益和社会效益的追求目标有所不同，但总的来说，管理者应努力实现经济效益和社会效益的有机结合。具体来说，效益原理的要点包括以下四点。

1. 确立以效益为中心的管理理念

任何管理活动都要以提高效益为中心，追求效益是管理活动的出发点和归宿，管理者要树立正确的效益观，正确认识效益和效率、效果之间的关系。根据定义，三者之间的关系可以描述为，效益是在保证效率的前提下，有效的产出（效果）所创造的各种价值的总和。效果更侧重于主观的方面，效率更侧重于客观的方面，效益则要求从主观与客观两方面的统一来进行评价和判断。可见，对效益的追求和评价要兼顾效率和效果的有机融合。

2. 实现经济效益和社会效益的有机统一

衡量效益的高低应该从经济效益和社会效益两个层面着手。例如，对于一个企业而言，不仅要追求经济利益，同时也要取得一定的社会效益，承担一定的社会责任，如为顾客提供优质的产品和服务；为员工提供丰厚的报酬和培训的机会；为社会提供就业的岗位；依法纳税；保护环境；支持公益事业等。经济效益是实现社会效益的基础，而取得社会效益又是促进经济效益提高的重要条件。管理者应正确处理经济效益和社会效益之间的关系，统筹兼顾，力求将经济效益和社会效益有机地结合起来。既反对单纯追求经济效益而不顾社会效益的做法，又反对片面追求社会效益而不讲经济效益的做法。否则，一个组织，乃至一个国家都不能获得有效的发展。

3. 实现短期效益和长期效益的协调统一

任何一个组织都不能只顾眼前利益，而忽视长远的发展和规划。信息时代，技术和环境等因素瞬息万变，除了考验一个组织的竞争力，同时也考验组织的可持续发展能力。组织的各项决策以及经营管理活动都要具有前瞻性，要做长远的打算和规划，考虑到长远的经济利益和社会效益，才能获得长足的发展。例如，企业不能用随意提高产品的价格或是降低产品质量等损害消费者利益的办法来牟取暴利。这是一个只注重短期效益而忽视长期效益的问题。

4. 追求局部效益与全局效益的协调一致

全局效益是一个比局部效益更为重要的问题。如果全局效益很差，局部效益的提高就难以持久。当然，局部效益是全局效益的基础，没有局部效益的提高，全局效益的提高也难以实现。局部效益与全局效益有时是统一的，有时也是矛盾的。要注意的是，当局部效益与全局效益发生冲突时，管理者必须把全局效益放在首位，做到局部服从整体。

课堂讨论案例

海尔的“十百千计划”

1999 年的农村家电市场被商家普遍看好。海尔冰箱公司看到农村市场蕴含的巨大商机，把扩大农村市场作为开拓市场的重点。3 月 19 日，全国第一个“海尔冰箱示范镇”在山东平度市大泽山镇揭牌。这也标志着海尔的“十百千计划”的正式启动。海尔冰箱面向农村消费者拟订了“十百千计划”，即力争在 1~3 年内在全国范围内建立 10 个海尔冰箱县（市），100 个海尔冰箱村。据悉，现在的大泽山镇已有 80%的家庭用上了海尔冰箱。

几年来，海尔冰箱公司实施“文化先行，先卖信誉后卖产品”的营销策略，走出了一条独具特色的农村市场开拓之路。他们通过“海尔冰箱中华电影万里行”“海尔冰箱心连百姓送文化下乡”“海尔统帅系列冰箱农村展示会”等活动，将科技、文化以及海尔优秀的企业文化带到田间地头。既有效地丰富了农村地区的文化生活，又加深了农民对海尔冰箱的认识。如海尔开设了消费者学校，聘请农科专家免费为农民开设讲座，讲解种植、养殖及农副产品加工知识等，帮助农民致富。与此同时，海尔冰箱公司组织科研人员专门针对农村市场需求特点研制出“大统帅”“帅统帅”“小小统帅”等 30 多种统帅系列冰箱，适应电压范围更宽，寿命长，价格适中，在广大农村地区备受欢迎。在全国，海尔冰箱公司已在农村建立起 660 多个专卖店

2000多个营销点，开展“送货上门，服务到家”活动，使农民享受到海尔冰箱的上乘质量和星级服务。到目前，海尔冰箱在农村市场的销量已经占到国内总销量的60%以上。

（资料来源：孟展．“海尔冰箱镇”在平度市揭牌．市场报．1999）

回答问题：

1. 请你谈谈海尔是如何在经营管理活动中运用效益原理的？
2. 经济效益和社会效益是怎样的辩证关系？

三、效益原理的应用举例

效益原理在管理实践中的应用，核心的问题是如何实现经济效益和社会效益的统一，以及处理好短期效益和长期效益之间、局部效益和整体效益之间的关系。“向管理要效益”是很多企业提出来的口号，企业要抓好细节的管理，充分发挥管理职能的作用。

1. 进行科学预测，提高决策的正确性

管理的关键在于决策。科学、正确的决策是取得管理效益的前提和基础。而科学、正确的决策必须要以科学的预测为依据。预测是指运用一定的知识、经验和方法，根据以往的和现在的已知因素，对事物的未来发展趋势所作的预先的估计。通过预测，可以对市场需求、技术、人力资源状况、环境因素等的变化趋势有所估计，从而为组织制定经营方针、生产规模、营销策略的选择等重大决策提供依据，提高决策的准确性和经营管理活动的预见性，避免决策失误带来不必要的损失和资源的浪费。

2. 优化组织结构，提高工作效率和组织的适应能力

组织结构是组织正常运营和提高经济效益的有机体。如果没有一套分工明确、权责清楚、有效协作、合理高效的组织结构，组织的内在素质就很难被发挥出来。一个组织如果不能随着环境的变化，及时调整、创新和优化组织结构，就无法保持自身的生命力和活力。建立合理高效的组织结构，增强组织的适应力和提高经济效益具有十分重要的意义。

3. 注重激励，调动员工的积极性

在管理工作中，有效地运用激励的手段，对于挖掘员工的潜能，提高工作绩效非常关键。对于符合组织期望，有利于实现组织目标的行为要及时地给予奖励和认可；对于违反组织规定，有碍实现组织目标的行为及时进行纠正和惩罚，以激发员工的工作热情和积极性。只有这样，才能提高组织工作效率和效益。

4. 实施有效控制，确保组织目标的实现

要实现组织的预定目标，就要使得组织的各项活动能够按照预定的计划进行，尽量减少偏差或误差的出现。这就需要对组织的各项活动进行有效的控制。有了控制的手段和职能，就能及时发现问题，并分析原因，采取措施来纠正偏差，使计划能够执行下去，向着预期的目标迈进。

5. 不断创新，创造更高的效益

现代社会到处充满着激烈的竞争，如果不能以高效能的产品、先进的技术、优质的服务迎接新形势下的挑战，就随时会有被淘汰的危险。现代管理者要有改革创新的能力和精神，积极进行产品、技术、服务方面的研发和创造，才能增强组织的可持续发展和创新能力，提高组织的管理效益。

本章小结

本章主要介绍了管理原理中的系统原理、人本原理、能级原理和效益原理的内涵、要点及应用。

管理原理是对现实管理现象的一种抽象和管理实践经验的一种升华，是对管理实践的客观规律进行分析和总结而得出的具有普遍意义的道理。

系统原理认为，任何组织都可看作是一个完整的开放的系统或者是某一大系统中的子系统，在认识和处理管理问题时，应遵循系统的观点和方法，从整体出发，局部入手，统筹兼顾，各方协调，以期达到整体的最优化。

人本原理要求人们在管理活动中坚持一切以人为核心，以人的权利为根本，强调人的主观能动性，力求实现人的全面、自由发展。其实质就是充分肯定人在管理活动中的主体地位和作用。

能级原理的核心就是指组织成员的专业能级和组织结构中的岗位能级必须相互适应和协调，将具有不同能力的人安排在相应能级的岗位上，这样才能提高工作效率，实现组织的目标。

效益原理是指在一切管理工作中，都要强调以最少的投入和消耗，获得最大的产出和效益。在管理活动中，管理者要牢固树立效益观念，把追求最大的经济效益和社会效益放在管理工作的重要位置。

练习题

一、单项选择题

1. 在组织中，最有潜力、最为重要的资源是（　　）资源。

A. 人力　B. 物力　C. 财力　D. 信息

2. 管理原理可以被运用于任何组织的管理实践中去，它反映了各种管理活动过程中所具有的共同规律性，这体现了管理原理的（　　）。

A. 客观性　B. 普遍性　C. 系统性　D. 稳定性

3. （　　）在长期的管理实践中不断摸索并提出了一般管理的 14 项原则。

A. 泰罗　B. 法约尔　C. 西蒙　D. 德鲁克

4. 任何一个系统都离不开它赖以生存的环境，并要随着环境的变化不断调整自身的策略以求得生存和发展。这是指系统的（　　）。

A. 目的性　B. 整体性　C. 层次性　D. 环境适应性

5. 在整分合原理中，（　　）是该原理的关键，否则系统将是缺乏效率的。

A. 整体　B. 分工　C. 合作　D. 综合

6. 系统只有不断地与外界进行人、财、物、信息等要素的交换，才能维持其生命力。这体现了系统原理的（　　）观点。

A. 整体性　B. 动态性　C. 开放性　D. 环境适应性

7. （　　）是人本管理的最终目标。

A. 尊重人　B. 关心人　C. 开发人　D. 发展人

8. 在人力资源管理活动中，要把具有不同能力的人，安排到相应等级的岗位上去，以充分发挥他们的作用。这遵循了管理中的（　　）。

A. 系统原理　B. 能级原理　C. 动态原理　D. 效益原理

9. （　　）通常是指一个系统的有效产出与全部投入之比。

A. 效率　B. 效果　C. 效用　D. 效益

10. 在一切管理工作中，都要强调以最少的投入和消耗，获得最大的产出和收益。这是（　　）的应用。

A. 系统原理　B. 人本原理　C. 能级原理　D. 效益原理

二、简答题

1. 什么是系统？系统有哪些特点？
2. 系统原理的要点主要包括哪些？
3. 什么是人本原理？如何实现“以人为中心”的管理？
4. 能级原理的要点包括哪些？
5. 管理者可以从效益原理中获得哪些启示？
6. 管理者学习管理原理的意义体现在哪些方面？

三、案例分析题

案例　康洁利公司的起起落落

康洁利公司是一家中外合资的高科技专业涂料生产企业。总投资 594 万美元，其中固定资产324万美元，中方占有60%的股份，外方占有40%的股份，生产高档涂料产品。这些高档产品不含苯、铅和硝基等有害物质，无毒无味，在中国有广阔的潜在市场。

开业在即，谁出任公司总经理呢？外方认为，康洁利公司引进的先进生产技术、设备和原材料均来自美国，中国人没有能力进行管理，必须由美国人来管理这个高新技术企业。中方也认为，由美国人来管理，可以学习借鉴国外企业管理方法和经验，有利于消化吸收引进技术和提高工作效率。因此，董事会形成决议：从美国聘请米勒先生担任总经理，中方推荐两名副总经理参与管理。

米勒先生年近花甲，但身健心爽，充满自信。有18年管理涂料生产企业的经验，自称“血管里流淌的都是涂料”，对经营好康洁利公司胸有成竹。公司员工也为有这样一位洋经理而感到庆幸，都憋足了劲想要大干一场。

谁料事与愿违。公司开业9个月不但没有赚到一分钱，反而亏损70多万。当一年的签证到期时，米勒先生被总公司的董事会正式辞退了，米勒先生失望地返美。

来自太平洋彼岸的洋经理被“炒鱿鱼”的消息在康洁利公司内外引起了强烈的反响，这位曾经在日本、荷兰主持建立并成功地管理过涂料工厂的洋经理为何会在中国“败走麦城”？这自然成了议论的焦点。

多数人认为，米勒先生是个好人，工作认真，技术管理上是内行，对搞好康洁利公司怀有良好的愿望，同时，在吸收和消化先进技术方面做了许多工作。他失败的主要原因是不了解中国的实际情况，完全照搬他过去惯用的企业管理模式，对中国的许多东西不能接受，在经营管理方面缺乏应有的弹性和适应性。中方管理人员曾建议根据中国国情，参照我国有关三资企业现成的成功管理模式，结合国外先进的管理经验，制定一套切实可行的管理制度，并严格监督执行。对此，米勒先生不以为然。他的想法是“要让康洁利公司变成一个纯美国式的企业”。对计划不信任，甚至忧虑，以致对正常的工作计划都持抵触态度，害怕别人会用计划经济的一套做法去干预他的管理工作。米勒先生煞费苦心地完全按照美国的管理模式设置了公司的组织结构，并建立了一整套规章制度。但最终还是使一个生产高新技术产品且有相当实力的企业缺乏活力，在起跑线上就停滞不前，陷入十分被动的局面。

也有人认为，米勒先生到任后学会的第一个中文词就是“关系”，而他最终还是因搞不好关系而离华返美。

对于中国的市场，特别是中国“别具一格”的市场情况和推销方式，米勒先生也不甚了解。他将所有有关市场营销的事情都交给一位中方副总经理，但他和那位副总经理的关系并没有“铁”到使副总经理为他玩命去干的程度。

在管理体制上，米勒先生试图建立一套分层管理制度：总经理只管两个副总经理，下面再一层管一层。但他不知道，这套制度在中国，如果没有上下级间的心灵沟通与相互间的了解和信任，会出现什么样的状况和局面。最后的结果是，造成管理混乱，人心涣散，员工普遍缺乏主动性，工作效率尤其低下。

米勒先生还强调，我是总经理，我和你们不一样，你们要听我的。他甚至要求，工作步入正轨后，除副总经理外的其他员工不得进入总经理的办公室。米勒先生不知道，聪明的中国企业负责人在职工面前总是强调和大家一样，以求得职工的认同。

米勒先生临走时扔下一句话："如果这个企业出现奇迹的话，肯定是上帝帮忙的结果。"然而，上帝并未伸出援助之手，奇迹却出现了。

康洁利公司在米勒先生走后，中方合资厂家选派了一位懂经营管理，富有开拓精神的年轻副厂长刘思才任总经理，并随之组成了平均年龄只有33岁的领导班子。新班子迅速制定了新的规章制度，调整了组织机构，调动了全体员工的积极性。在销售方面，基于这样一个现实，自己的产品虽好但尚未被人认识，因而采取了多种促销手段，并确定在当年零利润的状态下，主动向消费者让利销售，使企业走上了良性循环。在全体员工的努力下，康洁利公司很快就扭亏为盈，走入发展的正轨。

（资料来源：中国明星企业网站转载，2005.8）

回答问题：

1. 试运用管理学中的有关原理分析康洁利公司起和落的原因。
2. 从本案例中你能获得什么启示？

案例　小米公司组织管理活动及其创新

小米公司由前Google、微软、金山等公司的顶尖高手组建，小米手机设计全部由小米内部来自摩托罗拉的硬件团队完成。众多来自于知名企业的管理和技术人员使得小米能够更好的与其他厂商取得合作以及得到更加完备和优秀的技术支持，为小米手机的面世奠定了良好的人才和技术基础。

1. 花80%时间找人

小米团队是小米成功的核心原因。和一群聪明人一起共事，为了挖到聪明人不惜一切代价。如果一个同事不够优秀，很可能不但不能有效帮助整个团队，反而有可能影响到整个团队的工作效率。到小米来的人，都是真正干活的人，他想做成一件事情，所以非常有热情。来到小米工作的人聪明、技术一流、有战斗力、有热情，这样的员工做出来的产品注定是一流的。这是一种真刀实枪的行动和执行。

对此，小米总裁谈道："当初我决定组建超强的团队，前半年花了至少80%时间找人，幸运地找到了7个牛人合伙，全是技术背景，平均年龄42岁，经验极其丰富。3个本地加5个海归，来自金山、谷歌、摩托罗拉、微软等，土洋结合，理念一致，大都管过超过几百人的团队，充满创业热情。"

"如果你招不到人才，只是因为你投入的精力不够多。我每天都要花费一半以上的时间用来招募人才，前100名员工每名员工入职都亲自见面并沟通。当时，招募优秀的硬件工程师尤其困难。有一次，一个非常资深和出色的硬件工程师被请来小米公司面试，他没有创业的决心，对小米的前途也有些怀疑，几个合伙人轮流和他交流，整整谈了12个小时，最终打动了他。这位工程师后来说：‘好吧，我已经体力不支了，还是答应你们算了！’”

2. 少做事，管理扁平化

扁平化是基于小米相信优秀的人本身就有很强的驱动力和自我管理的能力。这一切都源于一个前提，成长速度。速度是最好的管理。少做事，管理扁平化，才能把事情做到极致，才能快速。

小米的组织架构基本上是三级：七个核心创始人——部门leader——员工。而且不会让团队太大，稍微大一点就拆分成小团队。从小米的办公布局就能看出其组织架构的特点：一层产品、一层营销、一层硬件、一层电商，每层由一名创始人坐镇，能“一竿子插到底”地执行。大家互不干涉，都希望能够在各自分管的领域一起把事情做好。

除七个创始人有职位，其他人都没有职位，都是工程师，晋升的唯一奖励就是涨薪。不需要你考虑太多杂事和杂念，没有什么团队利益，一心在事情上。

这样的管理制度减少了层级之间互相汇报浪费的时间，大大地提高了办事的效率。除每周一的1小时公司级例会之外很少开会，也没什么季度总结会、半年总结会。2012年815电商大战，从策划、设计、开发、供应链仅用了不到24小时准备，上线后微博转发量近10万次，销售量近20万台。

雷军这样定位自己：“我第一定位不是CEO，而是首席产品经理。80%的时间是参加各种产品会，每周定期和MIUI、米聊、硬件和营销部门的基层同事举行产品层面的讨论会。很多小米公司的产品细节，就是在这样的会议当中和相关业务一线产品经理、工程师一起讨论决定的。”

3. 强调责任感，不设KPI

小米强调要把别人的事当成第一件事，强调责任感。比如一个工程师的代码写完了，一定要别的工程师检查一下，别的工程师再忙，也必须第一时间先检查代码，然后再做自己的事情。其他公司可能有一个晋升制度，大家都会为了晋升做事情，这就可能导致价值的扭曲，员工为了创新而创新，而不一定是为用户创新。其他公司对工程师强调的是把技术做好，而小米要求工程师必须要对用户价值负责。小米成立以来，全员6×12小时工作，维系这样的工作节奏，从来没有实行过打卡制度，也没有施行公司范围内的KPI考核制度。

4. 透明的利益分享机制

小米公司有一个理念，就是要和员工一起分享利益，尽可能多的分享利益。小米公司刚成立的时候，就推行了全员持股、全员投资的计划。小米最初的56个员工，自掏腰包总共投资了1100万美元——均摊下来每人投资约20万美元。

“我们给了足够的回报，一是工资上我们是主流；二是在期权上真的是有很大的上升空间，而且每年我们公司还有一些内部回购；三是团队做事确实有时候压力很大，但他会觉得有很强的满足感，很多用户会极力追捧他，比如说某个工程师万岁。”

5. 与米粉交朋友

小米赋予一线员工权力，把它变成一种文化，变成一种全员行为。比如，用户投诉或不爽的时候，客服有权根据自己的判断，赠送贴膜或其他小配件。又如，曾有用户打来电话说，自己买小米是为了送客户，客户拿到手机还要自己去贴膜，这太麻烦了。于是在配送之前，小米的客服在订单上加注了“送贴膜一个”，这位用户很快感受到了小米的贴心。

再比如，小米在微博客服上有个规定：15 分钟快速响应。还专门开发了一个客服平台。不管是用户的建议还是吐槽，很快就有小米的人员进行回复和解答。包括所有工程师，是否按时回复论坛上的帖子是工作考核的重要指标。

“为了让工程师拥有产品经理思维，我们从一开始就要求所有员工，在朋友使用小米手机过程中遇到任何问题，无论硬件还是软件，无论是使用方法或技巧的问题，还是产品本身出现了 Bug，都要以解决问题的思路去帮助朋友。甚至要求所有工程师通过论坛、微博和 QQ 等渠道和用户直接取得联系。我们还让工程师们直面每一段代码成果在用户面前的反馈，当一项新开发的功能发布后，工程师们马上就会看到用户的反馈。”

小米甚至要求工程师参加和粉丝的线下聚会活动。这样的活动目的是让工程师知道他做的东西在服务谁，让工程师感受到用户不仅仅是一个数字，而是一个实实在在的人，尤其是有女用户、女粉丝非常热情的拉他们签名、合影。这些工程师就会感觉到他写程序不是为了小米公司写，而是为了他的粉丝在做一件工作，这种价值实现是很重要的。

（资料来源：周三多. 管理学——原理与方法习题与案例指南. 上海：复旦大学出版社，2016）

回答问题：

1. 小米公司在管理创新中遵循了哪些基本原理？
2. 从本案例中你能获得什么启示？

四、论述题

联系实际，谈谈管理者如何在管理实践中更好地运用管理原理？

五、实训题

找一个你熟悉的企事业单位工作的人，请他谈谈在工作中满意或不满意的一些事情、制度或做法，和他一起来分析管理原理的应用，加深对管理原理的理解。

第四章　计划

寓言故事：父子打猎

有一个父亲带着三个孩子，到草原去猎杀野兔。到达目的地后，父亲问老大："你看到了什么？"老大回答："我看到了猎枪、野兔，还有一望无际的草原。"父亲摇摇头说："不对。"父亲又以同样的问题问老二。老二回答说："我看到了爸爸、哥哥、弟弟、猎枪，还有草原。"父亲又摇摇头说："不对。"父亲又以同样的问题问老三。老三回答说："我只看到了野兔。"父亲高兴地说："你答对了。"

学习目标

知识目标

1. 理解计划的概念、特征和表现形式，掌握计划的类型、编制程序，了解计划制定的方法；
2. 理解目标及目标管理的概念和特征；
3. 理解决策的概念、特点，掌握决策的程序、方法及适用范围。

能力目标

1. 初步具有运用计划的基本知识制定计划的能力；
2. 初步具有进行决策分类和运用适当方法进行决策的能力。

导入案例

如何制定年度销售计划?

柴磊是一家商贸公司的营销总经理，每到年末，柴磊就成了公司里最忙、最头疼的人——如何落实年度销售的考核和激励方案?如何计算和制定下一年度的销售计划?

面对2017年度的营销计划，柴磊首先考虑的问题是：制定年度销售计划的根本目的是什么?面对这个问题，大多数人都会简单地回答：年度销售计划就是为了确定年度销量指标。柴磊也曾经这样认为，但当他成为营销总经理之后，发现销量指标仅仅是企业各项工作和活动的自然结果，并不能反映出企业的营销状况。制定年度销售计划，其实是根据企业年度经营与发展的目标，对企业各项管理与销售资源进行全面分配的一个过程。

在对企业战略层面进行扫描和规划后，柴磊决定利用制定年度销售计划的时机，加强与公司决策层的沟通，对企业的发展战略和目标进行再次的确认，并达成共识。在这个基础上，将整个销售目标逐步分解为部门（区域）目标和个人目标。最终，形成个人目标确保部门目标，部门目标确保企业目标的层层确保体系，通过这种体系把企业的战略目标与长期目标、具体目标和年度预算进行衔接。

另外，业务员出身的柴磊也明白，营销过程其实更是企业比拼资源的过程。对于资源配置计划的制定，柴磊总结出了一套方法，那就是在制定各个区域或细分市场的销售指标时，要求营销人员根据自己对市场的判断，在提交销售计划指标的同时，也提交一份市场运作计划。在市场运作计划中，营销人员要将促销活动的设想、对渠道政策的基本要求等内容尽可能地加以明确，并依据销售量提升的不同要求制定出相应的资源投放估算。柴磊强调说，销售业务计划只是市场工作计划的一个部分。企业及各区域开展销售活动需要动用各种资源，如资金、设备、人才、信息等，为此，需要对未来一段时间这些资源在何时、何地、如何使用等作出计划安排。他认为，完整的计划工作应该包含销售业务计划和市场运作计划这两大部分。除此之外，柴磊还强调要将各个区域的资源需求和销量预估进行汇总和平衡，制定出年度预算。

在销售业务计划中，柴磊关注影响销售计划指标实现的关键要素，如终端数量的扩充、单店销售能力的提升等等。为了确保这些要素上的计划指标的落实，柴磊要求各部门及各层级人员要针对每类要素去寻找其决定或影响的主要因素。比如，针对单店销售能力的提升这一关键要素，他以示范的方式帮助下属找出了顾客的流量和平均消费额这些影响因素。他还进一步说明，依照这样的思路层层推导下去，还可以找到更加细微的因素。柴磊希望用这套方法教会所有的营销人员，对于每一个要素都要推导出影响它下一级的因素，直到找出具体的措施为止。找到了这些因素，也就具备了量化和考核的基础。

为了确保销售计划的可行性和准确性，柴磊从客户、业务流程、学习与成长和财务这四个方面审视销售业绩目标。他要求，通过确认公司将要参与竞争的客户和细分市场，将市场工作目标转换成一组可以量化和考核的指标，如市场份额、客户留住率、客户获得率、顾客满意度、顾客获利水平等。他认为，只有确保整个企业在这些指标方面表现优异的前提下，各部门的销售业绩才是正确的、有效的。为防止区域经理在计划制定时低报销售额，柴磊使用了互动激励系统，通过激励手段确保销售目标的挑战性。

两周之后，各个区域和部门的年度计划表交上来了，柴磊惊喜地发现，今年报上来的销售计划，不仅有分析、有结论，而且计划的销售额指标和自己的预测基本一致，看来今年销售计划指标的分配要容易得多了。

柴磊对各区域在销售计划过程中确定的各个关键要素进行了权重分配，并与区域经理们一起商量，确定了半年度、季度、月度的绩效衡量指标，最后形成关键指标的进度计划表，并进一步确定了销售计划执行过程允许的偏差范围，以此作为“控制红线”。柴磊宣布，在划定的“控制红线”之内，将给予各区域销售经理充分授权，允许他们根据年度销售计划的目标要求，对于销售划区、人员配置、奖惩措施等方面提出自己的建议，并使用给予的权力。在一般情况下，他不会干涉区域经理的日常工作。只有当进度计划发生的偏差超出“控制红线”时，才会启动预警机制，要求区域经理对于偏差情况进行解释，而且营销部和销售部也会对出现偏差的单元进行严密监控和执行指导，直到预警解除，才能“还权”于区域经理。

为了让过程管理得到有效的执行，柴磊还对销售人员的绩效考核机制进行了修订，将过程管理和考核的结果作为销售人员兑现提成和奖励的“调节系数”。如果过程管理考核分数低于60分，销售人员甚至会被解职。这种分数的调节起到了“放大”和“缩小”销售人员收入的作用，并能够确保过程考核不流于形式。

（资料来源：改编自柴旭光：《年度销售计划是“管理”出来的》，载《销售与市场》，2006（1）；王凤彬、李东：《管理学》（第4版），73-74页，北京：中国人民大学出版社，2012年1月）

计划的制定不是“瞬间”的概念，计划的制定、完善和形成过程，本身就是一个复杂的管理过程。一个优秀的管理者应该具有计划观念和较强的计划能力。计划是管理的首要职能，与其他各项职能有着密切的关系。计划是在预见未来的基础上对组织活动的目标和实现目标的途径做出筹划和安排，以保证组织活动有条不紊地进行。本章主要介绍计划的概念、特征、分类、程序和方法；目标管理的概念和特征；决策的概念、特征、程序和方法等。

第一节　计划概述

《礼记·中庸》中说：“凡事预则立，不预则废。”不管做什么事情，只有事前有准备、有计划，才可能成功，否则就容易失败。

一、计划的概念

计划是对组织在未来一段时间内的目标及其实现途径的策划与安排。“计划”一词可以从两个方面理解：从名词意义上说，计划是指用文字和指标等形式表达的、在制定计划过程中所形成的各种管理性文件；从动词意义上说，计划是指为实现组织目标而制定计划的活动过程。

计划有广义和狭义之分。广义的计划包含制定计划、执行计划和检查计划的执行情况。狭义的计划，即制定计划，是在分析外部环境和内部条件的基础上，根据环境的需要和组织自身的实际情况，通过科学的预测，确定在未来一定时期内组织所要达到的目标以及实现目标的途径。计划广泛地存在于各类组织之中，并在实现组织目标的过程中发挥着重要的作用。

二、计划的内容

计划的核心内容可以描述为“5W1H”，即做什么（What）、为什么做（Why）、何时做（When）、何地做（Where）、何人做（Who）和如何做（How）。

What（what to do）——做什么？即明确组织的目标，以及行动计划的具体任务和要求。

Why（why to do）——为什么做？即明确行动计划的目的。

Who（who to do）——何人做？即明确实施计划的部门和人员。

When（when to do）——何时做？即明确计划中各项工作的开始和完成的时间安排和进度。

Where（where to do）——何地做？即明确实施计划的地点或场所。

How（how to do）——如何做？即明确计划实施过程中的具体行动策略、措施、政策等。

以上六个方面是构成计划的基本要素。另外，一个完整的计划还应包括控制标准和考核指标的制定，使组织中所有部门与成员不仅知道组织的目标，明确本职工作的内容，还应知道如何去做，以及要达到什么标准。

三、计划的特征

管理活动离不开周密的计划，计划是决策实施的有利保证。计划是管理工作中一个必不可少的职能，它的基本特征可以概括为六个方面。

1. 普遍性

虽然各级管理者的职责和权限各有不同，但是计划工作是全体管理者的一项共同职能。无论是总经理还是基层管理者，几乎无一例外的都要从事不同程度的计划工作。最常见的情况是高层管理者负责制定战略性计划，中层管理者制定战术性计划。

2. 目的性

任何组织或个人制定计划都是为了有效地达到某种目的，是为了实现组织的目标。计划工作的一个主要任务是通过制定计划，使组织的成员明确和理解组织的目标。

3. 主导性

从内容来看，计划的核心内容是确定组织目标，而组织、领导和控制等职能都是为了实现组织的目标服务的，管理过程中的其他职能都只有在计划工作确定了目标以后才能进行。从管理的动态过程来看，管理人员只有明确了计划以后才知道需要什么样的组织和合格的人选、如何选择有效的领导方式以及采取什么样的控制方法。

4. 预见性

计划与未来有关，是面向未来的，不是过去的总结，也不是现状的描述。计划是在行动之前对行动的任务、目标、方法、措施所作出的事先安排和筹划，是在分析组织外部环境与内部条件的基础上，根据组织的实际情况，通过科学的预测而作出的一种判断和决策。

5. 效率性

计划的效率是指对组织目标所做贡献扣除制定和实施计划所需要的费用和其他因素后的总额。有时计划可能以不必要的代价来促成目标的达成，这样的计划是无效的。如果计划能得到最大的剩余，或计划按合理的代价实现目标，这样的计划是有效的。

6. 创造性

计划工作总是需要管理者针对面临的新环境发现和解决新问题，及时提出一些适合本组织的新思想、新观点和新方法，使计划更符合客观实际，因而计划是一个创造性的管理过程。如海尔集团张瑞敏认为海尔创业以来最大的收获更多的在于无形的东西，即观念、思维的创新，使其形成具有自身特色的管理模式和企业价值观文化体系。

课堂讨论案例

某班级决定组织一次元旦联欢，班长拟定一份活动计划：12 月 31 日晚上 7 点开始联欢，全班同学出席，邀请班主任和任课老师参加，内容有唱歌（卡拉 OK）、猜谜，最后跳迪斯科，由文艺委员主持，买一箱可乐，若干水果，招待出席者和老师，买一些文具作为奖品奖励演出者和猜谜成功者。晚上 11 点结束。请用计划要素来整理以上活动计划，并指出该计划的不足。

四、计划的作用

无论是单位还是个人，无论做什么事情，事先都应该制定一个计划。有了计划，工作就有了明确的目标和具体的步骤，就可以协调大家的行动，增强工作的主动性，减少盲目性，使工作有条不紊地进行。同时，计划本身又是对工作进度和质量的考核标准，有较强的约束和督促作用。

1. 计划可以预知未来的不确定性因素，减少变化带来的不利影响

计划是对未来的部署，它为组织的发展提供了方向。在复杂多变和充满不确定性的组织环境中，一个科学、准确的计划，会减少各种变化所带来的不利影响，为管理者实现既定的组织目标起到事半功倍的作用。

2. 计划有利于组织目标的实现

计划为组织确定了明确而具体的目标，并选择了有利于组织目标实现的方案。计划工作可以使组织成员的工作更具有针对性，同时周密细致的计划工作也统一了各部门之间的活动，使得上层管理者可以从日常事务中解脱出来，将主要精力放在对未来不确定性的研究上。这既保证计划的连续性，又保证全面地实现组织目标。

3. 计划设计了良好的工作流程，便于有效地进行管理

计划工作的一项重要任务就是要使未来的组织活动均衡发展。有了计划，组织中各成员的努力将形成一种合力，大大提高工作效率。此外，也能够避免在今后的活动中由于缺乏依据而进行轻率判断所造成的损失。

4. 计划确立了目标和指标，有利于进行控制

计划确立了组织的目标和一些工作要求方面的指标，这些目标和指标提供了组织或个人绩效的标准。控制的所有标准几乎都源于计划。计划与控制具有密不可分的联系。计划的实施需要控制活动给予保证。在控制活动中发现的偏差，能促使管理者分析产生偏差的原因，使其不断地修订和完善计划。

五、计划的表现形式

哈罗德·孔茨和海因·韦里克从抽象到具体将计划的表现形式分为使命、目标、战略、政策、程序、规则、规划和预算等。

1. 使命

使命是组织区别于其他组织而存在的原因或目的。它具体表述了企业在社会中的经济身份或角色，在社会领域里，该企业的社会分工是什么的，在哪些经济领域里为社会做贡献。例如，腾讯的使命是“通过互联网服务提升人类生活品质”，百度的使命是“让人们最平等便捷地获取信息，找到所求”。

2. 目标

一定时期的总目标或各项具体目标是在使命指导下提出的，它具体规定了组织及其各个部门的管理活动在一定时期要达到的具体成果。目标不仅代表计划的终点，也代表组织、领导和控制等活动所要达到的结果。

3. 战略

战略是指确立企业的长期目标，制定行动方案，分配必要的资源以实现目标。它的目的是通过一系列的主要目标和政策，去决定和传达所构想的组织愿景。战略并不确切地概述组织怎样去完成目标，它仅仅提供指导思想和行动的框架。

4. 政策

政策是指在决策或处理问题时指导及沟通思想活动的方针和一般规定。政策指明了组织活动的方向和范围，鼓励什么和限制什么，以保证行动同目标一致，并有助于目标的实现。例如，企业只招聘应届大学毕业生、鼓励员工提合理化建议、采用内部晋升等。

5. 程序

程序规定了如何处理那些重复发生的例行问题的标准方法和步骤。程序是详细列出必须完成某类活动的确切方式与过程，具有时间的先后顺序。与政策不同之处在于，程序是行动指南，不是思想指南。

6. 规则

规则是对在具体场合和情况下，允许或不允许采取某种特定行动的规定。规则常常容易与政策和程序相混淆，应特别注意区分。规则不说明时间顺序，可以把程序看作是一系列规则的总和。例如，“禁止吸烟”是一条规则，但和程序没有任何联系。政策的目的是要指导决策，并给管理人员留有酌情处理的余地，规则没有自行处理的权利。

7. 规划

规划是一个综合性的计划，包括目标、政策、程序、规则、任务分配、执行步骤、使用资源以及其他要素等。一个规划可能需要很多支持计划。例如，航空公司投资新喷气式飞机，就要制定一个包括为进行维修和飞行基地提供备用零部件的计划、驾驶员和其他相关人员的培训计划、修改飞行时间表、扩大航空服务计划、融资和投保计划等一系列计划内容的规划。

8. 预算

预算作为一种计划，是一份用数字表示预期结果的报表。预算又被称为“数字化”的规划。例如，财务收支预算，可称之为“利润计划”或“财务收支计划”。预算也是一种控制手段，预算采用数字形式，它使计划工作更细致、更精确。

六、计划的类型

计划的种类很多，可以按照不同的标准进行分类。不同的分类方法有助于全面地了解计划的各种类型。

1. 按时间期限分类

按时间期限，可以将计划分为短期计划、中期计划和长期计划。长期计划时间跨度一般为5年以上，如我国的“十三五”计划等。中期计划时间跨度一般为5年以内、1年以上，是长期计划目标的具体化，同时又是短期计划目标的依据，起到了承上启下的作用。短期计划一般1年左右，对中期计划起着反馈的作用。长、中、短期计划只是一个相对的概念，没有规定明确的时间期限。例如，一项航天发展项目的短期计划可能需要5年，而一家小的制鞋厂，由于市场变化较快，它的短期计划可能只有两个月。

2. 按工作职能分类

按企业的工作职能分类，可以将计划分为生产计划、财务计划、采购计划、物流计划、安全计划、人员培训计划、新产品开发计划等。这些计划通常是与组织中按职能划分的管理部门的组织结构体系相对应。

3. 按对组织的影响范围和程度分类

按对组织的影响范围和程度分类，可以将计划分为战略计划和战术计划。

战略计划是确定组织未来发展方向的长远计划，战略计划一般具有以下特征：①时间跨度长，涉及范围广；②着重于组织总体的概括性谋划；③执行结果具有较大不确定性；④整个过程由组织最高层管理者领导和控制。

战术计划是关于组织目标如何实现的具体实施方案和细节，是战略计划的执行性计划。一般具有以下特征：①时间跨度比较短；②覆盖的范围较窄；③战术计划的内容比较具体明确；④可操作性强，风险小。

七、计划的程序

制定高质量的计划并不是一件容易的事情，管理者在制定计划时应遵循以下的原理，才能确保计划的质量。

一是限定因素原理，是指管理者越是能够了解对达到目标起主要限制作用的因素，就越能够有针对性地、有效地拟定各种行动方案。

二是许诺原理，是指在制定计划时，计划的时间应该足够长，以便在这个期限内能够实现对当前的许诺。过长期限或者过短期限的计划都是不能够取得效果的。

三是灵活性原理，是指在制定计划时留有一定的余地，使计划具有一定的弹性和灵活性，提高组织对外部环境的适应性。

四是改变航道原理，是指计划在实施过程中必然会受到各种因素的影响，这时要动态地调整和修正计划，保证组织各项工作的进行。

任何计划工作的程序，即编制计划的步骤都是相似的，一般包括以下八个阶段。

1. 估量机会

它是在实际的计划工作之前就应着手进行的工作，是对将来可能出现的机会的估计，并根据自身的优势和劣势，清楚自己所处的地位，做到心中有数，知己知彼。同时，还应该弄清楚面临的不确定性因素有哪些，并对可能取得的成果进行机会成本分析。显然，估量机会是计划工作的真正起点。

2. 确定目标

在估量机会的基础上，确定企业的总目标，然后将总目标进行层层分解，落实为每个部门的目标甚至是每个员工的目标，最终形成完整的目标体系。目标是企业在一定时期内所要达到的效果。这些目标又分为长期目标和短期目标。目标为组织整体、部门和成员指明了方向，并可以作为标准来衡量未来实际的绩效。

3. 确定计划的前提条件

前提条件是关于要实现计划的环境的假设条件。确定计划的前提条件，就是研究分析和确定计划工作的环境，或者说就是预测执行计划时的环境。因此，应选择那些对计划工作具有关键性的、有战略意义的、对执行计划最有影响的环境因素进行预测。

4. 拟定可供选择的方案

一般来说，实现某一目标的途径有多个，也就是说会有多种行动方案。要想选择最佳的方案，首先要拟定尽可能多的行动方案，然后从中选择最佳方案。当然，方案也不是越多越好。方案越多，评价和选择方案所花的时间和成本也就越多，从而降低了计划工作的效率。

5. 评价和选择方案

在找出了各种可供选择的方案并明确了它们的优缺点后，就要根据前提和目标，权衡它们的轻重，对方案进行评估。可以采用运筹学、数学方法和计算机技术，将定性评价和定量评价结合起来，对于可供选择的方案进行评价，从中选择最佳方案。有时会发现同时有两个可取的方案，在这种情况下，必须确定首先采用哪个方案，将另一个方案也进行细化和完善，并作为后备方案。

6. 制定主要计划

拟定主要计划就是将所选择的行动方案用文字形式正式地表达出来，作为一项管理文件。拟定计划要清楚地确定和描述 5W1H 的内容。

7. 制定派生计划

派生计划是主要计划的支持性计划。例如，公司制定了“当年销售额比上年增长15%的销售计划”时，就会派生出来生产计划、促销计划、销售人员培训计划等。公司确定扩建厂房、扩大再生产的主要计划后，随之而来的还要确定资金筹措计划、设备采购计划、技术人员培训计划、原材料供应计划等派生计划。

8. 用预算形式使计划数字化

在完成上述各个步骤之后，最后一项工作便是将计划转化为预算，使之数字化。预算实质上是资源的数量分配计划。预算通常包括费用预算和资本支出预算。编制预算，一方面是为了计划的指标体系更加明确，另一方面是衡量计划工作完成进度的重要标准。

八、计划的方法

计划工作的效率高低和质量的好坏在很大程度上取决于所采用的计划方法。现代计划方法为制定切实可行的计划提供了手段，已经逐渐为更多的计划工作所采用。下面介绍其中几种主要方法。

1. 滚动计划法

滚动计划法是一种定期修订未来计划的方法。这种方法采用“分段编制、近细远粗”的方法，根据计划的执行情况和环境变化情况定期修订未来的计划，并逐期向前推移，将近期计划、远期计划有机地结合起来，使企业始终有一个较为切合实际的长期计划作指导。也就是说，将近期计划制定得具体、细致，较远期计划制定得粗些，并随时间推移不断地滚动调整。例如，某企业在2013年底制定了2014—2018年的五年计划，如采用滚动计划法，到2014年底，要根据当年计划完成的实际情况和客观条件的变化，对原订的五年计划进行必要的调整，在此基础上再编制2015—2019年的五年计划。其后依次类推，如图4-1所示。

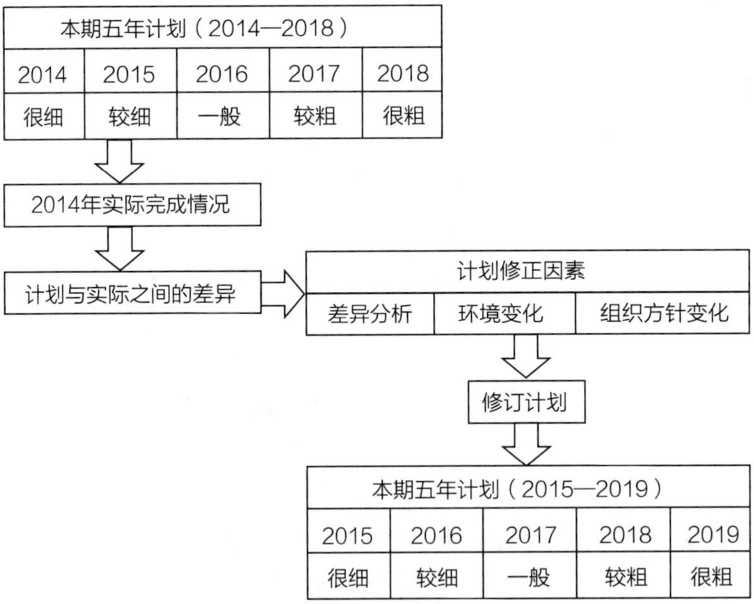

图4.1　滚动计划法示意图

可见，滚动计划法能够根据变化了的组织环境及时调整和修正组织计划，体现了计划的动态适应性。而且，它可使中长期计划与年度计划紧紧地衔接起来。滚动计划法，既可用于编制长期计划，也可用于编制年度、季度生产计划和月度生产作业计划。不同计划的滚动期不一样，一般长期计划按年滚动；年度计划按季滚动；月度计划按旬滚动。

滚动计划法适合于任何类型的计划。这种方法虽然使得计划编制的任务量加大，但在计算机被广泛应用的今天，其优点十分明显。最突出的优点是使计划更切合实际，由于滚动计划相对缩小了计划时期，加大了对未来估计的准确性，从而提高了计划的质量；其次是它使长期、中期、短期计划相互衔接，能根据环境的变化及时进行调整，保持了计划的动态性；第三个优点是滚动计划大大增强了计划的弹性，从而提高了组织的应变能力。

扩展阅读

公司实施的滚动计划法

S公司是中国东部地区一家知名企业，其原有的计划管理水平低下，粗放管理特征显著，计划管理与公司实际运营情况长期脱节。为实现企业计划制定与计划执行的良性互动，在管理咨询公司顾问的建议下，S公司逐步开始推行全面滚动计划管理。

首先，S公司以全面协同量化指标为基础，将各年度分解为4个独立的、相对完整的季度计划，并将其与年度紧密衔接。在企业计划偏离和调整工作中，S公司充分运用了动态管理的方法。

所谓动态管理，就是S公司年度计划执行过程中要对计划本身进行3次定期调整：

第一季度的计划执行完毕后，就立即对该季度的计划执行情况与原计划进行比较分析，同时研究、判断企业内外环境的变化情况。根据统一得出的结论对后3个季度计划和全年计划进行相应调整；第二季度的计划执行完毕后，使用同样的方法对后2个季度的计划和全年计划执行相应调整；第三季度的计划执行完毕后，仍然采取同样方法对最后1个季度的计划和全年计划进行调整。

S公司各季度计划的制定是根据“近细远粗、依次滚动”的原则开展的。这就是说，每年年初都要制定一套繁简不一的四季度计划：第一季度的计划率先做到完全量化，计划的执行者只要拿到计划文本就可以一一遵照执行，毫无困难或异议；第二季度的计划要至少做到50%的内容实现量化；第三季度的计划也要至少使20%的内容实现量化；第四季度的计划只要做到定性即可。同时，在计划的具体执行过程中对各季度计划进行定期滚动管理——第一季度的计划执行完毕后，将第二季度的计划滚动到原第一计划的位置，按原第一季度计划的标准细化到完全量化的水平；第三季度的计划则滚动到原第二季度计划的位置并细化到至少量化50%内容的水平，依次类推。第二季度或第三季度计划执行完毕时，按照相同原则将后续季度计划向前滚动一个阶段并予以相应细化。本年度4个季度计划全部都执行完毕后，下年度计划的周期即时开始，如此周而复始，循环往复。

其次，S公司以全面协同量化指标为基础建立了三年期的跨年度计划管理模式，并将其与年度计划紧密对接。

跨年度计划的执行和季度滚动计划的思路一致。S公司每年都要对计划本身进行一次定期调整，第一年度的计划执行完毕后，就立即对该年度的计划执行情况与原计划进行比较分析，同时研究、判断企业内外环境的变化情况，根据统一得出的结论对后三年的计划和整个跨年度计划进行相应调整；当第二年的计划执行完毕后，使用同样的方法对后三年的计划和整个跨年度计划进行相应调整，依次类推。

S公司立足于企业长期、稳定、健康地发展，将季度计划—年度计划—跨年度计划环环相扣，前后呼应，形成了独具特色的企业计划管理体系，极大地促进了企业计划制定和计划执行相辅相成，明显提升了企业计划管理、分析预测和管理决策的水平，为企业整体效益的提高奠定了坚实的基础。

（资料来源：滚动计划法．百度百科．http：//baike．baidu．com/）

2. 网络计划技术法

网络计划技术于50年代后期在美国产生和发展，目前在组织活动的进度管理，特别是企业管理中得到广泛应用。网络计划技术法包括以网络为基础制订计划的各种方法，如关键路径法（CPM）、计划评审技术法（PERT）、组合网络法（CNT）等。其基本原理是：把一项目或工作分解成各种作业，然后根据作业的先后顺序进行排列，通过网络的形式对整个工作或项目进行统筹规划和控制，从而以较少的资源、最短的工期完成工作。它特别适用于大型工程项目。

网络计划技术以网络图的形式来制定计划，通过网络图的绘制和相应的网络时间的计算，了解整个工作任务的全貌，对工作过程进行科学的统筹安排。

（1）网络计划技术的主要内容

①网络图，是指网络计划技术的图解模型，反映整个工程任务的分解和合成。见图4.2。网络图由作业、事件和路线三个因素组成。

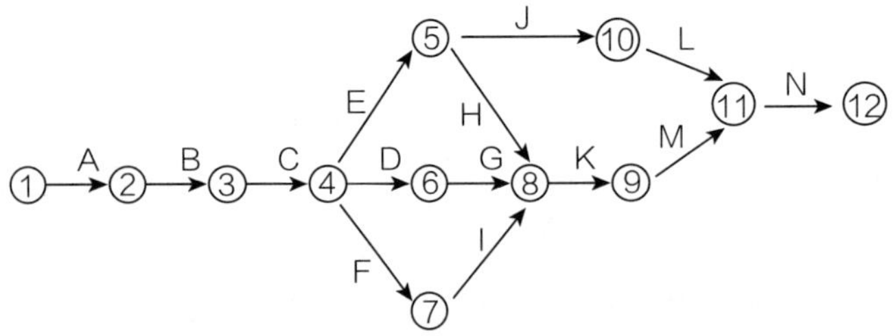

图4.2　网络图作业之间的相互关系

作业，是指一项工作或一道工序，需要消耗人力、物力和时间的具体活动过程。在网络图中，作业用箭线表示，箭尾 i 表示作业开始，箭头 j 表示作业结束。作业的名称标注在箭线的上面，该作业的持续时间（或工时）T_{ij} 标注在箭线的下面。有些作业或工序不消耗资源也不占用时间，称为虚作业，用虚箭线表示。在网络图中设立虚作业主要是表明一项事件与另一项事件之间的相互依存、相互依赖的关系，是属于逻辑性的联系。

$$\xrightarrow[T_{ij}]{i\ \text{工序名称}\ j}$$

事件，是指某项作业的开始或结束，它不消耗任何资源和时间，在网络图中用“○”表示，“○”是两条或两条以上箭线的交结点，又称为结点。网络图中第一个事件称为网络的起始事件，表示一项计划或工程的开始；网络图中最后一个事件称为网络的终点事件，表示一项计划或工程的完成；介于始点与终点之间的事件叫做中间事件，它既表示前一项作业的完成，又表示后一项作业的开始。为了便于识别、检查和计算，在网络图中往往对事件编号，编号应标在“○”内，由小到大，可连续或间断数字编号。编号原则是：每一项事件都有固定编号，号码不能重复，箭尾的号码小于箭头号码（即 $i<j$，编号从左到右，从上到下进行）。

路线，是指自始点开始，顺着箭线的方向，经过一系列连续不断的作业和事件直至网络终点的通道。一条路线上各项作业的时间之和是该路线的总长度（路长）。在一个网络图中有很多条路线，其中总长度最长的路线称为“关键路线”，关键路线上的各事件为关键事件，关键事件的周期等于整个工程的总工期。

有时一个网络图中的关键路线不止一条，即若干条路线长度相等。除关键路线外，其它的路线统称为非关键路线。关键路线并不是一成不变的，在一定的条件下，关键路线与非关键路线可以相互转化。例如，当采取一定的技术组织措施，缩短了关键路线上的作业时间，就有可能使关键路线发生转移，即原来的关键路线变成非关键路线，与此同时，原来的非关键路线变成关键路线。

关键路线上的工序总时差等于零。由这些工序所组成的路线就是网络中的关键路线，这些工序即关键工序。用计算工序总时差的方法确定网络中的关键工序是确定关键路线最常用的方法。先对网络图上各工序计算其时差，找出时差为零的关键工序，然后，将关键工序联结起来，即可求得关键路线。

②时间参数。在实现整个工程任务过程中，包括人、事、物的运动状态。这种运动状态都是通过转化为时间函数来反映的。

③网络优化，是指根据关键路线法，通过利用时差，不断改善网络计划的初始方案，在满足一定的约束条件下，寻求管理目标达到最优化的计划方案。

（2）网络计划技术的步骤

网络计划技术的应用主要遵循以下五个步骤：

①确定目标。确定目标，是指决定将网络计划技术应用于哪一个工程项目，并提出对工程项目和有关技术经济指标的具体要求。

②分解工程项目，列出作业明细表。一个工程项目是由许多作业组成的，在绘制网络图前就要将工程项目分解成各项作业。

③绘制网络图，进行结点编号。根据作业时间明细表，可绘制网络图。

④计算网络时间、确定关键路线。根据网络图和各项活动的作业时间，计算出全部网络时间和时差，并确定关键线路。

⑤进行网络计划方案的优化。找出关键路线，初步确定了完成整个计划任务所需要的工期。这个总工期，是否符合合同或计划规定的时间要求，是否与计划期的劳动力、物资供应、成本费用等计划指标相适应，需要进一步综合平衡，通过优化，择取最优方案。

编制网络计划的基本思想就是在一个庞大的网络图中找出关键路线。关键路线是在网络图中完成各个工序所需时间最长的路线。如果能够缩短关键工序（作业）的时间，就可以缩短工程的完工时间。

对各关键工序，优先安排资源，挖掘潜力，采取相应措施，尽量压缩需要的时间。而对非关键路线上的各个工序，只要在不影响工程完工时间的条件下，抽出适当的人力、物力等资源，用在关键工序（工作）上，就能达到缩短工程工期，合理利用资源的目的。

第二节　目标管理

一、目标的定义和特征

（一）目标的定义

如前所述，目标是根据组织的使命而提出的组织在一定时期内所要达到的预期成果。目标是使命的具体化，是一个组织在一定的时间内奋力争取达到的、所希望的未来状况。任何一家企业从创立之日起，就确立了目标。企业目标是在分析企业外部环境和内部条件的基础上确定的企业各项经济活动的发展方向和奋斗目标，是企业经营思想的具体化。目标是企业开展经营活动的出发点，是企业计划的基础，也是衡量企业实际绩效的标准。

（二）目标的特征

1. 目标的层次性

从组织结构的角度来看，组织目标是分层次的。一个运行正常的组织都存在着一个与组织层次相关联的目标网络或目标体系、目标树。可以进一步将组织目标体系概括为：组织的远景和使命陈述；组织的战略目标；分公司、事业部或部门的目标；个人的目标。

2. 目标的网络化

组织中各类、各级目标构成为一个网络，网络表示研究对象的相互关系。一个组织的目标通常是通过各种活动的相互联系、相互促进来实现的。目标和具体的计划通常构成为一个网络。目标和计划既然构成为一个网络，它们就很少表现为线性的方式，即目标与目标之间、左右关联、上下贯通，彼此呼应，融汇成一个整体。正因为目标和计划是按一定的网络的方式互相连接的，目标之间要彼此协调，互相支持，互相连接。

3. 目标的多样性

一个组织的目标具有多样性，即使是组织的主要目标，一般也是多种多样的。例如，对企业来说，通常要在八个主要方面设立目标，分别是：①市场地位；②创新和技术进步；③生产率；④物质和财力资源；⑤利润率；⑥主管人员的绩效和发展；⑦员工的工作质量和劳动态度；⑧社会责任。

每一个方面都还有更具体的目标，例如，利润率方面，就至少应有销售利润率、资金利润率、投资报酬率等目标。然而，尽管组织的目标是多种多样的，组织除了主要目标之外，还有一些次要的目标，但并非目标越多越好。相反，应当尽量减少目标的数量，尽量突出主要的目标。

4. 目标的时间性

按照时间长度，可以将目标分为短期目标和长期目标。短期目标与长期目标的区分是相对而言的。短期目标是长期目标的基础，任何长期目标的实现必然是由近及远，在长期计划的第一年中实现的短期目标应该是全面而具体的。为了使短期目标有助于长期目标的实现，必须拟定实现每个目标的计划，并把这些计划汇合成一个总计划，以此来检查它们是否合乎逻辑，是否协调一致和是否切实可行。

5. 目标的可考核性

按照可量化的程度，可将目标分为定量目标和定性目标。在实际工作中，定量目标固然具有可考核性，但并不是所有的组织目标都可以用数量来表示，只能用语言来描述的目标便是定性目标。为了提高定性目标的可考核性，管理者要尽可能地用详尽的语言来描述目标的特征以及目标完成的时间。

(三)SMART 原则

好的目标应该符合 SMART 原则。

1. S（Specific）——明确性

所谓明确就是要用具体的语言清楚地说明要达成的行为标准。明确的目标几乎是所有成功团队的一致特点。很多团队不成功的重要原因之一就是因为目标模棱两可，或没有将目标有效地传达给团队成员。例如，“增强客户意识”这一目标的描述就很不明确，但如果改为“减少客户投诉，将客户投诉率降低到 1.5%”就很明确了。

2. M（Measurable）——可衡量性

可衡量性是指应该有一组明确的数据，作为衡量目标的依据。例如，“为所有的老员工安排进一步的管理培训”这一目标中，“进一步”是一个既不明确也不容易衡量的概念，是不是只要安排了这个培训，不管谁讲，也不管效果如何都叫“进一步”？因此，制定目标时要尽可能量化，如不能量化，也要用更详尽的语言来描述，增强目标的方向性。

3. A（Attainable）——可实现性

一方面，目标要能够被执行者所接受；另一方面，目标要有一定的挑战性，是通过努力可以达到的。首先，如果上级利用一些行政手段或者职权一厢情愿地把自己所制定的目标强压给下属，下属的典型反应是一种心理和行为上的抗拒："我可以接受，但是否能完成这个目标，不敢保证"。这就为目标的可实现性留下了隐患。其次，目标不能太高或太低，否则就不能起到激励的作用，要达到"跳一跳，摘桃子"的效果。

4. R（Relevant）——相关性

目标的相关性是指实现此目标与其他目标的关联情况，具体来说，是与组织的总目标、其他目标以及岗位职责之间的相关性。如果实现了这个目标，但与其他的目标完全不相关，或者相关度很低，或者脱离了岗位的实际要求，那这个目标即使达到了，意义也不是很大。

5. T（Time-based）——时限性

目标的时限性是指目标是有时间限制的。例如，某人将在 2016 年 5 月 1 日之前完成某事。2016 年 5 月 1 日就是一个确定的时间限制。没有时间限制的目标没有办法考核，或带来考核的不公。没有时间限制的目标，也不利于按期实现。

二、目标管理的含义

目标管理是由美国著名管理学家彼得·德鲁克首创。1954 年，他在《管理实践》一书中，首先提出"目标管理与自我控制"的主张，随后在《管理——任务、责任、实践》一书中对此又作了进一步的阐述。

德鲁克认为，并不是有了工作才有目标，而是相反，有了目标才能确定每个人的工作。管理者应该通过目标对下级进行管理，当组织高层管理者确定了组织目标后，必须对其进行有效分解，转化成各部门以及个人的分目标，管理者根据分目标的完成情况对下级进行考核、评价和奖惩。企业的目的和任务必须转化为目标。企业如果没有总目标及与总目标相一致的分目标，来指导职工的生产和管理活动，则企业规模越大，人员越多，发生内耗和浪费的可能性越大。目标管理的最大优点在于：它能使人们用自我控制的管理来代替受他人支配的管理，激发人们用最大的能力把事情做好。

所谓目标管理，就是组织中的管理者以及员工共同制定组织目标，使组织目标和每个人的责任及预期工作成果紧密联系，明确规定每个人的主要职责范围，并用这些衡量尺度作为单位经营的指导方针和评定各个成员所做贡献的主要标准，主要通过个人的自我控制达成组织目标的一种管理方法。目标管理的目的是让组织内的每个人对目标的制定和实现都有发言权，使每个人都了解自己在规定的时间内应完成的工作任务及可能得到的相应报酬和奖励。

目标管理方法既适用于营利性组织，也适用于非营利性组织。长期实行目标管理的组织就会形成一种制度或一套方案，可称之为目标管理制度和目标管理方案。它是一个全面的管理系统。它用系统的方法，使许多关键管理活动结合起来，高效率地实现个人目标和组织目标。具体而言，它是一种通过科学地制定目标、实施目标、依据目标进行考核评价的管理方法。

扩展阅读

惠普的目标管理

惠普公司特别重视价值观在管理中的体现。作为惠普文化的核心价值观，主要有五条：一是信任与尊重个人；二是关注杰出的成就和贡献；三是坚持诚实经营、毫不妥协；四是通过团队精神来实现共同目标；五是鼓励灵活性和创新精神。

惠普是如何在管理中体现这种价值观的？惠普实行的是目标管理体系。每年总部都会有一个总目标，然后公司将这个目标自上而下的分解到各大区，各个部门的经理直到各个员工。每个人的目标大小不同，但都是与公司的总目标是一致的。同时对于每个人的目标来说又是合作的目标，而不是各自为政。年终时公司会进行业绩考核，主要从两方面评估员工：一方面是将年初目标与现在的结果进行对比；另一方面是对实现目标或者没有实现目标所采用的方法、员工的价值观进行评估。这种评估其中很大部分是对员工价值观方面的评估，比如团队精神、创新精神等。

对于目标的完成，首先，全公司目标的完成时，公司将会按一定的比例对全部员工进行奖励；其次，员工年初目标中关键指标的完成，公司也会对每个员工的努力有相应的回报。当员工未完成目标时，公司有一种“bottom 5”的机制，即对位于评估最后5%员工也会采取相应的措施，但这种措施不一定是淘汰、辞退。当一个员工在这个5%范围时，他的经理会通知并告诉他哪些方面没能做好，在哪些方面要多做一些努力，希望他两个月必须有一个大的改进，否则会让他换一个岗位或者辞退。

（资料来源：目标管理实现核心价值. 百度文库，https：//wenku. baidu. com/）

三、目标管理的特点

目标管理的实质是员工参与制定目标，实行自我管理和自我控制。其具有以下特点。

1. 系统管理

目标管理运用系统论的思想，通过预先制定的目标体系进行管理。首先确定出组织的总目标，然后对总目标进行分解，逐级展开，通过上下协商，制定出各单位、各部门乃至个人的目标，从而形成一个协调、统一的目标体系。

2. 参与管理

目标的实现者同时也是目标的制定者，即由上级与下级在一起共同确定目标。通过上下级协商和员工参与制定目标，不仅可以提高目标的可接受性和可实现性，还能体现民主、平等的氛围，增强组织的凝聚力。

3. 自我控制

目标管理可以充分发挥每一个员工的最大能力，实行最佳“自我控制”。目标管理的主旨在于，用“自我控制的管理”代替“压抑的管理”，能使人们控制自己的行为。这种自我控制可以转化为强大的动力，激励员工把工作做得更好，同时增强员工的自信心和成就感。

4. 成果导向

目标管理以制定目标为起点，以目标完成情况的考核为终结。工作成果是评定目标完成程度的标准，也是人事考核和奖评的依据。实行目标管理后，由于有一套完善的目标考核体系，从而能够按员工的实际贡献大小进行如实评价，使评价更具有建设性。

四、目标管理评价

1. 目标管理的优点

（1）有效地进行管理。目标管理是一种达成目标的系统的管理方法。通过制定的目标体系，可以将全体员工有机地组织起来，使人们产生整体观念和团结欲望，有利于发挥集体的力量。目标管理能够调动各部门及员工的积极性，是一种全方位的管理，能取得全面的管理效果。

（2）有助于组织机构的改革。目标管理迫使管理者弄清组织的任务和结构。在可能范围内，围绕所期望的关键成果设立各个职位，各个职位都有专人负责。实践证明，已经实行目标管理的公司，能经常发现组织内部存在的问题，如授权不足或职责不清等。目标管理是促进分权管理、使组织具有弹性的好办法。

（3）有效地激励员工。目标管理能够鼓励员工专心致志于他们的目标。员工不再只是做工作、执行指示、等待指导和决策，而是要了解自己的职责和权限，参与制定目标，主动工作，确保实现规定的目标，加强自我管理和自我控制，从而有效地调动员工的工作积极性，增强他们的责任感和成就感。

（4）实行有效的监督与控制。目标管理本身强调“自我控制”。通过层层分解制定的目标体系，各个层面明确了具体的任务和要求，既是开展各项工作的依据和动力，也是管理者进行控制和考核的标准和依据。实施目标管理，可以帮助管理者进行有效的控制。

2. 目标管理的缺点

（1）目标制定较为困难。有些岗位的工作难以量化和具体化，尤其是真正将每一个管理者和员工的工作都制定数量化的目标，有时是很困难的。一方面是由于工作本身的性质决定的，无法量化和具体化；另一方面是由于环境因素的不确定性造成的。总之，目标设置会存在一定的困难。

（2）强调短期目标。大多数目标管理中所设置的目标是短期目标，比如季度目标或者月度目标。过分强调短期目标，容易使管理者忽视组织的长远发展和长期目标的制定，这是很危险的。

（3）比较费时、费力。总目标的制定与分解，以及员工参与制定目标，从统一思想到最后达成协议，可能需要耗费较多的时间和精力。

（4）目标成果的考核与奖惩标准很难统一。管理者在对结果进行考核的过程中，有时奖惩不一定都能和目标成果相结合，也很难保证公正性，这样也会削弱目标管理的效果。

课堂讨论案例

公司的目标管理

A公司自从2002年7月份开始实行目标管理，当时属于是试行阶段，后来人力资源部由于人员的不断的变动，这种试行也就成了不成文的规定执行至今，到现在运行了将近一年的时间了。应该说执行的过程并不是很顺利，每个月目标管理卡的填写或制作似乎成了各个部门经理的任务或者说是累赘，认为占用了他们大部分的时间或是浪费了他们的许多时间。每个月都是由办公室督促大家写目标管理卡。除此之外就是一些部门，例如财务部门的工作每个月的常规项目占据所有工作的90%，目标管理卡的内容重复性特别的大；另外一些行政部门临时性的工作特别多，每一个月之前很难确定他们的目标管理卡。A公司目标管理的程序如下：

1. 目标的制定

（1）总目标的确定

上一年末公司总经理在职工大会上作总结报告，向全体职工讲明下一年度大体的工作目标。然后，在年初的部门经理会议上，总经理和副总经理、各部门经理讨论协商确定该财年的目标。

（2）部门目标的制定

每个部门在上一个月的25日之前确定出下一个月的工作目标，并以目标管理卡的形式报告给总经理，总经理办公室留存一份，本部门留存一份。目标分别为各项工作的权重以及完成的质量与效率，由权重、质量和效率共同来决定。最后由总经理审批，经批阅以后方可作为部门的工作目标。

（3）目标的分解

各个部门的目标确定以后，由部门经理根据部门内部的具体的岗位职责以及内部分工协作情况进行分配。

2. 目标的实施

目标的实施过程主要采用监督、督促与协调的方式，每个月月中由总经理办公室主任与人力资源部绩效主管共同或是分别到各个部门询问并了解目标进行的情况，直接与各部门的负责人沟通，在这个过程中了解到哪些项目进行到什么地步，哪些项目没有按规定的时间、质量完成，为什么没有完成，并督促其完成项目。

3. 目标结果的评定与运用

(1) 目标管理卡首先由各部门的负责人自评，自评过程受人力资源部与办公室的监督，最后报总经理审批，总经理根据每个月各部门的工作情况，对目标管理卡进行相应的调整以及自评的调整。

(2) 目标管理卡最后以考评得分的形式作为部门负责人的月考评分数，部门员工的月考评分数的一部分来源于部门目标管理卡。这些考评分数作为月工资发放的主要依据之一。但是，最近大多数部门经理反映不愿意每个月填写目标管理卡，他们认为这没有必要。但是在执行过程中，部门员工能够通过目标管理卡了解到本月自己应该完成的项目，以及每一个项目应该达到的最佳程度。在最近的一次与部门员工的座谈中，公司了解到有的部门员工对本部门的目标管理卡不是很明确，其中主要的原因就是个别部门的办公环境不允许把目标管理卡张贴出来。如果领导每个月不对本部门员工解释明白，他们根本就不知道他们的工作目标是什么，只是每个月领导让干什么就干什么，显得很被动……可是部门领导如今不愿意作目标管理这一块，而且有一定数量的员工也不明白目标管理分解到他们那里的应该是什么。

目前人力资源部的人数有限，而且各司其职。面对以上存在的问题，人力资源部应该怎样处理？

(资料来源：周三多、贾良定．管理学——原理与方法习题与案例指南．上海：复旦大学出版社，2016)

回答问题：

1. A公司的目标管理总体上存在哪些问题？
2. 显然A公司的部门经理不支持目标管理，为什么会出现这样的问题？
3. 为什么会出现“员工不知道他们的工作目标是什么，领导让干什么就干什么”的情况，这个问题如何解决？

第三节　决策

据美国著名的智库、咨询公司——兰德公司所作的统计，世界上每100家破产倒闭的大企业中，85%是因为企业管理者的决策不慎造成的。决策是人们生活和工作中普遍存在的一种活动。例如，大学生都曾经历报考哪一所高校、学习哪一类专业这样艰难的决策；家庭主妇要对家庭事务进行决策；企业的管理者如何制定和实施计划的决策等。

一、决策的概念

在汉语中，“决”是决定、决断、断定；“策”则是计谋、计策、主意等。决策这个词，现在使用得相当广泛。那么，究竟何谓决策？

决策有狭义和广义之分。狭义的决策是指组织为了实现某一特定目标，从不同方案中选择一个满意方案的行为；而广义的决策则将决策制定看成是一个过程，而不是简单的选择方案的行为。本书将决策定义为：组织或个人为了达到某一目标、目的或企图，在众多方案中选择一个最满意的方案或策略，并加以实施的过程。

决策活动形形色色，但不论是哪一种决策，都由以下几个要素构成。

（1）决策者：即决策主体，它可以是组织，也可以是个人。

（2）决策目标：一项决策所期望实现的成果和价值。

（3）自然状态：不以决策者的主观意志为转移的环境或条件，是决策者采取各种可行方案后可能遇到或发生的情况。

（4）备选方案：可供选择的各种可行方案。

（5）决策后果：通过决策所达到的结果。

（6）决策准则：选择方案时所依据的原则。

二、决策的特征

1. 目标性

决策必须有明确的目的（目标）。实践证明，失败的决策，往往是由于决策目标不正确或不明确。犹豫不决通常也是由于目标很模糊或设立的不合理。

2. 可行性

为了决策所拟定的若干个备选方案应是可行的，这样才能保证决策方案切实可行。所谓“可行”，一是指能解决预定问题，实现预定目标；二是方案本身具有实施的条件，比如技术上、经济上都是可行的；三是方案的影响因素及效果可进行定性和定量的分析。

3. 选择性

决策的基本含义是抉择。如果只有一种方案，没有选择余地，也就无所谓决策。没有比较和选择，更谈不上所谓“最佳”。如果事情看来只有一种行事方法，那么这种方法很可能是错的。因此，决策要进行分析、比较与选择。

4. 满意性

决策遵循的是满意原则，而非最优原则。最优决策要求：决策者了解与组织活动有关的全部信息；决策者能正确辨识全部信息的价值并能据此制定出没有疏漏的行动方案；决策者能够准确计算出每个方案在未来的执行结果。显然，这些条件难以具备。因此，在决策活动中，在方案数量有限、执行结果不确定的条件下，人们难以做出最优选择，只能根据已知的全部条件，加上人们的主观判断，做出相对满意的选择。

5. 过程性

决策贯穿于管理的全过程，决策的过程性可以从两个方面去考察。首先，组织决策不是一项决策，而是一系列决策的综合，只有这一系列的具体决策相互协调，并与组织目标相一致时，才能认为组织的决策已经形成；其次，这一系列决策中的每一项决策，本身又是一个包含了许多工作、由众多人员参与的过程，从决策目标的确定，到决策方案的拟定、评价和选择，再到决策方案执行结果的评价，这才构成一项完整的决策。

6. 动态性

决策的动态性与过程性相联系。决策不仅仅是一个过程，还是一个不断循环的过程。作为一个不断循环的过程，决策是动态的，没有真正的起点，也没有真正的终点。组织的外部环境在不断地变化，决策者必须发现并研究这些变化，从中找到可以利用的机会，据此调整组织的活动，实现组织与环境的动态平衡。

三、决策的程序

决策是一项复杂的活动，有其自身的规律性。为了提高决策的有效性，需要遵循一定的科学程序。一般来说，决策过程可以分为以下七个步骤，如图 4.3 所示。

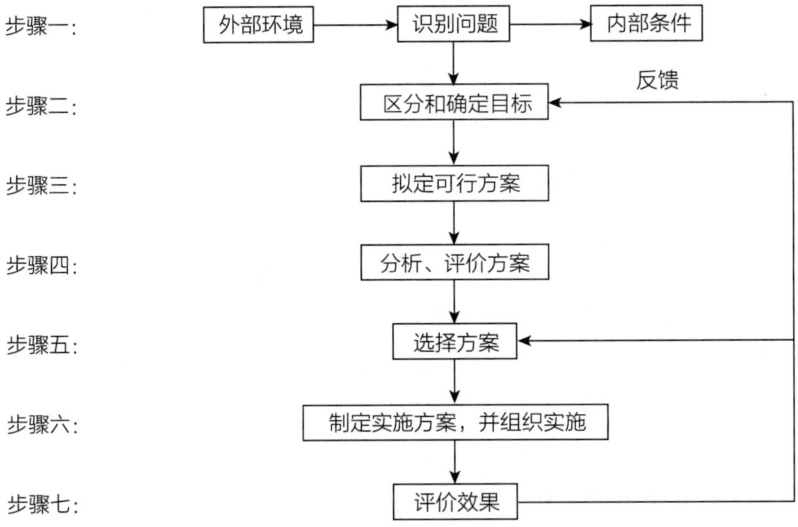

图 4.3　决策程序

1. 识别问题

问题是决策的起点。没有问题，就无需决策；问题不明，也难以做出正确的决策。这里的问题主要来自两个方面：一是现实与期望状态之间的差距；二是环境变化出现了新的情况，组织面临新的机遇或风险。决策者要在全面调查研究、系统收集环境信息的基础上发现差距，确认问题，并抓住问题的关键要害，做出正确的诊断。

2. 确定目标

目标是在一定条件下确定解决问题要达到的效果。问题识别以后，还要进一步确定该问题应当解决到什么程度、希望达到什么结果。只有确定了明确的目标，后续的工作才能有的放矢。

3. 拟定可行方案

决策目标确定以后，就应拟定达到目标的各种备选方案。拟定备选方案，第一步是分析和研究目标实现的外部因素和内部条件，积极因素和消极因素，以及决策事物未来的运动趋势和发展状况；第二步是在此基础上，将外部环境各种不利因素和有利因素、内部业务活动的有利条件和不利条件等，同决策事物未来趋势和发展状况的各种估计进行排列组合，拟定出实现目标的方案；第三步是将这些方案同目标要求进行粗略的分析对比，权衡利弊，从中选择出若干个利多弊少的可行方案，供进一步评估和抉择。

4. 评价备选方案

备选方案拟定以后，随之便是对备选方案进行评价，评价标准是判断哪一个方案最有利于达到决策目标。方案评价的步骤分为三步：一是看备选方案是否满足必须达到的目标要求，如果满足就留下，反之就淘汰；二是对保留下的方案根据目标要求，区分出优劣；三是按方案的目标和目标评估中的满意程度，对各方案进行全面的权衡。

5. 选择方案

选择方案是对各种备选方案在评价的基础上进行总体权衡，征询各方面的意见与建议，由决策者从中挑选出一个最满意的方案。

6. 实施决策方案

决策方案选定后，就要付诸实施。执行决策往往是决策过程中最为困难的一步。现实中有许多决策，均是由于执行不力而没有收到应有的效果。人们常说“雷声大，雨点小”“光打雷，不下雨”，这些都是对“只决不行”情形的形象描述。

7. 检查、评价和反馈处理

这是决策过程的最后一个步骤。通过追踪检查与评价，可以发现决策执行过程中出现的偏差，以便采取相应的处理措施进行决策控制。具体追踪处理措施有三类：一是保持现状，不采取措施；二是采取措施，纠正偏差；三是修正原决策。到底选择哪一种办法，要视具体情况而定。

四、决策的类型

1. 按决策问题的性质和重要程度，可分为战略决策、战术决策和业务决策

战略决策：包括组织目标、方针的确定，组织机构的调整，如企业产品的更新换代

等，具有长期性和方向性。通常由高层管理者进行决策。

战术决策：又称管理决策，是战略决策执行过程中的具体决策。旨在实现组织中各环节的高度配合和资源的合理使用，如生产、销售计划的制定等。通常由中层管理者进行决策。

作业决策：也称执行性决策，是日常工作中为提高生产和工作效率而作出的决策，只对组织产生局部影响，如工作任务的日常分配和检查等。通常由基层管理者进行决策。

2. 按决策的主体构成，可分为个人决策和集体决策

个人决策是指由组织中的个人所作出的决策，群体决策则是由组织中两人或两人以上的群体所作出的决策。

个人决策效率高、责任明确，但受个人的有限理性的影响较大。而群体决策与个人决策相比，由于拥有更广泛的知识、经验和信息，从而提高了决策方案的接受性和组织成员的积极性。

群体决策的优点主要表现在：提供更完整的信息、产生更多的方案、提高积极性和方案的接受性、提高合法性等。其缺点主要表现在：费时、费力、少数人的专制、屈从压力、责任不清等。

3. 按决策环境的控制程度，可分为确定型决策、风险型决策和不确定型决策

确定型决策是指只存在一种自然状态时的决策。也就是说，没有任何不确定因素的决策。其特点为：有明确的决策目标、有两个或两个以上的可行方案、每个方案只与一种自然状态对应、每个方案的损益值可计算出来。决策者在进行决策时面对的是确定的自然状态，且每个备选方案只有一个确定的结果，方案的选择取决于对各个方案结果的直接比较。

风险型决策是指在可供选择的方案中，存在两种或两种以上的自然状态，哪种状态最终会发生是不确定的，但是每种自然状态发生的可能性（概率大小）是可以估计的。由于这类决策的结果只能按某种概率实现，有一定的风险，故而称为风险型决策。其特点为：有明确的决策目标、有两个或两个以上的可行方案、每个方案有两种或两种以上的自然状态，且每个自然状态出现的概率已知、每个方案的损益值可计算出来。

不确定型决策是指在可供选择的方案中存在两种或两种以上的自然状态，并且这些自然状态所发生的概率是无法预先估计的。不确定型决策与风险型决策的区别仅在于各种自然状态发生的概率是否可知。其特点为：有明确的决策目标、有两个或两个以上的可行方案、每个方案有两种或两种以上的自然状态，且每个自然状态出现的概率未知、每个方案的损益值或许可计算出来。

4. 按决策问题的重复程度，可分为程序化决策和非程序化决策

程序化决策，又称常规决策、重复性决策或定型化决策，是指对常规的、反复发生的问题的决策。程序化决策解决例行问题，如重复出现的、日常的管理问题，一般有例可循、有政策法规可依。

非程序化决策，又称非常规决策、一次性决策或非定型化决策，是指偶然发生的或首次出现而又较为重要的非重复性决策。非程序化决策解决例外问题，如偶然发生的、性质不明的管理问题，此时需要管理者寻求一些创新的解决办法。

此外，按决策问题能否用数量关系来表示，决策可分为定性决策和定量决策；按决策影响时间的长短，决策可分为长期决策和短期决策等。

五、决策的方法

由于社会经济活动十分复杂，而决策又涉及到整个组织活动的各个方面，所以管理者进行的决策也多种多样。面对不同类型的决策，决策者常用的决策方法有两大类：定性决策方法和定量决策方法。

1. 定性决策方法

该方法属于决策中的“软”方法，它是指依靠决策者的知识、经验和判断力的一种决策方法，表现形式以会议为主，常用于非程序化问题的决策。主要的决策方法有以下几种。

（1）征询法。征询法是指将被征询意见的人编成一个小组，彼此间互不认识，即使见面也不面对面探讨问题。在这种互不接触、互无影响的条件下，将要解决的问题的关键内容告诉他们，请他们独立思考，将自己的备选方案和意见写下来。然后，由组织者把每个人的书面材料进行汇总，将汇编结果匿名公布于众，这样可以使每个人在讨论时没有顾虑地充分发表自己的意见，有时甚至可能出现否定自己的意见而反过来同意别人意见的情况，这有利于获取更有价值的决策信息。

（2）哥顿法。该方法又称“提喻法”，是由美国人哥顿于 1964 年发明的一种预测与决策方法。其具体做法如下：先由会议主持人将决策问题向与会成员作笼统的介绍，然后由与会成员（即专家成员）海阔天空地讨论解决方案；当会议进行到适当时机，决策者将决策的具体问题展示给大家，使大家的讨论进一步深化，最后由决策者吸收讨论结果，进行决策。例如，想要设计新的剪草机，就让大家对“切东西”与“分离”各提出方案，在会议进行到适当时机时，主持人将主题揭开，让大家提出完整方案。实际上，这种方法采取的是由专业化到综合化的过程，可以避免一开始就出现综合化的某些弊端。

（3）头脑风暴法。头脑风暴法是由美国创造学家 A. F. 奥斯本于 1939 年首次提出，1953 年正式发表的一种激发思维的方法。在群体决策中，群体思维削弱了群体的批判精神和创造力，损害了决策的质量。为了保证群体决策的创造性，提高决策质量，奥斯本提出了头脑风暴法。

采用头脑风暴法组织群体决策时，要集中有关专家召开专题会议，主持人以明确的方式向所有参与者阐明问题，说明会议的规则，尽力创造融洽轻松的会议气氛，主持人一般不发表意见，以免影响会议的自由气氛，主要由专家们“自由”提出尽可能多的方案。

为了使与会者畅所欲言，互相启发和激励，达到较高效率，必须严格遵守下列原则。

①禁止批评和评论，也不要自谦。对别人提出的任何想法都不能批判、不得阻拦。即使自己认为是幼稚的、错误的，甚至是荒诞离奇的设想，亦不得予以驳斥；同时也不允许自我批判。诸如“这根本行不通”“你这想法太陈旧了”“这是不可能的”“这不符合某某定律”以及“我提一个不成熟的看法”“我有一个不一定行得通的想法”等语句，禁止在会议上出现。只有这样，与会者才可能在充分放松的心境下，在别人设想的激励下，集中全部精力开拓自己的思路。

②目标集中，追求设想数量，越多越好。会议以谋取设想的最大数量为目标。

③鼓励巧妙地利用和改善他人的设想。这是激励的关键所在。每个与会者都要从他人的设想中激励自己，从中得到启示，或补充他人的设想，或将他人的若干设想综合起来提出新的设想等。

④与会人员一律平等，各种设想全部记录下来。即使是荒诞的设想，记录人员也要认真地将其完整记录下来。

⑤主张独立思考，不允许私下交谈，以免干扰别人的想法。

⑥提倡自由发言，畅所欲言，任意思考。会议提倡自由奔放、随便思考、任意想象、尽量发挥，主意越新、越怪，越能激发人的思维灵感。

⑦不强调个人的成绩，应以小组的整体利益为重，注意和理解别人的贡献，创造民主环境，不以多数人的意见阻碍个人新的观点的产生，激发个人追求更多更好的主意。

（4）德尔菲法

德尔菲法由美国兰德公司于 1969 年提出。其要点如下：

①不记名投寄征询意见。组织者先将要决策的问题及相关材料邮寄给所选的有关专家，背对背地征询意见。

②统计归纳。收集各位专家的意见，并对每个问题进行定量统计归纳。

③沟通反馈意见。将统计归纳后的结果再反馈给专家，每个专家根据这个统计归纳的结果，慎重地考虑其他专家的意见，然后提出自己的意见。然后，组织者把收回的第二轮征询的意见，再进行统计归纳，再反馈给专家。如此多次反复，一般经过三四轮，就可以取得比较集中一致的意见。

由于受时间、费用等方面的限制，德尔菲法一般不用于日常事务的决策，但在许多重大复杂问题的预测和决策中被认为具有显著的效果。

2. 定量决策方法

定量决策方法属于决策中的“硬”技术，它是指运用数学模型及计算机技术，在对决策问题进行定量化分析的基础上进行决策的方法。它主要用于解决程序化问题，其具体方法主要有确定型决策方法、风险型决策方法和非确定型决策方法等。

（1）确定型决策方法

对于这类确定型决策，常用的方法有以下三种。

①直观法

直观法是从已有的定量分析资料中直接选择决策方案的方法。

例 4.1 某企业对所要生产的三种产品甲、乙、丙销售前景看好，已知由于资源限制只能选其中一种产品进行生产，如表 4.1 所示。请问，该生产哪一种产品？

表 4.1 各生产方案盈亏值 **单位：万元**

销售状态	概率	甲	乙	丙
畅销	1	90	120	60
选优			中选	

②盈亏平衡分析法

盈亏平衡分析是通过盈亏平衡点分析项目成本与收益的平衡关系的一种方法。各种不确定因素（如成本、销售量、产品价格、项目寿命期等）的变化会影响投资方案的经济效果，当这些因素的变化达到某一临界值时，就会影响方案的取舍。盈亏平衡分析的目的就是找出这个临界值，即盈亏平衡点，判断投资方案对不确定因素变化的承受能力，为决策提供依据。如图 4.4 所示。

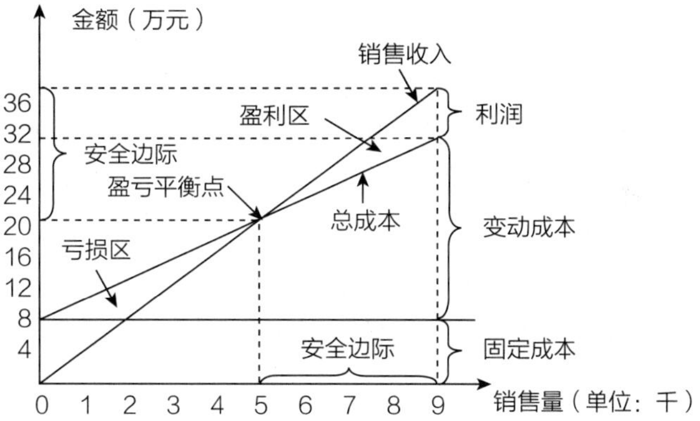

图 4.4 盈亏平衡分析基本模型

盈亏平衡点越低，说明项目盈利的可能性越大，亏损的可能性越小，因而项目有较大的抗经营风险能力。盈亏平衡分析是分析产量（销量）、成本与利润的关系，故又称量本利分析。

盈亏平衡点产量（销量）法是指以盈亏平衡点产量或销量作为依据进行分析的方法。其基本公式为：

$$Q=\frac{C}{P-V}$$

式中 Q 为盈亏平衡点产量（销量）；

C 为总固定成本；

P 为产品价格；

V 为单位变动成本。

当要获得一定的目标利润时，其公式为：$Q=\frac{C+B}{P-V}$

式中：B 为预期的目标利润额；

Q 为实现目标利润 B 时的产量或销量。

例 4.2 某厂生产一种产品，其总固定成本为 200000 元，单位产品变动成本为 10 元，产品销价为 15 元。求：（1）该厂的盈亏平衡点产量应为多少？（2）如果要实现 20000 元的利润，其产量应为多少？

解：（1）$Q=\frac{C}{P-V}=\frac{200000}{15-10}=40000$（件）

即当生产量为 40000 件时，处于盈亏平衡点上。

（2）$Q=\frac{C+B}{P-V}=\frac{200000+20000}{15-10}=44000$（件）

即当生产量为 44000 件时，企业可获利 20000 元。

③线性规划法

线性规划法是解决多变量、最优决策的方法，是在各种相互关系的多变量的约束条件下，解决或规划一个对象的线性目标函数最优的问题，即给予一定数量的人力、物力、资源，如何应用它们，才能取得最大的经济效益；或给予一定的任务，如何统筹安排，才能以最小的消耗去完成。其中目标函数是指决策要求达到目标的数学表达式，用一个极大值或极小值表示。约束条件是指实现目标的能力资源和内部条件的限制因素，用一组等式或不等式表示。

例 4.3 某企业生产两种产品：桌子和椅子，它们都要经过制造和装配两道工序，有关资料如表 4.2 所示。假设市场状况良好，企业生产出来的产品都能卖出去，试问何种产品组合能使企业利润最大？

表 4.2　各产品的耗时和单位产品利润表

	桌子	椅子	工序可利用时间
在制造工序上的时间（小时）	2	4	48
在装配工序上的时间（小时）	4	2	60
单位产品利润（元）	8	6	—

解：第一步，确定影响目标大小的变量。在本例中，目标是利润最大，影响利润的变量是桌子数量 T 和椅子数量 C。

第二步，列出目标函数方程：$\pi=8T+6C$。

第三步，找出约束条件。在本例中，两种产品在一道工序上的总时间不能超过该道工序的可利用时间，即

制造工序：$2T+4C\leqslant48$

装配工序：$4T+2C\leqslant60$

除此之外，还有两个约束条件，即非负约束：$T\geqslant0$，$C\geqslant0$。

从而线性规划问题成为，如何选取 T 和 C，使 π 在上述四个约束条件下达到最大。

第四步，求出最优解——最优产品组合。通过图解法，求出上述线性规划问题的解为 $T=12$ 和 $C=6$，即生产 12 张桌子和 6 把椅子的产品组合能使企业的利润最大。

（2）风险型决策方法

最常见的风险型决策方法是决策树法。决策树法是根据逻辑关系将决策问题绘制成一个树型图，按照从树梢到树根的顺序，逐步计算各结点的期望值，最后根据期望值准则进行决策。

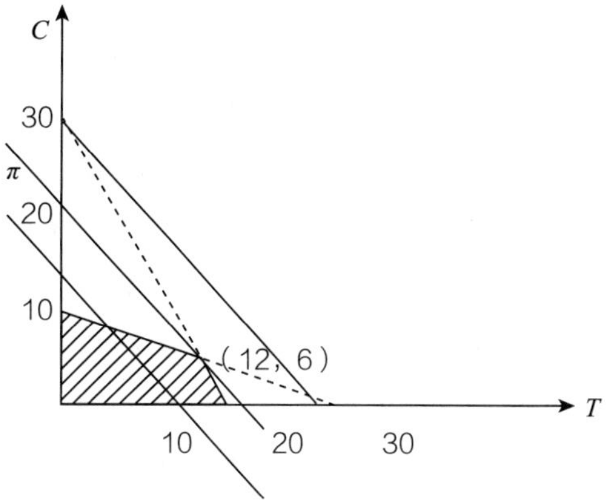

图 4.5　线性规划法的图解

决策树由决策点、方案分枝、自然状态点、概率分枝和结果节点组成。决策点是进行方案选择的点，在图中用□表示；方案分枝是从决策点引出的若干直线，每条线代表一个方案；自然状态点是方案实施时可能出现的自然状态，在图中用○表示；概率分枝是从自然状态点引出的若干条直线，每条直线表示一种可能性；结果节点是表示不同方案在各种自然状态下所取得的结果。

决策步骤是：根据决策问题绘制决策树；计算概率分支的概率值和相应的结果节点的收益值；计算各概率点的收益期望值；确定最优方案。

例 4.4 某公司准备生产某种新产品，有两个方案可供选择：一是引进一条生产线，需投资 500 万元，建成后如果销路好，每年可获利 150 万元，如果销路差，每年要亏损 30 万元；二是对原有设备进行技术改造，需投资 300 万元，如果销路好，每年可获利 60 万元，如果销路差，每年可获利 30 万元。两方案的使用期限均为 10 年，根据市场预测，产品销路好的概率为 0.6，销路差的概率为 0.4，应如何进行决策？

解：先绘制决策树，如图 4.6 所示。

然后计算收益期望值：

方案 A：$(150\times0.6-30\times0.4)\times10-500=280$（万元）

方案 B：$(60\times0.6+30\times0.4)\times10-300=180$（万元）

最后根据期望值选择方案：比较 A、B 方案的收益可知，A 方案的期望收益值大于 B 方案，所以应选择 A 方案，即投资 500 万元引进一条生产线。

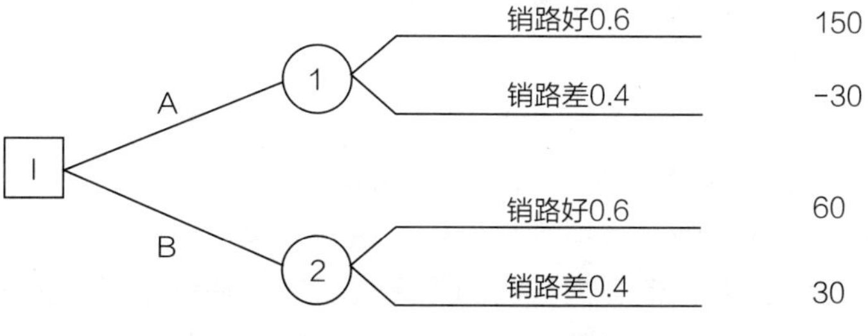

图 4.6　两种方案的决策树

(3) 非确定型决策方法

这种决策主要取决于决策者的经验、智力及承担风险的态度。方案的选择将受决策者心理导向的影响，其决策准则也有很大程度的主观随意性。

处理这类决策问题的办法有两种：一是通过一些科学方法来补充信息，将不确定型问题变为风险型问题来处理；二是依据经验进行模糊决策，如判断哪个方案可能性大，哪个次之，哪个最小。

例 4.5 某企业计划生产某种新产品，根据市场预测，产品销路有三种情况：销路好、销路一般和销路差。生产该产品有三种方案：新建生产线、改进生产线和与其他单位合作。根据估计，各方案在不同情况下的收益如表 4.3 所示。问企业应选择哪种方案？

表 4.3 各方案在不同情况下的收益表 单位：万元

销售状态 \ 方案	A 新建生产线	B 改进生产线	C 与其他单位合作
销路好	300	220	120
销路一般	140	160	80
销路差	-80	-30	10

解：该企业应该采取什么策略最好？这实际取决于其决策者的选择方案标准。理论上说，选择方案标准或方案选择原则有以下四种。

①悲观法则。也称为小中取大法。采用这种方法的管理者对未来持悲观的看法，认为未来会出现最差的自然状态。决策时，首先计算各方案在不同自然状态下的收益值，并找出各方案的最小收益值；然后进行比较，从这些最小的收益值中再挑选出一个收益最大或损失最小的收益值作为决策的最优方案。

从表 4.3 中收益数据可知，A 方案的最小收益为-80，B 方案的最小收益为-30，C 方案的最小收益为 10。经过比较，C 方案的最小收益最大，因此选择 C 方案。

②乐观法则。也称为大中取大法。采用这种方法的管理者对未来持乐观的看法，认为未来会出现最好的自然状态。决策时，首先计算各方案在不同自然状态下的收益值，并找出各方案的最大收益值；然后进行比较，从这些最大的收益值中再挑选出一个收益最大的收益值作为决策的最优方案。

在上题中，A 方案的最大收益为 300，B 方案的最大收益为 220，C 方案的最大收益为 120。经过比较，A 方案的最大收益最大，因此选择 A 方案。

③最大后悔值最小化准则。管理者在选择了某种方案后，如果将来发生的自然状态表明其他方案的收益更大，那么他会为自己的选择而后悔。这种情况无形中表明，每一次决策都存在着一种机会损失，它构成了决策的“遗憾值”，或称为“后悔值”。“后悔”的意思是：一旦选择了一种方案，实际上就放弃了其他方案可能增加的收益。这种方法就是使后悔值最小的方法。决策时，首先计算各方案在自然状态下的后悔值（后悔值是指在自

然状态下，最大收益值与各方案收益值之间的差额)，并找出各方案的最大后悔值，然后进行比较，选择最大后悔值最小的方案作为最优的决策方案。

在上题中，各个方案的后悔值计算结果如表 4.4 所示。

表 4.4 各方案在自然状态下的后悔值 单位：万元

销售状态 \ 方案	A 新建生产线	B 改进生产线	C 与其他单位合作
销路好	0	80	180
销路一般	20	0	80
销路差	90	40	0

从表 4.4 中的计算结果可以看出，A 方案的最大后悔值为 90，B 方案的最大后悔值为 80，C 方案的最大后悔值为 180。经过比较，B 方案的最大后悔值最小，因此选择 B 方案。

④折中准则。采取这种方法的决策者认为要在乐观与悲观两种极端中求得平衡。即决策时既不把未来想象得非常光明，也不将之看得过于黑暗，而认为最好和最差的自然状态均有出现的可能。决策时，首先根据决策者本人的估计，给最好的自然状态定一个乐观系数和最差的自然状态定一个悲观系数，使两者之和等于 1；然后将各方案在最好自然状态下的收益值和乐观系数相乘的积与各方案在最差自然状态下的收益值和悲观系数的乘积相加，由此求得各方案的期望收益值，经过该值的比较后，从中选出期望收益值最大的方案。

在不确定情况下，决策实际很难到真正的“最优化”，理想的决策方案只不过是按照决策者事先选定的准则或原则来选择相对满意的方案。因此，满意化决策要比最优化决策在现实中更具有代表性。

本章小结

本章主要介绍了计划的含义、特征、分类、程序和方法；目标管理的含义、特点、优缺点；决策的含义、特征、分类、程序、方法等内容。

计划是对组织在未来一段时间内的目标及其实现途径的策划与安排。计划有广义和狭义之分。广义的计划包含制定计划、执行计划和检查计划的执行情况，狭义的计划指制定计划。

计划的表现形式分为使命、目标、战略、政策、程序、规则、规划和预算等。

计划的步骤包括估量机会、确定目标、确定计划的前提条件、拟定可供选择的方案、评价和选择方案、制定主要计划、制定派生计划、预算等。

目标管理方法既适用于营利性组织，又适用于非营利性组织。目标管理是一种通过科学地制定目标、实施目标、依据目标进行考核评价的管理方法。

决策是组织或个人为了达到某一目标、目的或企图，在众多方案中选择一个最满意的方案或策略，并加以实施的过程。

决策的程序包括识别问题、确定目标、拟定可行方案、评价备选方案、选择方案、实施决策方案、检查、评价和反馈处理。

定性决策的方法有德尔菲法、头脑风暴法、哥顿法等；定量决策的方法有盈亏平衡分析法、线性规划法、决策树法、悲观决策法、乐观决策法等。

练习题

一、单项选择题

1. 下述关于计划工作的认识中，(　　) 的观点是不正确的。
   A. 计划是预测与构想，即预先进行的行动安排
   B. 计划的实质是对要达到的目标及途径进行预先规定
   C. 计划职能是参谋部门的特有使命
   D. 计划职能是各级、各部门管理人员的一个共同职能
2. 工业企业的规章制度属于管理的 (　　) 职能。
   A. 计划　　B. 组织　　C. 领导　　D. 控制
3. “凡事预则立，不预则废”强调了 (　　) 的重要性。
   A. 预防　　B. 预测　　C. 组织　　D. 计划
4. 在计划工作的程序中，估量机会所处的阶段是 (　　)。
   A. 在计划工作开始之后　　B. 在计划工作开始之前
   C. 在制定目标之后　　D. 在方案评价之后
5. 某项建筑工程的施工进度计划应该按照计划时间完成施工任务，但在制订施工进度计划时却要考虑到出现雨季不能进行露天作业的情况，因而对完成任务时间的估计要留有余地，这遵循的是 (　　)。
   A. 改变航道原理　　B. 灵活性原理
   C. 许诺原理　　D. 限定因素原理
6. 通过目标对管理者进行管理，即目标管理，要求目标应具 (　　)。
   A. 突破性　　B. 独特性

C. 可考核性　　D. 单一性

7. 较早提出目标管理的是（　　）。

A. 梅奥　　B. 泰罗

C. 吉尔布雷斯　　D. 德鲁克

8. 在决策时有一定自由处置权指的是（　　）。

A. 规则　　B. 政策　　C. 程序　　D. 标准

9. 按具体情况采取或不采取某个特殊的行动指的是（　　）。

A. 政策　　B. 程序　　C. 规则　　D. 规划

10. （　　）不是决策的特征。

A. 明确而具体的决策目标　　B. 有两个以上的备选方案

C. 是一个不断循环的过程　　D. 追求的是最优最好方案

11. 狭义的决策是指（　　）。

A. 拟定方案　　B. 评价方案

C. 选择方案　　D. 比较方案

12. 越是组织的上层主管人员，所做出的决策越倾向于（　　）。

A. 战略的、常规的、肯定的　　B. 战术的、非常规的、风险的

C. 战略的、非常规的、风险的　　D. 战略的、非常规的、肯定的

13. 所谓（　　），是指决策者对未来的情况有比较确定的了解，掌握决策时所需要的信息，而且能够准确地了解决策的必然结果。如果方案已完，则此方案的概率为（　　）。

A. 确定型决策；1　　B. 风险型决策；1

C. 确定型决策；<1　　D. 不确定型决策；>1

14. 一位顾客想买辆小轿车，拟在甲、乙、丙三个品牌中做出选择。他购买考虑的主要方面是廉价、省油、可靠和舒适，并认为这四点重要性程度是均等的。经过一番考察，他对三种品牌汽车做出了如下评价：

表 4.5　不同品牌汽车性能比较

	甲品牌	乙品牌	丙品牌
廉价方面	0.8	0.6	0.4
省油方面	0.5	0.5	0.7
可靠方面	0.7	0.6	0.6
舒适方面	0.2	0.3	0.7

你认为，这位先生最不可能购买的车是（　　）。

A. 甲品牌　　B. 乙品牌　　C. 丙品牌　　D. 不确定

15. 你正面临是否购买某种奖券的决策。你知道每张奖券的售价以及该期共发行奖券的总数、奖项和相应的奖金额。在这样的情况下，该决策的类型是什么？加入何种信息以后该决策将变成一个风险型决策？（　　）

A. 确定型决策；各类奖项的数量
B. 风险型决策；不需要加其他信息
C. 不确定型决策；各类奖项的数量
D. 不确定型决策；可能购买该奖券的人数

二、名词解释

计划　目标管理　决策

三、简答题

1. 计划的主要种类有哪些？
2. 简述计划的特征。
3. 计划的一般程序是什么？
4. 简述目标的特征。
5. 目标管理的特点是什么？
6. 目标管理有哪些优缺点？
7. 简述决策的特征。
8. 决策的一般程序如何？

四、计算题

1. 某企业生产某产品的总固定成本为60000元，单位变动成本为每件1.8元，产品价格为每件3元。假设某方案带来的产量为100000件，问该方案是否可取？
2. 某企业在下一年度有甲、乙、丙三种产品方案可供选择，每种方案都面临畅销、较好、一般和滞销四种状态，每种状态出现的概率和损益值（单位：万元）如表4.6所示：

表4.6　各个方案损益值及概率　　单位：万元

方案＼概率＼状态	畅销	较好	一般	滞销
概率	0.3	0.3	0.3	0.1
甲	110	80	50	0
乙	90	60	40	20
丙	70	50	30	10

试用决策树法进行决策，选出最优方案。

3. 某企业计划年度的生产资源，可用于生产A、B、C三种产品中的一种，在市场销售时，三种产品将遇到畅销、一般、较差、滞销四种状态，且概率未知。试根据表4.7分别采用悲观法则、乐观法则、最大后悔值最小化准则找出最优方案。

表 4.7　各个方案损益值　　单位：万元

销售状态＼方案	A 产品	B 产品	C 产品
畅销	600	850	400
一般	400	420	250
较差	-100	-150	90
滞销	-350	-400	-50

五、案例分析题

案例　　业务拓展中的化妆品公司

格拉斯纳曾在一家全国大公司里当过地区经理，她以一流的工作水平管理着 250 多个销售人员。当她离开这家大公司后，便开始经营自己的化妆品公司。她从意大利一家小型的香水厂得到了一套化妆品配置流水线，租用了一座旧仓库，并且安装了一套小型的化妆品灌瓶与包装生产线。三年快过去了，格氏化妆品公司经营初见成效，格拉斯纳打算扩展她的产品，增添生产线，建立分销网络。

格拉斯纳这样向外界阐明公司的业务："格氏化妆品公司准备生产一套高质量的化妆品系列，在美国东北部通过百货商店和专业商店销售给高收入的顾客，并且成为意大利香水在美国市场上的前四位代理人中的一个。"格拉斯纳对公司职工提出要求，要在下一个年度使公司的销售额达到 300 万美元。

格拉斯纳为扩展公司的业务去银行贷款，银行问她的经营有何独到之处，她回答说："第一，我只批发给独家经销我产品的那些百货商店和专业商店；第二，如在圣诞节旺季到来的三个月之前来采购的话，我对那些商店在价格上打对折，甚至更优惠。"格拉斯纳在公司内建立了一套制度，要求对所有购货的订单都先核实信用，然后在装货起运前在价格上标出适当的折扣。公司的货运室管理人员被要求做到："绝对不可以在信用部门认可之前运走任何东西。"

格拉斯纳在得到所需资金后着手制定具体的计划。她特别想达到的一个目标是：在美国东部的五大城市里，开设自己的办事处。因此，她巡视了十座城市，寻找最佳的落脚点。在选中了其中五座城市后，她和律师、销售部经理一起为那些落脚点办理租约设立了一套程序，然后确定了最后期限开张营业。但这个期限没有兑现。当她找律师与销售部经理谈话的时候才发现，他们双方都认为要尊重对方，计划应该由对方最后拍板之后，才能付诸实施。

（资料来源：［美］莱斯特．比特：《36 小时管理学教程》，上海：上海人民出版社，1994. P104-105）

根据案例所提供的情况，请回答下列问题：

1. 格拉斯纳向外界对其公司的描述阐明了该公司的（ ）。

   A. 使命　B. 目标　C. 战略计划　D. 战术计划

2. 格拉斯纳对公司职工提出的下半年销售额达到300万美元是针对哪一部分职工而规定的目标？（ ）

   A. 销售部门　B. 财务和信用部门　C. 律师和销售部门　D. 全公司职工

3. 格拉斯纳在答复银行的提问时所说的两条属于公司的何种计划形式？（ ）

   A. 战略　B. 政策　C. 规划　D. 预算

4. 要求货运室管理人员不可以在信用部门认可之前运走任何东西，这是一条（ ）。

   A. 政策　B. 程序　C. 规则　D. 规划

案例　目标管理实施

一家制药公司决定在整个公司内实施目标管理，根据目标实施和完成情况，一年进行一次绩效评估。事实上，他们之前在为销售部门制定奖金系统时已经用了这种方法。公司通过对比实际销售额与目标销售额，支付给销售人员相应的奖金。这样销售人员的实际薪资就包括基本工资和一定比例的个人销售奖金两部分。

销售大幅度提上去了，但是却苦了生产部门，他们很难完成交货计划。销售部抱怨生产部不能按时交货。总经理和高级管理层决定为所有部门和个人经理以及关键员工建立一个目标设定流程。为了实施这个新的方法，他们需要用到绩效评估系统。生产部门的目标包括按时交货和库存成本两个部分。

该公司请了一家咨询公司指导管理人员设计新的绩效评估系统，并就现有的薪资结构提出改变的建议。他们付给咨询顾问高昂的费用修改基本薪资结构，包括岗位分析和工作描述，还请咨询顾问参与制定奖金系统，该系统与年度目标的实现程度密切相连。咨询顾问指导经理们如何组织目标设定的讨论和绩效回顾流程。总经理期待着很快能够提高业绩。

然而不幸的是，业绩不但没有上升，反而下滑了。部门间的矛盾加剧，尤其是销售部和生产部。生产部埋怨销售部销售预测准确性太差，而销售部埋怨生产部无法按时交货。每个部门都指责其他部门的问题。客户满意度下降，利润也在下滑。

回答问题：

1. 本案例的问题可能出在哪里？
2. 为什么设定目标（并与工资挂钩）反而导致了矛盾加剧和利润下降？

六、管理实验

1. 在调研的基础上，运用创造性思维，策划一项活动，制定计划书。要求：

①所策划的活动内容与主题，尽可能与所学专业相关。

②应通过调研，获取较为充分的材料。

③要运用创造性思维，所策划的活动一定要有创意。

④要科学地规划有关要素，计划书的结构要合理、完整。

2. 将你希望在三年内达到的目标列出一张表。这些目标是否可以考核？是否能够达到？

第五章　组织

寓言故事：蚂蚁和蚱蜢

在寒冷结霜的天气，一只蚂蚁拖曳出一些夏天储存起来的玉米，想将它们晾干。一只饿得要死的蚱蜢恳求蚂蚁给他一些食物让他保住性命。蚂蚁说："那你整个夏天在干什么?"蚱蜢说："我并不闲着，我整个夏天都在歌唱。"蚂蚁笑着关闭了他的谷仓，说："你可以在整个夏天歌唱，那你也可以在整个冬天都跳舞。"

资料来源：《伊索寓言》

学习目标

知识目标

1. 掌握组织的概念、要素及职能；
2. 掌握组织结构设计的原则和程序；
3. 理解不同形式组织结构的特点和优缺点；
4. 理解非正式组织的概念，以及对待非正式组织的态度；
5. 了解组织变革的概念、原因和阻力。

能力目标

能够进行初步的组织结构设计，会画组织结构图，理顺管理关系。

导入案例

腾讯天美艺游工作室的组织结构调整

2012年底，姚晓光领衔开发腾讯移动游戏。当时他接手的是一个从未赢过的120人的团队，团队中存在着小集团、官僚化、层级多、多头领导、用人不当等问题。姚晓光做了充分调研之后，结合团队现状和工作需要，进行了第一轮的组织架构调整。其核心思路是：扁平结构，化整为零，导入创业文化。将整个团队分解为6个项目小组（其中5个是产品小组，1个是基础技术平台小组），并对每个项目小组负责人给予100%的授权，也承担100%的责任，自己制定计划并作出承诺。

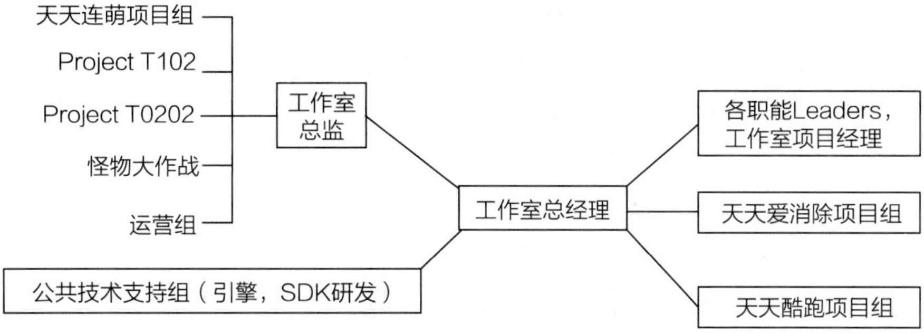

图5.1 第一轮调整后的组织结构

随着移动游戏行业的快速发展，腾讯高层意识到移动游戏浪潮将是一个巨大的机会，必须尽早在重点领域作出全面布局。于是，天美艺游工作室将手游项目从最初的5个扩展到10个。随着项目的增加，同时向姚晓光汇报工作的人越来越多（仅天美艺游工作室就达到10多人），导致他有些疲于奔命。同时，一些团队成员在各个项目间流动，缺乏团队归属感。从另一个层面看，经过近半年的历练，姚晓光发现团队在实战中涌现出了一些优秀的制作人。为了优化团队的结构，充分发挥优秀制片人的作用，姚晓光组织进行了第二轮的组织架构调整，将工作室划分为3个产品中心和1个战略预研中心，并任命在过去半年中业绩得到充分肯定的几名制作人为各产品中心负责人。如图5.2所示。

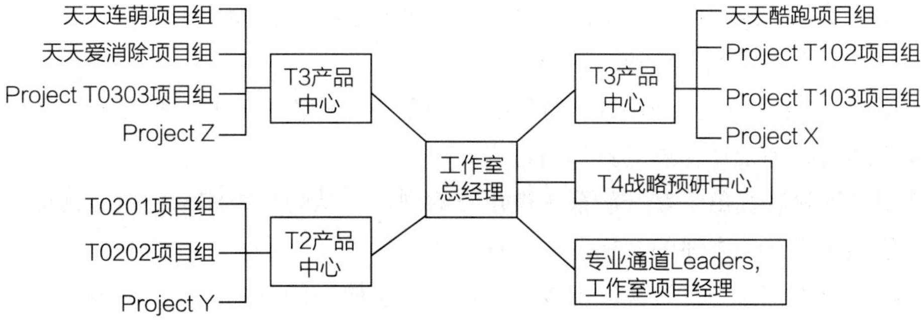

图5.2 第二轮的组织结构调整

通过第二轮组织结构的调整，首先向姚晓光汇报工作的人数大大减少，即三个产品中心负责人、一个战略预研中心负责人和两条专业线负责人。其次是项目成员只在产品中心内流动，强化了员工的团队归属感。再次就是进一步明确了产品中心负责人与专业通道负责人的职责设定。同时，三个产品中心开始出现竞争态势，但由于中心负责人年底绩效奖金又有10%~20%与工作室的整体效益挂钩，因此也要考虑相互间的合作。

（资料来源：王晓明 潘东燕．腾讯方法．北京：机械工业出版社，2014．11）

腾讯天美艺游工作室经过两轮的组织结构调整，大大提高了工作效率，调动了员工的积极性，促进了业务和项目的顺利完成。可见，一个好的组织结构体系与合适的人员配备，是组织执行计划、实现决策目标的重要保证，这不仅要求所设计的组织结构要合理，为组织各个岗位配备合适的人员，而且随着组织内外部环境的变化，需要不断调整组织结构体系，以适应组织的发展和工作的需要。本章主要介绍组织的要素、职能；组织结构的设计；组织结构的类型；组织变革等方面的内容。

第一节　组织概述

组织是管理的基本职能之一。在计划职能确定了组织目标以及如何实现目标的途径之后，为了协调组织的人、财、物、信息、技术等资源，发挥这些资源的作用，管理者需要进行工作设计、划分管理层次及部门、确定各层次及各部门之间的协作关系、设计组织结构等。那么，究竟什么是组织？

一、组织的含义

关于组织的概念，不同的学者给出了不同的解释。

马克斯·韦伯对理想的行政组织体系进行了系统的阐述，他主张建立一种高度结构化的、正式的、非人格化的理想行政组织体系。

路易斯·A. 艾伦认为，组织是通过明确责任、授予权力、建立关系等一系列管理举措，从而实现有效地工作，达成目标的过程。

理查德·斯科特提出了在开放系统视角下的观点，认为组织体系根植于其运行的环境之中，既依赖于与环境之间的交换，又由环境建构。

切斯特·巴纳德认为，社会的各级组织都是一个协作的系统，组织不论大小，都必须具备三个条件：明确的目标、协作的意愿和信息的沟通。

本书将从静态（名词意义）和动态（动词意义）两个方面对组织进行解释。即在管理学中，组织有两方面含义：

（1）组织是为了其特定目标，经由分工与合作及不同层次的权利和责任制度而构成的人的实体。该含义至少包含三层要点：一是组织必然存在分工与协作；二是协作的最终目的是实现组织的共同目标；三是组织本质上是一个利益共同体。

（2）组织是指为了实现组织目标，对资源进行有效的配置和协调的过程。组织作为一项管理职能，必然要设计合理的组织结构，配置和协调各种资源，保证组织高效率地运行，来实现组织的目标。

二、组织的要素

组织是一个具有无限活力的能动系统。组织能实现个体无法实现的目标。关于组织要素的研究，有着不同的观点。

如上所述，巴纳德认为，组织不论其级别的高低和规模的大小，都包含有三个基本要素：协作的意愿、共同的目标和信息的沟通。卡斯特和罗森茨韦克认为，组织由以下五个子系统组成：目标与价值子系统；技术子系统；社会心理子系统；组织结构子系统；管理子系统。本书认为，组织包含以下四个基本要素。

1. 目标与宗旨

任何一个组织的存在都是有目的的。宗旨是社会赋予组织的基本职能，对组织现在和将来从事的事业的描述。目标是组织宗旨的具体化。例如，宝洁公司的宗旨是："我们提供世界一流的产品和服务，以美化消费者的生活。"联想集团的目标是："2020 年超越三星，成为'PC+'领域的领导者。"

2. 人员与职位

组织为了实现既定的目标，就要开展各项业务活动和管理活动，这就需要有分工，设置部门和职位，明确每个职位的职责和权限，并根据需要配备合适的人员。因此，组织要根据业务和工作的需要设计组织结构，划分层次，明确职位，配备人员。

3. 职责与权限

如前所述，组织是由分工与合作及不同层次的权利和责任制度而构成的人的实体。确立了职位，进行了人员的配备，一定要明确每个职位的职责和权限，也就是要让每个职位上的任职者明确自身的职责和权限，这样才能顺利有效地开展工作。

4. 联合与协调

有分工，也要有协作。为了实现组织的目标，组织的各个组成部分（部门、岗位、员工）一定要联合起来，齐心协力，发挥"1+1>2"的作用。同时，各个层次的管理者还要协调好各方资源，统筹规划，有效地配置和使用各种资源，使得人尽其才，物尽其用。

三、组织的职能

组织的职能，即通过组织运作所发挥出来的功能，或者说通过组织工作体现出来的功能。组织工作是组织为实现其目标而对组织自身进行结构的设计与调整、业务活动的分类、职位的设置、人员的配备，以及对组织成员的行为进行规范和协调等。

1. 组织结构设计

组织结构设计是组织工作中最重要、最核心的一个环节，旨在建立一种有效的组织结构框架。对于企业来说，主要包括三项内容：第一，职能设计，明确企业应具备的经营职能，以及保证经营顺利进行的管理职能。第二，框架设计，分为纵向结构设计和横向结构设计。纵向结构设计一般分为决策层、管理层、作业层。横向结构设计，即部门的设置。第三，协调方式的设计。依据职权关系，建立和维持信息沟通渠道，使各部门和各层次之间保持协作关系，促进目标实现。

2. 组织运行

组织运行就是使设计好的组织结构运作起来。在组织的运行过程中，需要进行适度的集权与分权的选择，实行合理的授权，建立科学的组织制度，完善并保证组织的有效运行，提高组织的效率。为了使整个组织有机地运转，不仅要设计合理的组织架构，还要选拔适当的人员，建立一系列的规章制度，采取有效的领导方式和激励手段，建立良好的信息沟通渠道，并对组织运行中出现的各种问题进行及时有效的控制等。

3. 组织变革

组织变革是对组织的调整、改革和再设计，它属于组织工作中的反馈与修正阶段。当组织在运行中出现了不足之处，或者环境发生了变化而引起组织目标的调整时，原有的组织结构体系就要作适当的调整和再设计，以增强组织的适应性。

综上所述，组织工作的内容，就是通过组织结构设计，进行适度的分权与授权，将适当的人员安排在适当的岗位上，用制度规范相应的职责和职权关系，从而形成一个有机整体，使整个组织协调有序地运转起来。如图 5. 3 所示。

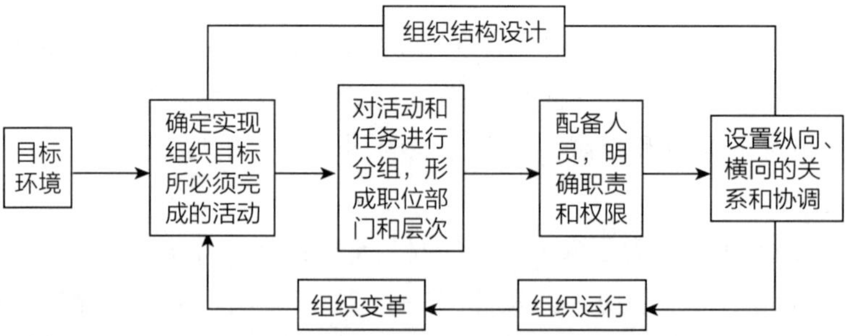

图 5. 3　组织工作的内容和过程

第二节 组织结构设计的原则和程序

组织结构是组织内构成要素之间确定的关系形式，或者说是组织内各要素的排列组合方式。组织结构体现了组织各部分的排列顺序、空间位置、聚集状态、联系方式和相互关系。

一、组织结构设计的原则

1. 因事设岗与以人为本相结合的原则

组织结构的设计要使组织目标的各项活动落实到各个具体的部门和岗位，即“事事有人做”，而不是“人人有事做”。它要求考虑工作的特点和需要，因事设岗，因事用人，围绕其业务流程确定其岗位体系。在实际工作中，除了遵循“因事设岗”原则之外，还要充分考虑人的特点和能力，做到“以人为本”。

2. 分工协作原则

部门划分和岗位设置都是围绕组织的战略、任务和目标而展开的，是根据组织的具体业务需求进行的。传统的组织是建立在职能分工的基础上的，每一个部门都承担着组织的某一种业务职能或管理职能。

分工与协作是组织职能的两大主题。个人的能力和资源是有限的，为了达到某种目的就必须进行协作。为此，必须清楚每个人所扮演的角色，明确每个人所起的作用，这又意味着要进行有效的分工。

3. 指挥统一原则

指挥统一原则是组织结构设计以及组织日常工作中的一条重要原则。所谓指挥统一原则即组织结构的设置必须保证行政命令和生产经营指挥的集中统一。即任何下级只能有一个直接上级；不能越级指挥；职能机构也不能干涉直线指挥部门的工作等。

如果组织内部成员同时受到两个上级的指挥，而他们的指令并不总是一致的话，就会造成下属工作的混乱。如果两位上级的命令相互矛盾，下属就会无所适从。若下属执行其中任何一个命令，都有可能导致另一名管理者的指责，甚至引起组织内部的矛盾。因此，在组织开展工作过程中，一定要注意避免“多头领导”现象的发生，贯彻“指挥统一”的原则。

4. 权责对等原则

责权对等原则要求：（1）组织要建立岗位责任制，明确规定每一管理层次、部门、岗位的责任和权力；（2）赋予管理人员的权力要与其责任相对应，防止出现有责无权或责大权小的情况，当然也要避免有权无责或权大责小的情况发生。在古典管理学中，特别强调权责一致和权责对等，因为这对于消除管理活动中的特权现象，是一种非常有效和积极的手段。

在贯彻责权对等的原则时，需要建立一个有效的监督系统和信息反馈系统，具体到每一个管理者既要接受上级的领导，还要接受组织成员的监督。

5. 精干高效原则

部门的划分、岗位的设置和人员的配备都要遵循最低数量的原则，以做到机构精简、人员精干，从而有效地降低成本，提高工作效率，避免出现机构臃肿，人浮于事，效率低下。如果不能做到这一点，容易出现推诿扯皮的现象，导致职责不清，管理混乱。

6. 有效管理幅度原则

管理幅度是指一个管理者能够直接有效地领导和指挥下属的人数。也叫管理宽度、管理跨度、控制幅度等。与管理幅度相对应的概念是管理层次。在组织规模一定的情况下，管理层次与管理幅度成反比关系。

影响管理幅度的因素主要有上下级的素质和能力、计划的完善程度、组织政策的稳定性、授权的情况、沟通的手段和方法、业务的复杂程度、下属所处的空间分散程度、下属承担责任的意愿和面对风险的态度等。

7. 自我优化原则

任何一个组织或部门的结构都不是一成不变的，而是要随着业务内容和职能的变化不断地进行调整和优化，使其更有效率。组织结构的调整和优化，主要体现在管理关系、职责权限、岗位设置、任职条件的调整等方面。通过有针对性的调整，使其更加完善，促进其整体和局部的优化。

一个好的组织应该满足三个方面的基本要求：第一，组织结构要体现组织战略的要求，有利于组织战略的实施；第二，有利于组织业务流程的顺利进行；第三，有利于管理者对组织的管理和控制。在传统的组织设计中，更多的是强调以等级制度和汇报关系建立命令控制链，目前更多地是在战略指导下的以职能设计和流程分析为基础的组织设计程序。

二、组织结构设计的程序

一个好的组织结构应该满足三个方面的基本要求：第一，有利于组织战略的实施；第二，有利于组织业务流程的顺利进行；第三，有利于管理者对组织的管理和控制。在传统的组织设计中，更多的是强调以等级制度和汇报关系建立命令控制链。而随着组织的发展，在组织设计中更多的是在战略指导下的以职能设计和流程分析为基础的组织设计程序。

在具体的组织结构设计中，一般可以按照以下步骤进行。

（1）明确组织目标。在研究组织外部环境和内部资源条件的基础上，确定组织的战略目标；

（2）确定业务内容。明确实现组织战略目标所要完成的各项工作任务或业务活动；

（3）确定组织结构。对要完成的工作任务或业务活动进行适当的分工和组合，从而形成部门、职位和层次；

（4）配备人员。为各部门和职位配备合适的人员；

（5）规定职责权限。明确各部门和职位的责任和权限；

（6）形成整体。为使组织成员能有效地一起工作，还要设置必要的规范和协调关系，使组织形成一个有机整体。

课堂讨论案例

凯迪公司市场部的设立

凯迪公司是上海市的一家中型企业，主要业务是为企业用户设计和制作商品目录手册。公司在浦东开发区和市区内各设有一个业务中心，这里简称为 A 中心和 B 中心。

A 中心内设有采购部和目录部。采购部的职责是接受用户的订单，并选择和定购制作商品目录所需要的材料，目录部则负责设计用户定制的商品目录。凯迪公司要求每个采购员都独立开展工作，而目录部的设计人员则需服从采购员提出的要求。凯迪公司的总部和 B 中心都设在市区。B 中心的职责是专门负责商品目录的制作。刘利是凯迪公司负责业务经营的主管，他经常听到设计人员抱怨自己受到的约束过大，无法实现艺术上的创新与完美。最近，刘利在听取有关人员的建议后，根据公司业务发展的需要，决定在 B 中心成立一个市场部，专门负责分析市场需求和挖掘市场潜力，并向采购员提出建议。市场部成立后不久，刘利听到了各种不同意见。比如，采购员和设计员强烈反映说，公司成立市场部不但多余，而且干涉了他们的工作。

关于此，市场部人员则认为，采购员和设计员太过于墨守成规、缺乏远见。刘利作为公司的业务经营主管，虽然做了大量的说服工作，并先后调换了有关人员，但效果仍不理想。他很纳闷：公司的问题究竟出在什么地方？

（资料来源：王凤彬 李东．管理学．中国人民大学出版社，2014）

回答问题：

1. 你认为该公司有没有必要设立一个专门负责市场研究的机构？
2. 采购人员和设计人员为什么认为市场部的设立是多余的？
3. 市场部和采购人员、设计人员之间的隔阂应如何解决？

第三节　组织结构形式

随着管理实践的发展，组织结构也处在不断的变革之中。最基本的组织结构形式有直线制、职能制、直线职能制、事业部制、矩阵制。随着社会的发展，也诞生了一些新的组织结构形式，如网络型组织等。

一、常见的组织结构形式

1. 直线制

直线制是最简单的一种组织结构形式。举例来说，某人开一个花店，除了他自己外，还雇用了两个人帮忙打理，店主直接管理这两个店员，这就是典型的直线制的组织结构。"直线"意味着直接指挥和发号施令。直线制的特点是对下属部门及人员实行垂直领导，下属部门及人员仅接受一个上级的领导，组织内不设立职能机构。优点：结构比较简单，垂直领导，命令统一。缺点：对组织负责人要求较高，需要其掌握多种知识和技能，精力充沛，能够亲自处理各种业务。其结构形式如图 5.4 所示。

这种组织结构对于所有者与经营者合一、正处于创业阶段的小企业或者规模较小、生产技术比较简单的企业比较适宜，但是随着企业规模的扩大、产品及生产技术的日益复杂化，这种组织结构形式将难以适应组织经营管理的需要。

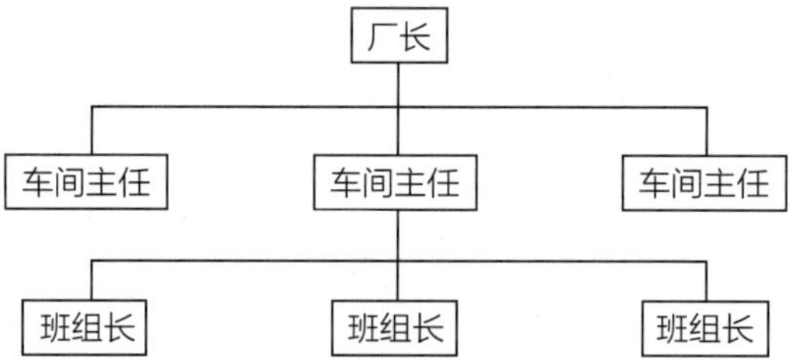

图 5.4　直线制组织结构图

2. 职能制

职能制组织结构的特点是在组织中设立一些职能机构。在这种模式下，下级部门除了接受上级主管部门的指挥外，还要接受上级职能部门的领导。优点：能够充分发挥各职能机构的专业管理作用，减轻直线领导者的工作负担。缺点：形成了多头领导，容易导致组织内部中间管理层出现有功则抢、有过则推的现象。其结构形式如图 5.5 所示。

这种组织形式适用于任务较复杂的社会管理组织和生产技术复杂、各项管理需要具有

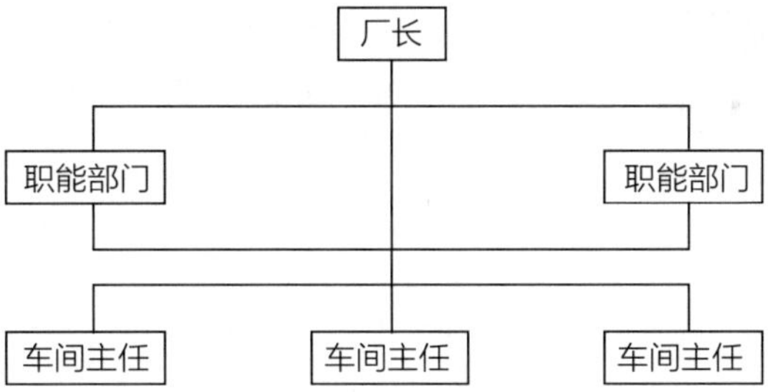

图 5.5　职能制组织结构图

专门知识的企业管理组织。

3. 直线职能制

直线职能制是一种将直线制和职能制结合起来的组织结构。在这种组织中，人员被划分为两大类，一类是直线领导部门和人员，他们按照命令统一原则对下级行使指挥权；另一类是职能机构和人员，他们按照专业化原则，从事组织的各项职能管理工作。其特点是设立了一些职能机构，但职能机构不具有指挥权，只行使参谋的职能。优点：既保证了组织管理体系的统一指挥，又能充分发挥各职能机构的专业化管理作用。缺点：各职能部门之间横向联系较差，信息传递路线较长，由于职能部门的许多工作需要向上级领导报告请示后才能处理，一方面导致上级领导的工作任务加大，另一方面也造成组织办事效率低下。其结构形式如图 5.6 所示。

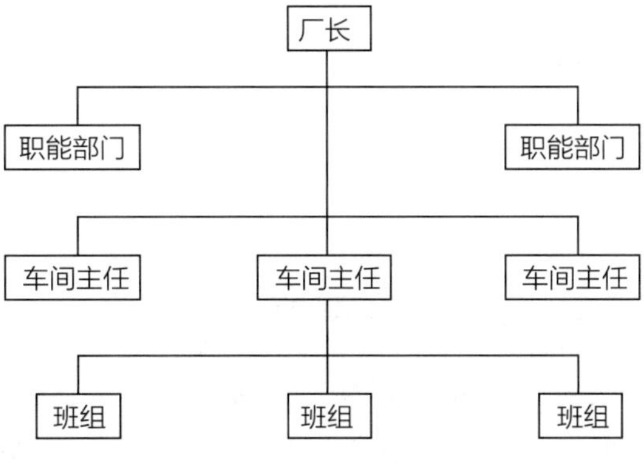

图 5.6　直线职能制组织结构图

直线职能制是一种普遍适用的组织形式，大多数企业和一些非营利组织经常采用这种组织形式。

4. 事业部制

事业部制组织结构形式起源于美国，最初是由美国通用汽车公司总裁阿尔弗雷德·斯隆（Alfred P. Sloan）于 1924 年提出的。这是一种高度集权下的分权管理体系。这种组织结构形式按照产品或者地区将组织业务划分为若干个事业部，从产品的设计、原材料的采购、成本核算、产品制造，一直到产品销售，均由事业部及所属工厂负责，实行单独核算，独立经营，公司总部仅保留人事决策权、预算控制权和监督权，通过利润等指标实现对事业部的控制。事业部制的特点：集中决策，分散经营。其结构形式如图 5.7 所示。

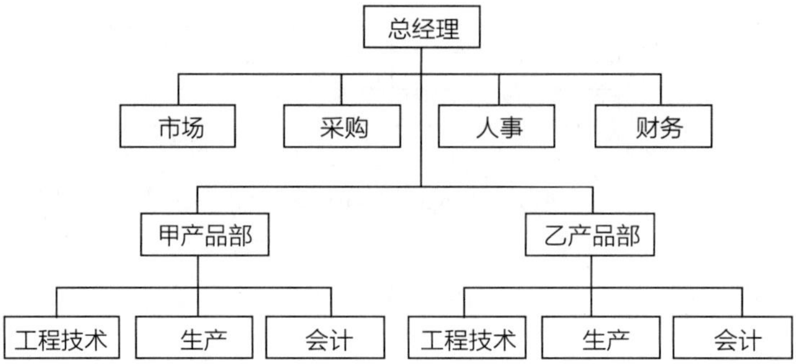

图 5.7　事业部制组织结构图

事业部制的优点：组织最高负责人可以摆脱日常事务，集中精力处理全局问题；各事业部实行独立核算，能够发挥各部门的积极性，便于组织专业化生产和实现内部协作；各事业部之间可以实现有效竞争，从而促进组织的良性发展；事业部内各职能部门之间更容易协调；更有利于培养高级的管理人才。

事业部制的缺点：容易产生组织部门重叠，造成组织资源浪费；由于独立核算，可能导致各事业部仅考虑自身利益，而不考虑组织整体利益，从而影响事业部之间的协作。

事业部制组织结构适用于组织规模大、产品种类丰富、地域广泛、技术复杂的大型企业，特别适用于一些跨国公司等。

扩展阅读

事业部制的由来

1916 年，联合汽车公司并入通用汽车公司，阿尔弗雷德·斯隆出任通用汽车公司的副总裁。上任以后，斯隆发现通用管理上存在着很多的问题。斯隆指出，公司过去将领导权完全集中在少数高层领导人身上，造成了公司各部门失去控制的局面。他认为，大公司较为完善的组织管理体制，应以集中管理与分散经营二者之间的协调为基础。由此他认为，通用公司应采取“分散经营、协调控制”的组织体制，并第一次提出了事业部制的概念。

斯隆改组了通用汽车公司，将管理部门分成参谋部和前线工作部（前者是在总部进行工作，后者负责各个方面的经营活动）。斯隆在通用汽车公司创造了一个多部门的结构，将通用汽车公司按产品划分为雪佛兰、别克等 21 个事业部，分属 4 个副总经理领导。有关全公司的大政方针，如财务控制、重要领导人的任免、长期计划、重要研究项目的决定等，由公司总部掌握，其他具体业务则完全由各事业部负责。

斯隆的战略及其实施产生了效果。1921 年，通用汽车公司生产了 21.5 万辆汽车，占国内销售的 7%；到 1926 年底，斯隆将小汽车和卡车的产量增加到 120 万辆，已拥有 40%以上的汽车市场。1940 年该公司产车 180 万辆，已达全国总销量的一半。

（资料来源：王凤彬 李东．管理学．中国人民大学出版社，2014）

5. 矩阵制

矩阵制组织结构既有按职能划分的垂直领导系统，又有按产品（项目）划分的横向领导关系的结构，它改进了直线职能制横向联系差、缺乏弹性的缺点。如图 5.8 所示。

矩阵制组织结构是围绕某项专门任务成立的跨职能部门的专门机构，如专门为开发新产品而成立的项目团队。根据业务或项目的需要，抽调不同部门的人员参加，项目完成以后成员回到原部门。矩阵制能够有效解决纵向控制与横向协调的矛盾，在合理配置组织资源与利用方面显示出巨大的优越性。

矩阵制的特点：双道命令，双重领导。

矩阵制的优点：适应性和灵活性强，加强了不同部门之间的配合和沟通，有利于开发新技术、新产品和激发组织成员的创造性。

矩阵制的缺点：组织成员可能会产生临时性的观念，使组织的稳定性受到一定的影响；双重领导易产生责任不清等。

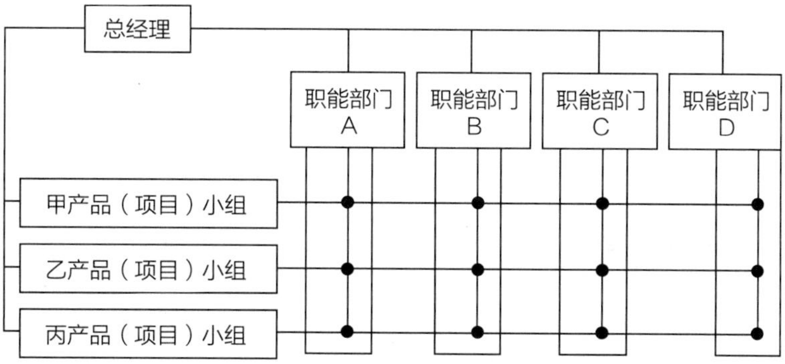

图 5.8　矩阵制组织结构图

矩阵制组织结构在一些重大攻关课题或项目中应用比较广泛，如企业的重大技术改造项目和管理体制改革项目，一些横向协作和科技攻关项目等。

课堂讨论案例

某公司设有 8 个部门，其中行政副总负责行政部和人力资源部，财务总监负责财务部，营销总监负责销售一部、销售二部和产品部，技术总监负责开发一部和开发二部。具体职务设置与人员配置如下：

1. 决策层（5人）

总经理1名、行政副总1名、财务总监1名、营销总监1名、技术总监1名

2. 行政部（8人）

行政部经理1名、行政助理2名、行政文员2名、司机2名、接线员1名

3. 财务部（4人）

财务部经理1名、会计1名、出纳1名、财务文员1名

4. 人力资源部（4人）

人力资源部经理1名、薪酬专员1名、招聘专员1名、培训专员1名

5. 销售一部（19人）

销售一部经理1名、销售组长3名、销售代表12名、销售助理3名

6. 销售二部（13人）

销售二部经理1名、销售组长2名、销售代表4名、销售助理2名

7. 开发一部（19人）

开发一部经理1名、开发组长3名、开发工程师12名、技术助理3名

8. 开发二部（19人）

开发二部经理1名、开发组长3名、开发工程师12名、技术助理3名

9. 产品部（5人）

产品部经理1名、营销策划1名、公共关系2名、产品助理1名

请你画出该公司的组织结构图。

二、新型的组织结构形式

1. 网络型结构

网络型组织结构是目前正在流行的一种新型组织结构，它使组织对于新技术、新应用，或者来自外部的各种竞争具有更强的环境适应性和市场应变能力。网络型组织一般仅有核心机构，它以契约关系的建立和维持为基础，依靠外部机构进行制造、销售或其他重要业务经营活动的组织结构形式，被联结在这一结构中的各经营单位之间并没有正式的资本所有关系或者行政隶属关系，只是通过相对松散的契约（正式的协议契约书）为纽带，借助一种互惠互利、相互协作、相互信任和支持的机制来进行密切的合作。其结构形式如图5.9所示。

网络型结构的优点：结构简单、精练，由于组织中的大多数活动都实行了外包，而这些活动更多地依靠现代信息技术和电子商务来协调处理，组织结构可以进一步扁平化，效

率也更高；简化了机构和管理层次，实现了企业充分授权式的管理；具有更强的灵活性和柔性，以项目为中心的合作可以更好地结合市场需求来整合各项资源，实现更大范围内供应链与销售环节的整合，网络中的各个价值链单元也可以随时根据市场需求的变化增加、调整或撤并；能够极大地促进企业经济效益的提升，降低管理成本，提高管理效益。

网络型组织结构的缺点：可控性较差，与独立供应商的合作存在道德风险和逆向选择性，一旦组织所依存的外部资源出现质量、价格、及时交货等问题，组织将陷入非常被动的境地；外部合作组织具有临时性，如果某个不可替代的合作单位退出，组织将面临解体的重大风险；由于项目是临时性的，员工随时都有被解雇的可能，因而员工对组织的忠诚度也比较低。

网络型结构是小型组织的一种可行的选择，也是大型企业在联结集团松散型单位时通常采用的组织结构形式。例如，IBM 公司 20 世纪 80 年代开发个人计算机，依靠的是微软公司为其提供软件，英特尔公司为其提供芯片。

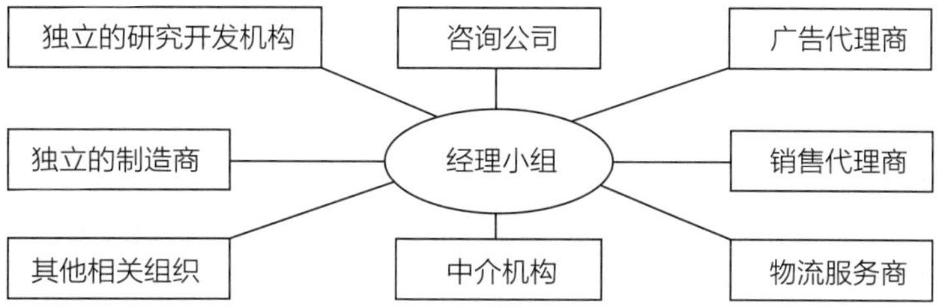

图 5.9 网络型组织结构图

2. 控股型结构

控股型组织结构，也称 H 型结构，是企业在进入非相关领域开展多元化经营时经常采用的一种组织结构形式。一个公司通过持有另一个公司一定数量的股份而对其进行控制，前者称为母公司（或称集团公司），后者称为子公司（指被绝对或相对控股的企业）或关联公司（指仅被一般参股的企业）。子公司、关联公司和母公司一起构成以母公司为核心的企业集团。如图 5. 10 所示。

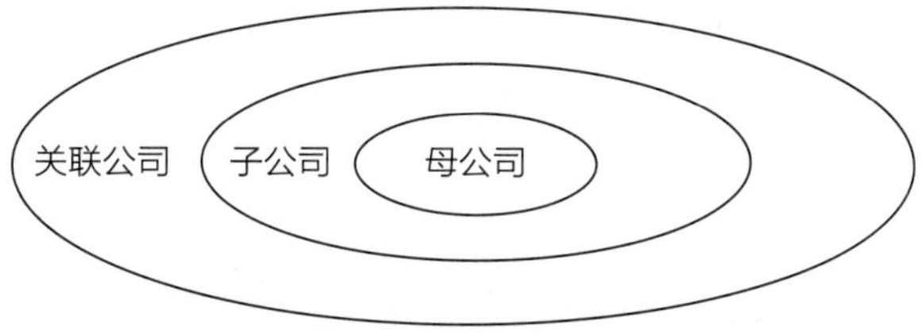

图 5. 10 控股型组织结构图

母公司对子公司或关联公司的控制权不仅体现在财务上，也体现在战略和经营上，甚至在任免高级管理人员方面，母公司也有一定的控制权。但必须明确的是，子公司或关联公司是独立法人，拥有独立的经营管理机构，在法律上与母公司独立存在。

控股型组织结构的优点在于能有效地隔离经营风险，一旦子公司或关联公司出现任何问题，特别是财务性问题，对母公司造成的影响会大大降低。但其也存在一定的不足，由于任何一家子公司都需要善于协调各项业务的管理层，因此对管理人员的管理能力要求较高。

控股型结构模式是非常普遍存在的，特别在大公司或企业集团中应用十分广泛。

3. 水平型结构

由于顾客需求的变化越来越快，且顾客掌握着主动权，这就要求企业具有足够的灵活性和创新力，以顾客需求为出发点，围绕工作流程而不是部门职能来构建新型的组织结构，即水平型组织结构，或横向型组织结构、扁平化组织结构。称其为横向型组织结构，是与传统的强调工作的专业化和职能划分的纵向型结构相区分。

水平型组织结构，意味着组织结构从传统的瘦高型向扁平化的转变。也就是说，一个企业有总部，下边有一系列的水平的子单位，各个单位之间是一种平行的关系，没有中间层，通常情况下，构成水平结构的基层单位表现为跨职能的工作团队。即围绕某一个项目或者某一个产品构成一个团队。在这个团队中，包含了所需要的一切技能，可以执行一个相对完整的工作任务。

水平型结构消除了部门之间的界限，以跨职能团队的形式开展工作，可以针对顾客的需求、市场及环境的变化作出快速的反应，有利于提升组织的创新力，形成一种开放式、充满信任和合作并注重持续改进的组织文化，提高工作效率，降低经营成本。

目前，水平型的结构不是特别普遍，但是正在引起越来越多的企业关注。另外，有一些企业尽管从整体上来讲，可能是职能制或事业部制，但是局部采取了一种水平式的结构，这是一个值得关注的发展趋势。

以上介绍了五种基本的组织结构类型和三种新型的组织结构类型。在实际应用中，企业往往采用一种或多种相结合的组织结构形式。企业可以根据业务发展的需要，以其中的某种结构形式为基础，其他形式为辅，结合环境的特点和组织战略的要求设计最有利于实现组织目标的“特制”的组织结构。不存在普遍适用的、最佳的组织结构，需要组织不断地调整和完善，以适应环境的变化。

第四节　组织运行中的主要问题

职权，顾名思义，是一种职位的权力，是组织赋予特定职位的一种制度权力，是某一职位所固有的作出决策、采取行动和希望决策得到他人执行而发布命令的一种正式的、合理合法的权力。职权与组织内的一定职位相关，与任职者没有任何直接的关系。在组织结构设计和组织运行中，必然涉及到职权的设计、分配和运用。适当的集权与分权，合理的授权，直线职权和参谋职权的运用，对于提高组织的工作效率和管理水平至关重要。

一、集权、分权与授权

1. 集权

集权是指决策权在组织系统中较高管理层次的一定程度的集中。例如，企业经营管理的所有决策权都集中在企业最高管理者一人手中，这样的组织无疑是高度集权的。集权是为了确保指挥的统一和资源的合理配置，提高决策的速度，但不利于调动下属的积极性，容易影响决策的质量，降低组织的灵活性和应变能力，还会使集权者工作负担过重。

2. 分权

与集权相对应，分权是指决策权在组织系统中较低管理层次的一定程度的分散。如果组织的高层领导希望下属分担一部分管理职责，就需要一定程度的分权。分权的目的是为了调动下属的积极性，更大限度地挖掘个人潜力，同时将高层管理者从组织的日常管理活动中解脱出来，集中精力于一些重大的管理决策。

3. 授权

权力的分散可以通过两个途径来实现：组织设计中的权力分配（亦称之为制度分权）与管理者在工作中的授权。

制度分权是在组织设计时，考虑到组织规模和组织活动的特点，在工作分析、职务和部门设计的基础上，根据各管理岗位工作任务的要求，规定必要的职责和权限。授权是指上级将手中的权力委任给下属的过程，委任何种权力、委任后作何种控制，不仅要考虑工作的要求，还要依据下属的工作能力。制度分权是相对稳定的，而授权可以是长期的，也可以是临时的。

授权具体包括以下三方面内容：分派职责、赋予职权、确立责任。需要注意的是，授权下属执行某项工作，上级要对下属的工作好坏负有最终责任，也就是说，最终责任是不可下授的。很多管理者不愿意授权，宁可自己包揽一切。授权的确是一个困难的过程，但如果组织建立了完善的控制系统，那么这种不愿授权的状况就会有所改善。

一方面，管理者受到时间、精力、专业知识、工作能力等方面的限制，以及组织面临新问题，授权是必需的；另一方面，授权是一种领导艺术，不仅可以提高组织的运作效率，还能调动员工的积极性，激发员工的潜能，为组织培养更多的人才。

扩展阅读

丽思卡尔顿酒店的授权

顾客重要，员工同等重要。在丽思卡尔顿酒店，不仅顾客受到尊重，员工也同样受到尊重。正如公司的座右铭："我们以绅士淑女的态度为绅士淑女服务"。酒店员工将客人视为绅士、淑女，也视自己为平等的、用专业服务赢得尊重的绅士、淑女。因此，在这里工作的人们非常看重自己的价值，也认同自己是最优秀的专业人士。

丽思卡尔顿酒店有一个闻名遐迩的规定，就是任何一位员工，无论是客房服务、门童，还是行李员，无须上级批准，都有2000美元的额度去服务有需要的客人。正是因为这个授权，客房人员会在发现客人落在房间的护照时，立刻打车到机场，从洛杉矶追到旧金山，在客人出国之前送还护照。

酒店之所以如此授权，也是为了让客人得到极致的服务，使员工能在客人遇到问题时负起第一份责任并立刻解决。有时独特的体验并不需要很多钱，但需要非常的"情感投入"。酒店非常相信自己的员工，同时，员工也热爱丽思卡尔顿酒店，真心愿意为客人创造传奇，这就形成了一个良性循环。

（资料来源：丽思卡尔顿酒店金牌标准．百度文库．https：//wenku. baidu. com/）

二、直线职权与参谋职权

直线与参谋的概念可以泛指部门的设置，也可以指职权关系。直线部门是指对组织目标的实现直接作出贡献的部门，如生产部门、销售部门等。参谋部门是指为实现组织目标而协助直线部门有效工作的部门，如财务部门、人事部门、采购部门、质量管理部门等。

1. 直线职权

直线职权，通常所说的指挥权，是指上下级之间存在的职权关系，这种关系自上而下，由组织的最高层，经过中间层，一直延伸到最底层，由上级负责决策和发布指令，下级贯彻执行，形成一条等级链。在组织结构图上，这种职权关系表现为一条由上级指向下级的直线，故称为直线职权。

例如，厂长对车间主任拥有直线职权，车间主任对班组长拥有直线职权。这样，从组织的上层到下层的主管人员之间，便形成一条权力线，这条权力线被称为指挥链（Chain of Command）或指挥系统（Line of Command）。

很显然，每一个层次的管理者都应有这种职权，只不过每一个管理层次的功能不同，其职权的大小及范围各有不同而已。

2. 参谋职权

参谋职权是某个职位或部门所拥有的一种辅助性的职权，如提供咨询、建议等。其目的是为实现组织目标协助其他人员或部门有效地工作。具体来说，参谋职权是建立在某一专业领域的基础上，为组织提供咨询与建议，以辅助性服务协助其他部门做好工作的权力。

与直线职权相比，参谋职权不向其他人员或部门发布指令，而是通过自身专业知识影响组织的决策和行动，并且只在某一专业领域内发挥作用。例如，企业的财务、人事、采购、质量管理等部门一般被称为参谋部门，它们行使的职权就是参谋职权。

综上所述，直线职权和参谋职权是两种不同的职权，分别由直线部门和参谋部门所行使。直线职权是一种上级对下级的指挥权，参谋职权则是一种为上级或同级其他部门提供咨询与建议的辅助性的职权。

需要注意的是，作为一名主管人员，既可以是直线人员，也可以是参谋人员，这取决于他所起的作用及行使的职权。当他处在自己所领导的部门中，行使的便是直线职权，是直线人员；而当他同上级打交道或同其他部门发生工作联系时，他又成为参谋人员，行使的是参谋职权。

三、正式组织与非正式组织

（一）正式组织

正式组织是组织设计工作的结果，它是通过组织结构图和职务说明书等文件加以规定和体现的正式的组织形式。正式组织具有明确的目标、任务、结构和相应的机构、职能和成员的权责关系以及成员活动的规范，是具有一定的结构、目标和特定功能的行为系统。前面所介绍的组织结构设计、类型以及职权关系等，都属于正式组织的范畴。不再赘述。

（二）非正式组织

1. 非正式组织的概念

非正式组织是指人们在共同的工作或活动中，由于抱有共同的社会感情和爱好，以共同的利益和需要为基础而自发形成的团体。非正式组织是伴随着正式组织的运转而形成的。

非正式组织形成的原因主要是出于对认同感的追求，也就是说非正式组织是人们从中获取认同感的一种载体。由于组织成员之间具有某种共同的利益指向，或者共同的价值观和兴趣爱好，或者类似的经历或背景等，存在着一定的一致性，或者形成了某种程度的认同，产生了内聚力，于是具备了形成非正式组织的基础。

在正式组织中，可能存在着若干非正式组织。在非正式组织中，成员之间的关系是一种自然的人际关系，没有等级之分，不受组织规章制度的约束。非正式组织具有自发性、内聚性、不稳定性等特点。

2. 非正式组织的作用

非正式组织是客观存在的、普遍的。非正式组织必然会对正式组织产生影响，既有积极的一面，也有消极的一面。

（1）非正式组织的积极作用。

一是有利于加强组织交流和沟通，促进组织建立和谐、融洽的人际关系。非正式组织中的成员通过工作中的接触和彼此的认可，在交往中会产生和加强彼此间的合作，这种非正式的协作关系如果能够带到正式组织中来，会对促进组织活动的协调顺利进行，建立和谐、融洽的人际关系起到积极作用。

二是有利于满足组织成员的需要。非正式组织的成员是自愿、甚至是无意识地加入的，非正式组织的形成，在一定程度上能增强组织成员的“归属感”和“安全感”；在非正式组织中，成员可以就共同感兴趣的问题展开深入讨论，这也可以满足他们“自我实现”的需要。在这些需求得到满足的情况下，成员会进一步调动其工作积极性，并进而提高正式组织的工作效率。

三是可以协助组织完成一定的培训工作。非正式组织成员之间主要是一种工作之余的、非工作性的关系，但是他们也往往非常关注成员在正式组织中的工作表现，对于那些在工作中技术不熟练、表现较差者，非正式组织中的成员往往会主动给予其指导和帮助，在提升组织成员技能水平的同时也相应承担了组织的部分培训职能。

四是弥补正式组织的不足。任何一个正式组织，无论其制度如何严密，很难巨细无遗。非正式组织作为正式组织的有效补充，可以弥补正式组织的不足。例如，利用非正式组织传递正式组织的准确信息，降低谣言滋生和传播的可能性；利用非正式组织信息沟通快的特点，及时收集员工对管理部门和重要决策的意见和要求，弥补管理者管理能力的不足，为决策的科学性和可行性提供保障；利用非正式组织多样化的业余活动，弥补正式组织活动的不足，丰富员工的业余文化生活，使他们在志趣相投的娱乐和社会活动中陶冶情操。

（2）非正式组织的消极作用。

一是影响组织成员能力的提升。“木秀于林，风必摧之”。非正式组织对所属成员具有相当的约束力和控制力，当某一成员在其工作岗位上特别努力，必受到非正式组织中其他成员的排斥，使其不能发挥最大才能。尤其是那些高素质的人才，为了免于被孤立冷落，其结果要么向非正式组织屈服，刻意降低自己的效率或保留自己的能力，要么选择离开组织，另谋高就，无论作出哪种选择，都使组织在不同程度上遭受损失。

二是当非正式组织的目标与正式组织的目标产生冲突的时候，则可能会对正式组织的工作产生极为不利的影响。例如，当正式组织试图通过竞赛来调动员工的积极性时，非正式组织可能会认为这种竞赛会给非正式组织成员之间带来竞争从而破坏其稳定性，非正式组织会设法破坏竞赛的开展，从而对正式组织的工作带来极大的不利影响。

三是非正式组织还会抵制正式组织的变革。创新和变革是组织发展的要求，即寻求适合组织自身特点及环境要求的新思维、新方法，而这势必会打破原有的平衡。非正式组织担心变革以后，自身利益等受到影响，因此必然会遭到非正式组织及其成员抵制。

四是在舆论方面形成负面影响。如上所述，非正式组织可以弥补组织沟通不足的问题，但是一旦传播的信息是虚假信息，往往很快就会在正式组织内部形成谣言，极大地破坏正式组织的运转，造成组织内耗，效率低下。

3. 正确对待非正式组织

非正式组织是客观存在的。管理者要积极引导并利用非正式组织发挥其积极作用，消除其不利影响。正确对待非正式组织的态度如下。

（1）承认非正式组织的存在，给予其生存的空间。首先要认识到非正式组织在组织中是普遍存在的，正视非正式组织存在的客观必然性和必要性，允许乃至鼓励非正式组织的存在，为非正式组织的形成提供条件，并努力使之与正式组织相吻合。非正式组织的形成主要可以归为以下几种：

一是共同的兴趣、相似的背景，如同校毕业、住附近、下班后常有机会一起返家等。

二是出于工作的需要，相互帮助。

三是工作量不足，以至于员工靠着成群结党打发上班时间。或者组织内部纪律松弛，员工自由度高，容易明目张胆三五成群闲聊培养感情。

四是组织制度与管理的不公平、有争议，也容易使权益受损的员工因为认知相同而互相支持。

如果是基于前两种原因，管理者应给予充分的理解，并充分发挥非正式组织的积极作用。如果是基于后两种原因，组织应首先检讨自身存在的问题，通过完善制度和加强管理，来抵制非正式组织的不良影响。但是，需要注意的是，即使是由于后两种原因，管理者也不应强制拆散这个小团体。

（2）建立和宣传正确的组织文化，以此来影响非正式组织。

非正式组织与正式组织之间的冲突本质上是两种文化之间的冲突，是正式组织文化与非正式组织的亚文化之间的冲突。因而，从长远来看，要通过培养积极的组织文化来引导非正式组织的正确发展方向。

具体做法有：通过在员工中培育共同的理想和价值观念，增强员工对组织的认同感、归属感和凝聚力；通过采取各种激励措施，满足员工的物质和精神心理需要，使员工与组织之间形成命运共同体；加强道德建设，建立和完善内部的各项规章制度，通过道德的力量和制度规范来约束员工的行为，增强员工之间的互信和合作机制，加强信息的沟通，使非正式组织的消极作用消失于无形。

（3）重视非正式组织中核心人物的作用。

非正式组织中的核心人物具有极高的威信，对非正式组织成员具有较强的影响力。因而要做好非正式组织的工作，至关重要的便是做好核心人物的工作。对于核心人物，首先应当尊重其在非正式组织成员中的威信，承认和肯定他们在组织中的作用，经常与他们联系，使其对组织产生信任。同时，在日常工作中引导核心人物带动非正式组织成员更好地为组织的目标服务。

（4）当正式组织与非正式组织的利益发生分歧时，要适当考虑非正式组织成员的利益。

正式组织与非正式组织发生冲突往往是由于二者之间在利益上存在分歧。正式组织的管理人员应当在坚持组织利益原则的基础上，适当考虑非正式组织成员的利益要求，使非正式组织与正式组织的利益尽可能协调一致，以便争取非正式组织的配合和支持。

第五节　组织变革

一、组织变革的含义

组织的发展离不开组织变革。内外部环境的变化、资源的不断整合与变动，都会给组织带来机遇与挑战，这就要求组织要关注其变革。

组织变革（Organizational Change），是指运用行为科学和相关管理方法，对组织的权力结构、组织规模、沟通渠道、角色设定、组织与其他组织之间的关系，以及对组织成员的观念、态度和行为，成员之间的合作精神等进行有目的的、系统的调整和革新，以适应组织所处的内外环境、技术特征和组织任务等方面的变化，达到提高组织效能的目的。

二、组织变革的动因

推动组织变革的因素可分为外部环境因素和内部环境因素两个部分。

1. 外部环境因素

（1）政治经济环境的变化。国家政治、经济政策的调整，经济体制的改变以及市场需求的变化等，必然会引起组织战略及目标的调整，相应的内部组织结构等就要做出适当的调整和变革。

（2）科技进步的影响。知识经济的社会，随着科学技术的发展，新产品、新工艺、新技术、新方法层出不穷，对组织的固有运行机制形成了强有力的挑战。

（3）资源变化的影响。组织发展所依赖的各种环境资源对组织具有重要的支持作用，如原材料、资金、能源、人力资源、专利使用权等。这些因素一旦发生变化，必然会对组织产生影响，一方面组织要克服对环境资源的过度依赖，另一方面要及时根据资源的变化而顺势变革组织。

（4）竞争观念的改变。基于全球化的市场竞争越来越激烈，竞争的方式也变化多端，组织若要适应未来竞争的要求，就必须在竞争观念上顺势调整，争得主动权，这样才能在竞争中立于不败之地。

2. 内部环境因素

（1）组织内部条件的变化。组织内部条件的变化主要包括：技术条件的变化，如企业实行技术改造，引进新的设备等；人员条件的变化，如人员结构和人员素质的提高等；管理辅助条件的变化，如实行计算机辅助管理，实行优化组合等。

（2）保障信息畅通、快速决策的要求。随着外部不确定性因素的增多，组织决策对信息的依赖性增强，为了提高决策的效率，必须通过变革保障信息沟通渠道的畅通，同时保证决策信息的真实、完整和迅速。

（3）克服组织效率低下的要求。组织在运行过程中极有可能会出现某些低效率现象，其原因既可能是由于机构重叠、权责不明，也有可能是人浮于事、目标分歧。组织只有及时变革才能有效防止组织效率的下降。

（4）组织本身发展的需要。组织处于生命周期的不同阶段，对组织结构的要求也各不相同，如小企业成长为中型或大型企业，单一品种企业成长为多元化企业，单体企业成为企业集团等。

三、组织变革的方式

本书主要介绍组织结构的变革。变革的方式有以下三种。

1. 改良式的变革

这种变革方式主要是在原有的组织结构基础上修修补补，变动较小。它的优点是阻力较小，易于实施；缺点是缺乏总体规划，头痛医头、脚痛医脚，带有权宜之计的性质。

2. 爆破式的变革

这种变革方式往往涉及组织结构重大的、根本性的改变，而且变革期限较短。一般来说，爆破式的变革适用于比较极端的情况。除非是非常时期，如企业经营状况严重恶化，否则一定要慎用这种变革方式，因为爆破式的变革会给组织带来非常大的冲击。

3. 计划式的变革

这种变革方式是通过对企业组织结构的系统研究，制订出合理的改革方案，然后结合各个时期的工作重点，有步骤、有计划地加以实施。这种方式的优点是：有战略规划、适合组织长期发展的要求；组织结构的变革可以和人员培训、管理方法的改进同步进行；员工有较长时间的思想准备，阻力较小。为了有计划地进行组织变革，应该做到以下几点：专家诊断、制定长期规划、员工参加。

四、组织变革的阻力

组织变革是对组织现有状况的改变，任何变革都会遇到来自各种变革对象的阻力和反抗。产生阻力的原因可能是传统的价值观念和组织惯性，也可能是对变革不确定后果的担忧。根据斯蒂芬·P. 罗宾斯的研究成果，变革的阻力源来自于个体和组织两个方面。

1. 个体阻力

变革的个体阻力源来自基本的人类特征（如知觉、个性和需要等），如图 5.11 所示。

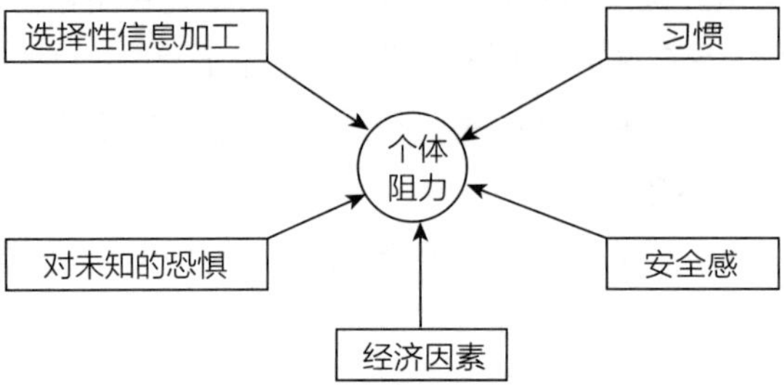

图 5.11　变革的个体阻力

(1) 习惯。据《现代汉语词典》解释，习惯是“在长期内逐渐养成的、一时不容易改变的行为、倾向或社会风尚”。如此看来，习惯是后天养成而非生而有之，而且其形成和消失都需要很长的时间。为了应对复杂的环境和变化，人们往往依赖于自己的习惯或者成为程序化的反应。当面对变革时，以惯常方式作出反应的趋向就会成为一种阻力源。

(2) 安全感。在组织内部具有较高安全感的人很可能抵制变革，因为变革会威胁到他们的安全感。例如，当企业进行业务调整需要裁员时，许多员工都会感到自己的工作受到了威胁，并产生不安全感。

(3) 经济因素。由于人们担心变革会降低收入，尤其当报酬和生产率密切相关时。当人们害怕自己不能适应新的工作任务或新的工作规范，那么，工作任务或工作规范的改变就会引起经济恐慌。

(4) 对未知的恐惧。变革的前景是模糊的和不确定的，变革的这种不确定性往往使组织中的成员处于焦虑和迷茫之中。

(5) 选择性信息加工。所谓选择性信息加工，即组织个体会根据自己已经形成的思维模式去选择自己愿意听到的信息，而对于那些容易挑战自己已形成的思维模式的信息往往会忽视。例如，对于变革可能带来的伤害会过分地强调，而对于可能带来的潜在收益，则充耳不闻，从而导致人们对变革的阻碍。

2. 组织阻力

组织在本质上抵制变革，这在现实生活中极为普遍。阻碍组织变革的组织因素，如图 5.12 所示。

(1) 结构惰性。组织结构惰性是指组织发展到一定阶段后，组织结构所带有的正规化和僵化的特征。组织结构惰性对于保持组织的内在机制的稳定性具有较强的作用，但是当组织面临变革时，结构惰性就会充当反作用力，以努力维持组织原有的稳定状态。

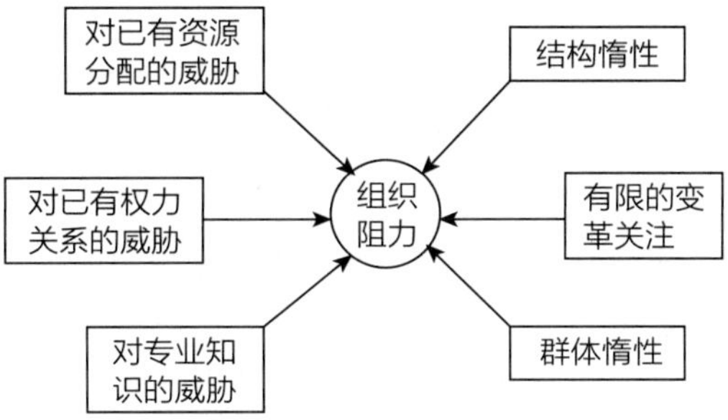

图 5. 12 变革的组织阻力

（2）有限的变革关注。组织由一系列相互依赖的子系统组成。变革往往不可能只针对某一个子系统实施变革，如果只改变其中的某个子系统，如组织的技术流程，而不对组织结构进行相应的变革，则对于技术的变革就不大可能被接受。因此，在子系统中进行的有限的变革很可能会因为更大系统的问题而变得无效。

（3）群体惰性。也称为社会惰性，起源于德国心理学家林格尔曼（Ringelmann）在 1927 年的实验研究成果，研究发现组织成员的努力程度和贡献会随着团队成员数量的增加而减少，这种现象被称为社会惰性。当组织中个体想改变他们的行为时，群体的规范就会成为其改变的约束力，从而阻碍组织的变革。

（4）对专业知识的威胁。组织模式的变革可能会对特殊群体的专业知识构成威胁。例如，20 世纪 80 年代，分散式个人电脑的使用可以使管理者直接从公司的主机上获取信息，而这直接对公司信息系统部门所掌握的专门技术构成威胁，因而这种变革会受到信息部门的抵制。

（5）对已有权力关系的威胁。组织的变革必然会带来组织决策权力的再度分配，会威胁到组织长期以来已经形成的权力关系，因而会受到相关部门的抵制。

（6）对已有资源分配的威胁。组织结构决定组织资源的分配模式，组织中控制一定数量资源的群体倾向于对事物的原本状态感到满意，特别是组织中那些能从现有资源分配中获利的群体，常常对可能影响到未来资源分配的变革感到忧虑而抵制变革。

五、克服组织变革的阻力

如何克服组织变革中的阻力，以下策略可供参考。

1. 加强教育和沟通

通过教育和沟通，帮助组织员工了解变革的缘由，从而降低组织变革的阻力。这是基于以下基本假设，即产生阻力的原因是信息失真或沟通不良，如果员工了解了全部事实并消除误解后，阻力自然会消失。这种方法在变革的阻力真正源于沟通不良并且组织内部相互信任时，比较有效。

2. 让组织成员参与变革

个体往往难以抵制其自己所作出的决策。在制定变革决策前，应积极将那些反对组织变革的个体纳入到决策过程中。如果参与者具有一定的专业知识并且能够为决策提供有效的建议，那么他们的参与便可以减少阻力、获得承诺，提高变革的决策质量。但是这种方法也可能导致变革决策的过程浪费较多时间，并且决策质量不高。

3. 与阻碍变革者进行谈判

阻碍者往往因为某种利益而阻碍变革，组织变革者可以通过提供某些有价值的东西来换取阻力的降低。当组织变革的阻力较大时，谈判是一种必要的策略。需要注意的是，谈判可能会给组织带来较高的成本，同时，向某一方的让步也可能会使其他拥有权力的人对组织进行勒索。

4. 操纵和收买

所谓操纵，就是暗地里施加影响力，如封锁不利于变革的消息、制造谣言使员工接受变革等。收买是一种既包括操纵又包括参与的方式。通过让某些抵制变革群体的领导者在变革决策中承担重要角色来收买他们。操纵和收买的成本都较低，但是组织的这种行为一旦曝光，便会威信扫地，使得变革更难以进行。

5. 采取强制手段

这是最后的策略，也是下下策，即组织直接对那些变革阻挠者进行威胁，如调职、不予提拔、考核不合格等。

扩展阅读

瞪羚式的组织管理

所谓瞪羚式管理，是企业组织结构调整的形象喻称。瞪羚式管理就是发挥如瞪羚般小而灵活的竞争优势，使企业在总公司的统一领导下，划分成许多相对独立的较小的部门，各部门独立运作，同时对总公司负有利润责任的一种“化整为零”式的组织机构调整。

近年来，很多企业刮起了一股“瞪羚式管理”风暴。瞪羚是一种体态小巧的动物，生性机灵，行动敏捷，听觉和视觉都十分灵敏，并且警惕性相当高。它们时常一边摇摆着尾巴吃草，一边密切地注视着周围的一切，一旦发现敌情，便迅速散开。瞪羚不仅机灵敏捷，而且战术变幻莫测，前冲后突，声东击西。瞪羚的这种灵活机智的战略战术，颇受美国企业家赏识。

美国工商界常常把老牌大公司称为“大象”，而把一些新兴中小企业称为“瞪羚”，在市场竞争中，“瞪羚式”企业往往更加充满生机和活力。杜邦公司是美国的“大象”企业之一，近年来，公司大力进行管理组织和管理方式的改革，使“大象”兼具“瞪羚”优势。杜邦公司董事长说：“只要将其优势发挥出来，大象跟瞪羚相比有着极大的优势。

如果大象被官僚主义所累，那么它最终只能忙于内部竞争，不能真正地专注于顾客。”

杜邦公司大刀阔斧推进“瞪羚式”管理，进行了大改组。原有的5个庞大的公司业务部门外加石油和天然气生产部门被分成20个规模较小的业务部门，由公司最高管理人员直接与20个业务部门的经理打交道，减少中间环节；20个部门经理对本部门生产经营负责，如同20只“瞪羚”独立、灵活运作，及时作出应变决策，很快提高了经营实力与水平，从困境中再度崛起。在化学界一片萧条景象之中，杜邦公司反而显示出巨大的生机和活力。

（资料来源：瞪羚式管理．百度百科．http：//baike. baidu. com/）

本章小结

本章主要介绍了组织的含义、要素和职能；组织结构的设计；组织结构的类型；非正式组织和组织变革等内容。

从静态来讲，组织是为了其特定目标，经由分工与合作及不同层次的权利和责任制度而构成的人的实体。从动态来讲，组织是为了实现组织目标对资源进行有效的配置和协调的过程。

组织的职能主要包括组织结构的设计、组织运行和组织变革。

组织设计的原则包括：因事设岗与以人为本相结合的原则、分工协作原则、指挥统一原则、权责对等原则、精干高效原则、有效管理幅度原则、自我优化原则等。

组织结构的形式主要包括直线制、职能制、直线职能制、事业部制和矩阵制等。

非正式组织是指人们在共同的工作或活动中，由于抱有共同的社会感情和爱好，以共同的利益和需要为基础而自发形成的团体。

组织的发展离不开组织变革，内外部环境的变化，资源的不断整合与变动，都给企业带来了机遇与挑战，这就要求组织关注其变革。

练习题

一、单项选择题

1. 组织是为了实现（　　）而形成的一个协作系统。

A. 个人的工作　　B. 共同的目标
C. 个人的爱好　　D. 他人的目标

2. 下列选项中，（　　）不属于组织的基本要素。
A. 组织宗旨　　B. 组织目标
C. 组织的产品　　D. 组织成员

3. 组织的活动是实现组织目标的保障，可以划分为业务活动和（　　）。
A. 管理活动　　B. 销售活动
C. 后勤保障活动　　D. 职能服务活动

4. （　　）是组织工作中最重要、最核心的一个环节。
A. 组织运行　　B. 组织结构设计
C. 组织创新　　D. 组织变革

5. 某组织中设有一管理岗位，连续选任了几位干部，结果都是由于难以胜任岗位要求而被中途免职。从管理的角度来看，出现这一情况的根本原因最有可能是（　　）。
A. 组织设计没有考虑命令统一原则
B. 组织设计没有考虑例外原则
C. 组织设计忽视了对于干部的特点与能力要求
D. 组织设计没有考虑到责权对应的原则

6. 一个下级只能对一个上级负责，这条原则是（　　）。
A. 指挥链　　B. 指挥的统一性
C. 体制化　　D. 述职

7. 张三是某企业的生产科长，在应该由他进行决策的许多问题上，他都请示负责生产的副厂长并由这名副厂长最后拍板。实际上，他们已经习惯了这种做法，并几乎成了一种惯例。从管理学的角度来看，他们的行为违背了（　　）原则。
A. 有效管理幅度　　B. 指挥的统一性
C. 职权与职责对等　　D. 分工与协作

8. （　　）组织结构比较适用于组织规模较小、生产技术单一的组织。
A. 职能制　　B. 直线制
C. 事业部制　　D. 直线职能制

9. （　　）组织结构容易造成组织资源的浪费。
A. 职能制　　B. 直线制
C. 事业部制　　D. 直线职能制

10. 下列关于非正式组织的描述，（　　）是错误的。
A. 非正式组织普遍存在
B. 非正式组织的成员都是普通员工
C. 非正式组织是自发形成的
D. 非正式组织对正式组织既有正面影响也有负面影响

11. 下列（ ）不属于组织变革中的个体阻力。
A. 习惯
B. 安全感
C. 结构惰性
D. 经济因素
12. 下列（ ）属于组织变革中的组织阻力。
A. 对已有资源的威胁
B. 安全感
C. 选择性信息加工
D. 经济因素
13. 责任、权力、利益三者之间不可分割，必须是协调的、平衡的和统一的。这就是组织工作中的（ ）原则。
A. 责权利相结合
B. 分工协作
C. 目标任务
D. 协调原则
14. 职能型组织结构形式的优点是实现了（ ）。
A. 管理现代化
B. 管理专业化
C. 统一领导
D. 统一指挥
15. 确定合理的管理幅度是组织设计的一项重要原则，下列说法正确的是（ ）。
A. 管理幅度越窄，越易控制，管理人员的费用也降低
B. 管理幅度越宽，组织层次越少，但管理人员的费用会大幅上升
C. 管理幅度的确定并不是对任何组织都普遍重要的问题
D. 不同的管理者能力、下属素质、工作性质等因素将决定管理幅度
16. 某公司由三级管理层：公司总部、产品部（共有12个产品部）和各职能部门。由于公司的产品种类越来越多，总裁感到难以继续对所有的产品部进行有效的领导。为此，提出以下变革方案，（ ）是你认为最可行的。
A. 在公司总部和产品部之间增加一个按产品大类组成的管理层
B. 更换一位能力更强的公司总裁
C. 淘汰几种产品
D. 各产品部实行自主管理
17. 某单位职工自发成立了一个“午间扑克会”，利用每天中午休息时间娱乐、消遣。但有时玩性太大，影响了下午正点上班；有时也会造成职工之间的摩擦与矛盾。于是领导下令，解散“午间扑克会”，中午时间不得玩扑克。你对此有何评价？（ ）
A. 应该。此类非正式组织的存在对正式组织有害无益。
B. 不应该。此类非正式组织同样能够提高职工的合作精神，对组织是有益的。
C. 不好说。如果对工作影响不大，让其存在也无妨；如果真的影响了正常工作，确实应当坚决取缔。
D. 对于此类非正式组织，管理者应当因势利导，妥善管理，同样也能够使其发挥出积极作用。
18. 如果你是一位公司的总经理，当你发现公司中存在许多小团体时，你的态度是（ ）。
A. 立即宣布这些小团体为非法，予以取缔。

B. 深入调查，找出小团体的领导人，向他们提出警告，不要再搞小团体。

C. 只要小团体的存在不影响公司的正常运行，可以对其不闻不问，听之任之。

D. 正视小团体的客观存在，允许乃至鼓励其存在，对其行为加以积极引导。

二、名词解释

组织　管理幅度　非正式组织

三、简答题

1. 组织的基本要素有哪些?
2. 组织设计的基本原则是什么?
3. 组织结构形式有哪些?各自具有什么优缺点?
4. 如何正确地对待非正式组织?

四、案例分析题

案例　隆泰公司组织的发展与改革

张明夫妇原是一家汽车分销公司的高级职员，在公司工作几年之后，他们决定自己成立一家汽车分销处——隆泰公司。在最初的5年经营期内，隆泰公司主要采用原汽车分销公司的管理方法和程序。

在公司经营管理中，张明夫妇尽可能地让下属参与管理，为具体体现民主管理，他们引进了高级小组制度，即从每一个分部挑选一名非管理者，共挑出5人，每月与他们夫妇开一次会，讨论各种问题的解决方法和执行策略。

当公司处于成长期，规模较小时，一切都运转顺利。随着公司销售量的增加、经营规模的扩大，公司并购了一家汽车出租公司，不久又兼并了另一家汽车代理商。公司规模的扩张，增加了张明夫妇的工作量，也花费了他们大量的时间和精力。但公司的运行仍按照以前的一套办法实施，组织结构没有变化，结果有些事情得不到很好的解决，有些高级小组大会通过的决议也没有得到认真的执行，以致许多重要项目被延误。

公司发展迅速，而且在公司内部实行了民主管理，但是却随着规模的扩大出现了这么多问题，这使得张明夫妇百思不得其解。后来，张明夫妇请了著名管理专家A帮助他们解决现实的问题。经过实际的调查研究，管理专家A认为是隆泰公司的组织结构出现了问题，需要进行变革。

如果你就是这位管理专家A，试分析：

1. 隆泰公司现有的组织结构存在哪些问题?这些问题可能是怎样产生的?
2. 隆泰公司在组织结构方面应当如何进行变革?

案例 鸿远公司的组织结构

从开了一整天的公司高层例会上回来，鸿远实业有限公司的总经理赵弘就一直陷入一种难以名状的焦虑中。

鸿远公司由初创时的几个人，发展到今天的1300余人，资产也由当初的1500万元，发展到今天的5.8亿元，经营业务从单一的房地产开发拓展到以房地产为主，集娱乐、餐饮、咨询、汽车维修、百货零售等业务于一体的多元化实业公司。鸿远公司已经成为在全市乃至全省较有实力和知名度较高的企业。公司是由中美合资建立的企业，主营高档房地产，在本地市场先入为主，很快打开局面。随后，其他业务就像变魔术似的，一个变两个、两个变八个地拓展起来。近年来，公司上下士气高涨，从高层到中层，都在筹划着业务的进一步发展问题。房产建筑都要求开展铝业装修，娱乐部想要租车间搞服装设计，物业管理部门甚至提出经营园林花卉的设想。有人提出公司应介入制造业，成立自己的机电制造中心。

作为公司创业以来一直担任总经理的赵弘，在成功的喜悦与憧憬中，却多了一层隐忧。在今天的高层例会上，他在首先发言，“鸿远公司成立已6年了，在过去的几年里，公司可以说经过了努力奋斗与拼搏，取得了很大的发展。公司现在面临着许多新的问题，其中最重要的是企业规模过大，组织管理中遇到许多新问题，管理信息沟通不及时，各部门的协调不力，我们应该怎样进行组织设计来改变这种情况。”与会的各位高层领导都谈了各自的想法。

主管公司经营与发展的刘副总，前年加盟公司，管理科班出身，对管理业务颇有见地。他谈道：“公司过去的成绩只能说明过去，面对新的局面必须有新的思路。公司成长到今天，人员在不断膨胀，组织层级过多，部门数量增加，这就在组织管理上出现了阻隔。例如，总公司下设5个分公司：综合娱乐中心，下有嬉水、餐饮、健身、保龄球、滑冰等项目；房屋开发公司；装修公司；汽车维修公司；物业公司等。各部分都自成体系。公司管理层级过多，总公司有3级，各分公司又各有3级以上管理层，最为突出的是娱乐中心的高、中、低管理层竟多达7级，并且专业管理部门存在着重复设置。总公司有人力资源开发部，下属公司也相应设置人力资源开发部，职能重叠，管理混乱。管理效率和人员效率低下，这从根本上导致了管理成本的加大，组织效率下降，这是所有大公司发展的大忌。从组织管理理论角度看，一个企业发展到1000人左右，就应以管理机制代替人治，企业由自然生成转向制度生成，我们公司可以说正是处于这一管理制度变革的关口。过去创业的几个人、十几人，到上百人，靠的是个人的号召力，但发展到今天，更为重要的是依靠健全的组织结构和科学的管理制度。因此，未来公司发展的关键在于进行组织改革。我认为今天鸿远公司的管理已具有复杂性和业务多角化的特点，现有的直线职能制组织形式也已不适应公司的发展了。事业部制应是鸿远公司未来组织设计的必然选择。事业部组织形式适合于鸿远公司这种业务种类多、市场分布广、跨行业的经营管理特点。整个公司按事业部制运营，有利于把专业化和集约化结合起来。当然，事业部制不能只注意分权，而削弱公司的高层管理。组织形式变革可以是突变式，一步到位；也可以是分阶段的发展式，以免给员工造成过大的心理震荡。”

公司创立三元老之一，始终主管财务的大管家——陈副总经理，考虑良久，非常有把握地说道：“公司之所以有今天，靠的就是最初创业的几个人，不怕苦、不怕累、不怕丢了饭碗，有的是一股闯劲、拼劲。一句话，公司的这种敬业、拼搏精神是公司的立足之本。目前我们公司的发展出现了一点问题，遇到了一些困难，这应该是正常的，也是难免的。要想走出困境，关键是要加强内部管理，特别是财务管理。现在公司的财务管理比较混乱，各个分部独立核算后，都有自己的账户，总公司可控制的资金越来越少。由于资金分散管理，容易出问题，若真出了大问题怕谁也负不了责。现在我们上新项目，或维持正常经营的经费都很紧张，如若想再进一步发展，首先应做到的就是要在财务管理上集权，该收的权力总公司一定要收上来，这样才有利于公司通盘考虑，共图发展。”

高层会议的消息在公司的管理人员中间引起了震荡，有些人甚至在考虑自己的去留问题。

回答问题：

1. 根据文中的描述,请画出公司现在的组织结构图。
2. 你认为事业部组织形式是否适合于鸿远公司？
3. 根据组织设计的基本理论,你认为鸿远公司的组织机构是否应该改革？怎样改？

案例　寰球石材二次塑身

广东寰球石材集团是中国大陆第一批现代化石材加工企业，金碧辉煌的人民大会堂香港厅、北京金融大厦、王府井大饭店、广州东方宾馆等建筑装饰石材，均出自该集团之手。

寰球石材集团共有职工约1400人，大多数为生产工人，管理机构非常精简，只有人事行政和财务两个部门。集团有生产总厂，下设异型厂、大板厂和古典拼花厂3个分厂，设有3个销售部门，主要产品包括风水球、雕刻、工艺品、古典饰石、弧板、花线、拼花、文化石、拼条、大板和圆柱等。

为了拓展市场，石材集团在北京、上海、美国和香港分别设立了4个异地分公司。美国公司负责古典拼花和马赛克等产品的海外营销，集团海外部组织东莞古典拼花厂和山东工厂为其配套生产加工，集团物资部负责国内石材的采购，香港分公司则负责国外石材采购。

发展虚胖症

十年的发展历程，让集团面临着严峻的考验，下属各业务单元业务种类繁多，使得企业组织日渐庞大，不知不觉中已经患上肥胖症；内部分工不明确又导致了消化不良，经营收入徘徊不前，加工成本居高不下，市场反应迟钝，市场份额持续下滑，严重制约了企业发展。

生产部门是石材集团的制造中心，其中异型石材加工一直是企业的竞争强项，但随着市场的变化及竞争对手的迅速崛起，这一优势正逐渐减弱。公司不得不投资开发大板及标准产品的生产，实行“两条腿走路”。但当资金供给不足时，难免产生争抢资源的矛盾。

集团对异型、大板、薄板三大分厂所需的原料与辅料实行集中采购，由于市场竞争已越过供不应求阶段，而企业的响应速度没有提高，单靠生产系统本身的流程优化，已不能从根本上解决问题。

在销售系统，销售部与市场部的职能界定含糊，行政领导分散。市场部属于集团职能部门，由总经理助理兼管。在总部设立了 3 个销售部、1 个办公室，负责处理业务行政、跟单、核算等工作；但在行政管理上，办公室主任又直接归属于销售部经理领导。

作为组织的支持系统情况也好不到哪里去。财务部负责总部和生产总厂的财务工作，对北京、上海等异地分公司实行双重管理。虽然企业已从单一的异形石材加工厂，发展成拥有 3 个加工厂和多家分公司的集团化企业，但财务部工作重心仍停留在成本控制、计划统计等单体企业层面，难以满足组织要求。

石材集团该何去何从?

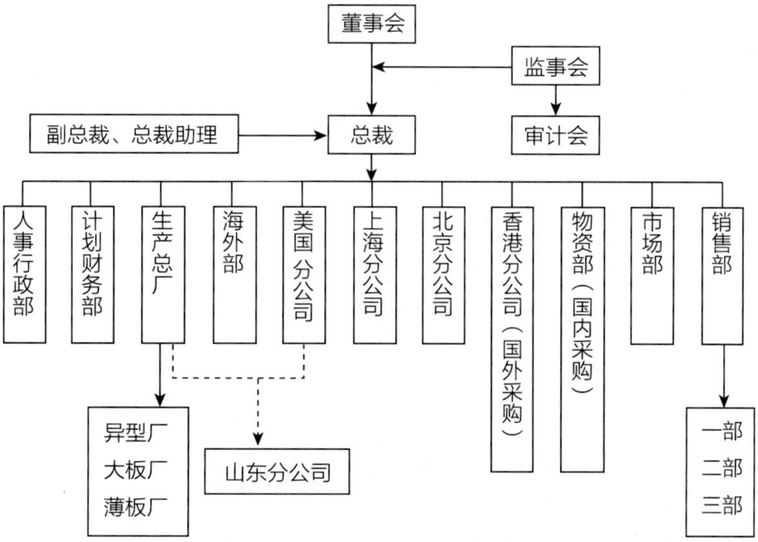

图 5.13　石材集团裂变前的组织结构示意图

专业导向的组织重构

经分析，石材集团的组织结构已经远远滞后于企业发展。从组织架构、资源配置、流程设计、薪酬考核以及企业文化等方面来看，它仍然是一个专业化生产的大型单体企业，与企业向市场销售延伸的战略思想严重冲突。

2002年3月，金海湾项目启动，重点解决直线职能制的结构设计与企业多元化产品结构之间的矛盾。首先是按功能切分，促进专业化分工，并且兼顾重要利润部门，其次就是以市场的区域专属为工作核心，以事业部为基础开始了石材集团的内部裂变。

重新梳理各部门的职能流程后，集团开始推行事业部制。通过调研和讨论，企业决定“按不同产品设立若干事业部，独立负责生产和销售两大主要环节”，物流事业部作为集团统一的采购平台。将市场机制引入公司内部，实行集中指导下分散经营的管理组织模式。

事业部改制的焦点，集中在工程、大板两大事业部是否一定要分开上。

石材集团以工程起家，而大板业务扩张最快，在资产拥有量和市场营业额等方面，两大事业部合占石材集团的80%左右。虽然工程与大板产品的生产流程和管理模式相差很大，但客户渠道的重叠现象非常明显。

显然，二者如果不分开，自然形成一个超级事业部，整个石材集团的组织变革实际上只能停留在形式上；但如果将二者分开，一旦切割失误，其风险将是公司难以承受的。

应该说石材集团面临一个两难选择：合并为一个事业部，不仅使得石材集团的本次组织裂变更为单纯，全部按照不同功能而设立不同的事业部，避免另一种事业部之间功能的重叠，而且还可以有效整合客户渠道，对集团而言将极大的节省费用，但这样做所面临的问题则是生产流程和管理模式的激烈冲突。

如果将这两个事业部分设，客户渠道则不能得到有效整合，在费用上没有任何优势。同时在组织架构上将变得相对复杂，这两个部门之间虽然生产流程和管理模式上的冲突得以避免，但相互之间对客户、对渠道、甚至对资金的争夺又会变得激烈起来。

公司内对以上问题的争论可谓“旷日持久”。经过深思熟虑，考虑到企业当前的发展现状，最重要的应该是这两大业务的顺利发展，不得不对渠道费用的节约这一目标进行适度的暂时放弃，提出了“独立生产、合并采购、联动营销、捆绑考核”的“十六字方针”。

(1) 独立生产。两大事业部对所辖生产厂实行资产自行管理、生产自行组织、成本自行核算，并以此为依据制定内部交易价格体系。

(2) 合并采购。工程事业部的采购定单，必须事先交给大板事业部查看并签字，反之亦然。这就在相当程度上杜绝了盲目采购，可以实现资源共享。

(3) 联动营销。两大事业部在价格调整、促销活动等方面，必须采取联合行动，最大限度地制止业务员之间相互压价、争抢客户的内耗行为。

(4) 捆绑考核。所谓“捆绑考核”就是年底考核业绩时，两大事业部的绩效合并在一起计算，即工程事业部实现利润的50%要分给大板事业部，反之亦然。促使内部必须从整体考虑，降低组织运行成本，提高绩效，减少了对渠道等方面的争夺和内耗。这样一来，双方狭隘、但又难以避免的利益之争就丧失了实际意义。

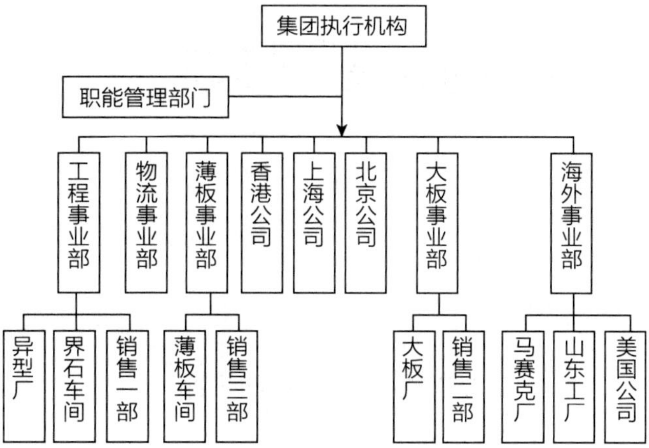

图 5.14　石材集团裂变后的组织结构示意图

裂变以后，在市场竞争加剧、产品价格不断下滑的环境下，石材集团的销售收入同比增长 36%、净利润增长 220%，行业排名大幅回升。组织裂变取得了出乎意料的成效。

（资料来源：周忠义．中国商业评论，2006.4）

回答问题：

1. 该企业以前的组织结构存在哪些问题？
2. 你认为调整后的组织结构有哪些优点？

五、论述题

1. 论述如何发挥非正式组织的作用？
2. 结合实际，论述组织变革可能会遇到哪些阻力？组织应如何推动组织的变革？

六、实训题

1. 某公司是一家大型商贸公司，拥有三个独立经营的分公司。公司下设四部一室，即人事部、财务部、企管部、保卫部、总经理办公室，主要负责公司的人事决策、财务控制、规章制度建设管理等。各分公司对其经营的产品负有全部责任，实行独立核算、自负盈亏。每个分公司的经营业务尽管不同，但组织结构大体一致，分别设有财务处、储运处、业务处、现场管理处等若干部门和商场，每一商场又设有若干商品柜组，从事自己的商品经营业务。根据以上材料，请你画出公司的组织结构图。
2. 实地调研某个组织（学校、企业、政府等），画出它的组织结构图，并分析它的结构类型，简单说明其结构的优缺点。

第六章　领导

寓言故事：值钱的鹦鹉

一个人去买鹦鹉，看到一只鹦鹉前标着：此鹦鹉会两门语言，售价200元。另一只鹦鹉前则标道：此鹦鹉会四门语言，售价400元。该买哪只呢？两只都毛色光鲜，非常可爱。这人转啊转，拿不定主意。结果突然发现一只老掉了牙的鹦鹉，毛色暗淡散乱，标价800元。这人赶紧将老板叫来：这只鹦鹉是不是会说八门语言？店主说：不。这人奇怪了：那为什么又老又丑，又没有能力，会值这么多钱呢？店主回答：因为另外两只鹦鹉叫这只鹦鹉“老板”。

学习目标

知识目标

1. 掌握领导、激励、沟通的概念；
2. 理解领导理论、激励理论的不同观点；
3. 了解有效沟通的渠道与技巧。

能力目标

1. 学会运用不同的激励手段和方法；
2. 学会有效地沟通。

导入案例

当发现团队里最优秀的员工在做私活时

某公司正在开发一个3D制图软件，老王是该项目的经理，他领导着一个30人的开发团队。随着软件预计发布日期的临近，团队成员经常加班，而小张是加班时间最长的一个。

小张来公司已经6年了，工作认真、技术过硬，是老王领导的团队中公认的“首席程序员”，他领导着一个5个人的小团队，对项目中最困难的环节进行攻关。

一个周末，老王独自来到公司整理资料，发现小张还在努力工作。当他走到小张背后时，大吃一惊——小张正在开发一个与公司无关的3D游戏！小张也承认了他在帮他亲戚的游戏公司开发一点东西，一方面是不好拒绝，一方面是对方开的报酬很有吸引力。

老王非常生气，但是他还是冷静地说：“希望在公司软件发布的这几天中，你能够集中精力把工作做好。”说实话，小张太优秀了，老王不希望他离开团队。

小张有些不服气，说：“我对工作的投入不比任何人少，没有耽误任何工作。我做的兼职工作，对我工作中的创意产生了很好的促进作用，实际上，在我们的项目中，就有我受到兼职工作启发提出的解决方案。此外，我们都是成年人，只要我做好自己份内的事情，业余时间干什么谁也管不着。”老王被小张的话惊呆了，他陷入了深深的思考。

问题：如果你是小张的领导，对于这件事将如何处理？

作为一个管理者，如何指挥和影响员工，如何激励员工，如何与员工进行有效的沟通，直接关系到组织或团队的管理水平和效率。本章主要介绍领导的含义、领导的权力构成及表现形式、领导理论；激励的含义、理论、方法；沟通的含义、分类、障碍及有效沟通的技巧等方面的内容。

第一节 领导概述

一、领导的含义

领导是组织中的一项管理职能，是一种行为过程。什么是领导？在有关管理的文献中，有许多关于领导的不同定义：

领导是影响人们自动为实现团体目标而努力的一种行为；

领导是人们促使其部属充满信心，满怀热情来完成他们的任务的艺术；

领导是对组织内群体或个人施行影响的活动过程；

领导是一种说服他人热心于一定目标的能力；

领导是关于影响别人来完成某项目标所发生的两个人或更多人之间的相互关系的过程。

本书将领导定义为：领导（Leadership）是领导者在一定的客观环境中，指导和影响个体、群体或组织，为实现组织预定目标而进行的各种活动的过程。

从定义可以看出，领导包括三层含义：

（1）领导是由领导者、被领导者和所处环境之间相互作用构成的；

（2）领导本身是一个动态的过程；

（3）领导是指引和影响个体、群体或组织来实现所期望的目标。

作为一个领导者，不管自己是否意识到，实际上他们的行为无时无刻不在影响着被领导者的行为。领导可以被看成是领导者、被领导者及环境的函数。

领导=f（领导者，被领导者，环境）

领导（Leadership）是一种行为过程，领导者（Leader）是指实施领导行为的主体。领导与领导者是互为依存的，没有领导者也谈不上被领导者，就没有领导行为可言。反过来，没有领导行为，作为领导行为主体的人（领导者）也不存在。因此，现代管理学与领导科学既要研究领导行为的特点及有效性，也要研究领导者的领导风格及领导艺术。

二、领导的作用

在带领、引导和鼓舞下属为实现组织目标而努力的过程中，领导者要具体发挥指挥、协调和激励三个方面的作用。

1. 指挥作用

在组织活动中，需要有头脑清醒、胸怀全局、高瞻远瞩、运筹帷幄的领导者帮助组织成员认清所处的环境和形势，指明活动的目标和达到目标的路径。领导者需要发挥指引和影响的作用。

2. 协调作用

在实际工作中，不可避免地会受到员工的理解能力、工作态度、观念、地位等诸多内外因素的干扰，此时需要领导者来协调组织成员之间的关系和活动进程，使之朝着共同的目标前进。

3. 激励作用

由于人性的特点，尽管大多数人能保持较高的工作热情和积极性，但是否发挥出了最大的潜能，是否能保持较长时间的工作动力，是领导者应该关注的一个问题。为了最大限度地调动员工的工作积极性，挖掘员工的最大潜能，需要领导者创造各种条件来满足员工的不同需求，如为员工提供发展的空间等。

三、领导和管理的关系

领导是管理的一项职能，在工作中，也常常将二者等同使用，但实际上，二者既有联系又有区别。

从定义上来看，领导是领导者在一定的客观环境中，指导和影响个体、群体或组织，为实现组织预定目标而进行的各种活动的过程。管理是在特定的环境下，管理者通过实施计划、组织、领导、控制等职能，对组织所拥有的资源进行合理配置和使用，以实现组织既定目标的过程。可见，管理的范畴要比领导更宽泛，领导只是管理职能的一个方面。领导的作用在于确定方向，指挥、协调和激励员工，管理的侧重点在于计划与预算、组织及配置人员、控制并解决问题等，领导工作更具艺术性，管理工作更具科学性。

从权力来源来看，管理依靠的是组织赋予职位的权力发挥作用，领导的权力不仅来源于职位，更多的是依靠领导者自身的影响力树立权威，指导和影响个体、群体或组织。可见，对管理者和领导者的能力要求也会有所不同。

一个人可能既是管理者，也是领导者，因为其对某个个体、群体或组织具有较强的影响力，能发挥领导的作用。但一个人是领导者，有较强的威信，能指导和影响他人，并不一定是管理者。例如，非正式组织中的核心人物，组织没有赋予其职位和权力，却能引导和指挥愿意追随他的员工，这体现了领导的本质，但不是真正意义上的管理者。可见，二者可能是重合的，也可能是分离的。

四、领导的权力构成及表现形式

领导作用的发挥主要依靠领导者的影响力。影响力是一个人在与他人的交往中，影响和改变他人心理和行为的能力。

（一）权力性影响力

1. 传统因素

传统因素是指人们对领导者的一种传统观念，认为领导者总是不同于一般人。这种观念逐步成为某种形式的社会“规范”，使人们从小就烙上了深刻的印记，影响着被领导者对领导者的服从感。这种传统观念所产生的影响力普遍存在，只要你是个领导者，就自然获得了这种力量。

2. 职位因素

职位因素是指个人在组织中的职务与地位。职位因素造成的影响力是以法定为基础的，与领导者本人的素质条件没有直接关系，它是由社会组织赋予领导者的一种力量。

3. 资历因素

资历因素是指领导者的资格和经历。资历因素是个人历史性的东西，一般人对资历较深的领导者比较敬重，由此产生的影响力也属强制性的。

权力性影响力不是领导者的现实行为造成的，而是外界赋予的，它对下级的影响带有强制性和不可抗拒性，这种影响力对被领导者的作用主要表现为被动、服从，对人的心理和行为的激励作用是有限的。

（二）非权力性影响力

非权力性的影响力，既没有正式的规定，也没有组织授予的形式，属于自然性影响力，是靠领导者自身的威信和以身作则的行为来影响他人的。非权力性影响力产生的基础比权力性影响力产生的基础广泛得多。构成非权力性影响力的因素主要包括：品德、才能、知识和感情等因素。

领导的本质是被领导者的追随与服从。领导的权力来源有两个：职位和领导者个人。来自于职位的权力表现为法定权、奖励权和强制权。来自于领导者个人的权力表现为专长权和统御权。

法定权，指组织内领导职位所拥有的合法的、正式的权力。这种权力可以通过领导者利用职权对下属发号施令、下达任务等来直接体现，也可以通过组织的规章制度等得到间接体现。

奖励权，指领导者所具备的表扬、加薪、奖金、升职、安排理想的工作等方面的权力。因为领导者拥有这个权力，员工也会积极表现。

强制权，指领导者所具备的批评、降薪、扣发奖金、降级，甚至开除等具有惩罚性质的权力。当然，强制权和奖励权都是与法定权密切相关的，来自于职位的权力。

专长权，指领导者由于具备所管辖领域的特殊才能或扎实的专业知识而产生的权力。领导者拥有专长权，就很容易赢得下属的信服和追随。否则，可能就会缺乏相应的专家权力，难以服众。

统御权，这是与个人的品质、魅力、经历、背景等相关的权力，也称个人影响力、感召力等。领导者凭着人格的力量，也能影响下属的心理和行为，产生号召力。

本书将法定权、奖励权和强制权统称为职位权力，专长权和统御权统称为个人权力。领导者应该兼具职位权力和个人权力，才能一呼百应，成为让人信服和愿意追随的真正意义上的领导者。

课堂讨论案例

陈磊的困境

陈磊是某名牌大学的MBA毕业生，三个月前应聘到某公司工作。由于原生产部经理职务升迁，他被任命为生产部经理。总经理非常信任他，认为他能胜任这个职位，因为在实习期间，陈磊运用其掌握的先进管理知识对制造部门的管理提出了一整套改进计划，总经理希望他亲自推动这项改进计划。为此，总经理专门召开了全体员工大会，宣布此项决定。可是没几天，陈磊就陷入了苦恼之中，他发现对于他下达的命令，车间主任根本不当一回事，甚至当面拒绝执行命令。尤其是其中一个资格最老的车间主任，其他的车间主任都按这位老车间主任的意见行事。一种被架空的感觉时常萦绕在陈磊的心头。

回答问题：

1. 结合所学的领导知识分析产生此现象的原因。
2. 假设你是陈磊，下一步将怎样做？

第二节　领导理论

一、领导特质理论

特质是个人所具有的品质、能力、性格、习惯、体质等方面的特征。特质一旦形成，便具有相对稳定的特点。个人的品质或特征是决定领导效果的关键因素之一。那么，成功的领导者都应该具备哪些特质？不同的学者从不同的角度提出了自己的观点。

美国俄亥俄州立大学教授斯托格蒂尔（R. M. Stogdill）将领导特质归纳为六类：身体特性、社会背景特征、智力特征、个性特征、工作特征、社交特征。如表 6.1 所示。

表 6.1　斯托格蒂尔提出的领导特质及表现

特质	表现
身体特征	身高、外表、精力等
社会背景特征	社会经济地位、受教育程度等
智力特征	智力、敏感性、表达能力、创造力、判断力等
个性特征	适应性、果敢力、自信、情商高、自控力等
工作特征	工作责任心、主动性、毅力、创新能力等
社交特征	合作意愿、人际协调能力等

斯托格蒂尔在研究中指出，这些特征与领导者的成功有一定的关联，但是到底哪些特质使得领导者脱颖而出，还需要作进一步的研究。

美国普林斯顿大学教授鲍莫尔（William Jack Baumol）提出，领导者应具备以下十项特征：合作精神、决策能力、组织能力、精于授权、善于应变、敢于求新、勇于负责、敢担风险、尊重他人、品德高尚。

美国管理学家吉赛利（E. Ghiselli）在对 300 名经理人员的研究中提出与领导者有关

的八种个性特征和五种激励特征，具体分析了每个特征对领导者的领导行为的影响，并且指出了这些特征的相对重要程度。如表 6. 2、表 6. 3 所示。

表 6. 2 吉赛利的领导特质理论

八种个性特征	五种激励特征
（1）才智 （2）首创精神 （3）监察能力 （4）自信心 （5）适应性 （6）判断能力 （7）性别 （8）成熟程度	（1）对工作稳定性的需要 （2）对物质金钱的需要 （3）对地位权力的需要 （4）对自我实现的需要 （5）对事业成就的需要

表 6. 3 吉赛利的个性研究成果

重要性程度	个性/激励特征
非常重要	监察能力 对事业成就的需要 才智 对自我实现的需要 自信心 判断能力
中等重要	对工作稳定性的需要 适应性 对物质金钱的需要 成熟程度
最不重要	性别

麦肯锡公司的创始人之一马文·鲍尔认为，领导者必须养成以下十四种品质：值得信赖、公正、谦逊的举止、倾听意见、心胸宽阔、对人要敏锐、对形式要敏锐、进取（最重要的品质之一）、卓越的判断力、宽宏大量、灵活性和适应性、稳妥而及时的决策能力、激励人的能力、紧迫感等。

关于领导者应具备的特质，可谓仁者见仁，智者见智。不管学者们提出哪种特质理论，都在试图说明有效的领导者在个人素质方面有特定的模式，领导者的品质是先天的，但事实上并非如此，领导者的很多特质是在实践中逐步形成的，是可以通过教育训练加以培养的。除了领导者的特质之外，被领导者及其他情境因素对领导效能也会产生很大的影响。

二、领导行为理论

领导行为是领导职能的外在表现，是可以观察到的领导活动。领导行为理论是以研究领导者的外在特征为基础的。领导行为可以有不同的方式、作风或风格。

（一）勒温的领导风格理论

德裔美国著名心理学家勒温（Kurt Lewin）和他的同事们从 20 世纪 30 年代起就进行了关于团体气氛和领导风格的研究。勒温等人发现，团体的领导并不是以同样的方式表现他们的领导角色，而是表现出不同的领导风格，这些不同的领导风格对团体成员的工作绩效和工作满意度有着不同的影响。勒温等人将领导风格分为以下三种类型。

1. 专制式的领导风格

专制式的领导者只注重工作的目标，仅仅关心工作的任务和工作的效率。他们对团队的成员不够关心，被领导者与领导者之间的社会心理距离比较大，领导者对被领导者缺乏敏感性，被领导者对领导者存有戒心和敌意，容易使群体成员产生挫折感和机械化的行为倾向。

2. 民主式的领导风格

民主式的领导者注重对团体成员的工作加以鼓励和协助，关心并满足团体成员的需要，营造一种民主与平等的氛围，领导者与被领导者之间的社会心理距离比较近。在民主式的领导风格下，团体成员有较强的工作动机，责任心也比较强，能够自己决定工作的方式和进度，工作效率比较高。

3. 放任式的领导风格

放任式的领导者采取的是无政府主义的领导方式，对工作和团体成员的需要都不重视，无规章、无要求、无评估，工作效率低，人际关系淡薄。

勒温等人试图通过实验决定哪种领导风格是最有效的领导风格。他们分别将不同的成年人训练成为具有不同领导风格的领导者，然后将这些人充当青少年课外兴趣活动小组的领导者，让他们主管不同的青少年群体。进行实验的青少年群体在年龄、人格特征、智商、生理条件和家庭社会经济地位等方面进行了匹配，也就是说，几个不同的实验组仅仅在领导者的领导风格上有所区别。这些青少年兴趣小组的任务是手工制作面具。实验结果发现，实行放任式领导风格的群体的绩效低于专制式和民主式领导者所领导的群体；专制式领导者所领导的群体与民主式领导者所领导的群体工作数量大体相当；民主式领导者所领导的群体的工作质量与工作满意度更高。

基于这个结果，勒温等研究者试图得出结论，民主式的领导风格可能是最有效的领导风格。但不幸的是，研究者们后来发现，在有些情况下民主式领导风格所带来的工作绩效可能比专制式领导风格所带来的工作绩效低，或者仅仅与专制式领导风格所产生的工作绩效相当。

在实际的组织管理中，很少有极端型的领导，大多数领导者都是界于专制式、民主式和放任式之间的混合型。勒温等人能够注意到领导风格对组织氛围和工作绩效的影响，区分出不同的领导风格和特性，并以实验的方式加以验证，对领导行为理论的研究非常有意义，许多后续的理论都是从勒温的理论发展而来的。

（二）领导行为四分图理论

领导行为四分图理论是由美国俄亥俄州立大学的教授斯托格蒂尔（R. M. Stogdill）和

沙特尔（C. L. Shartle）在调查研究基础上于 1945 年提出来的。该理论将领导行为归纳为“关心组织（工作）”和“关心人”两个维度。“关心组织（工作）”，强调以工作为中心，领导者以完成工作任务为目的，注重工作是否有效地完成，重视组织设计、职权关系、工作效率，忽视员工本身的问题，对员工严密监督控制。“关心人”，强调以人为中心，领导者注重建立上下级之间互相尊重、互相信任的关系，倾听下级意见和关心下级。

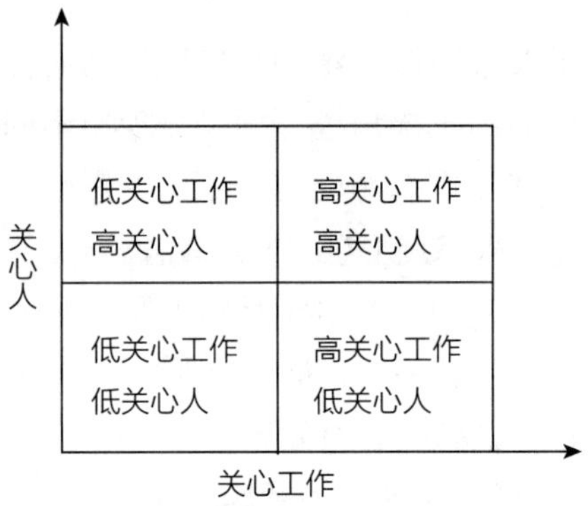

图 6.1　领导行为四分图

由于不同的领导者对“关心组织（工作）”和“关心人”的程度各有不同，因此，这两个维度与程度的结合就构成了四种典型的领导方式，用坐标表示，就形成了领导行为四分图。如图 6.1 所示。

（三）管理方格图理论

美国管理学家布莱克（R. R. Blake）和莫顿（J. S. Mouton）发展了领导风格的二维观点，在“关心人”和“关心工作”的基础上提出了管理方格理论。在两个坐标轴上分别划分出 9 个等级，从而构成了 81 种不同的领导风格。如图 6.2 所示。

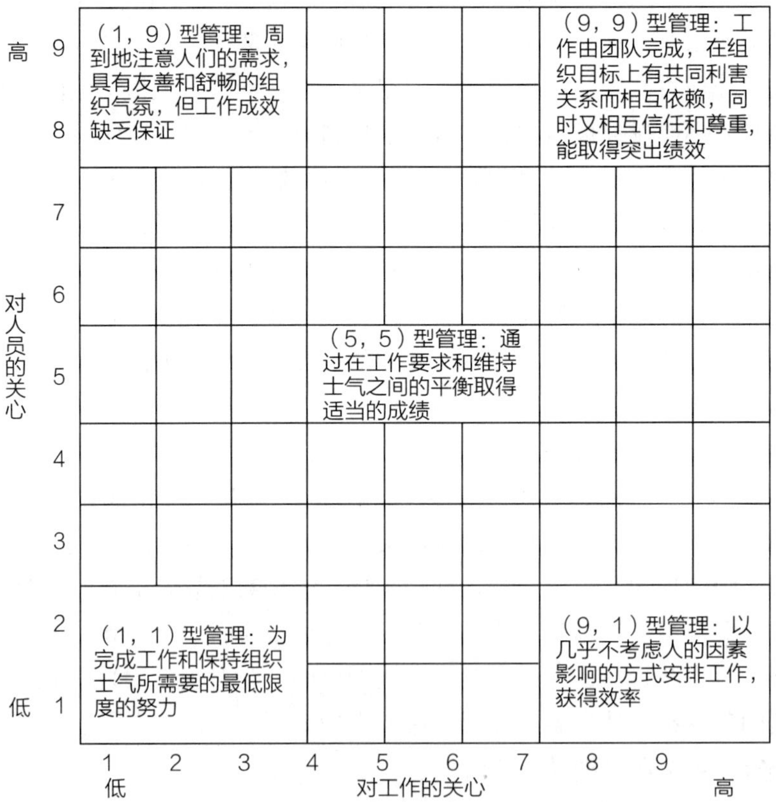

图 6.2　管理方格图

布莱克和莫顿主要阐述了五种最具代表性的领导风格。

1.1 贫乏型管理：领导者付出最小的努力完成工作。

9.1 任务型管理：领导者只重视任务效果，而不重视下属的发展和团队的士气。

1.9 乡村俱乐部型管理：领导者只注重支持和关怀下属，而不关心任务效率。

5.5 中庸之道型管理：领导者维持足够的任务效率和令人满意的士气。

9.9 团队型管理：领导者通过协调和综合工作相关活动而提高任务效率与工作士气。

布莱克和莫顿得出结论：9.9 风格的管理者工作效果最佳。但是，管理方格理论并未对如何培养管理者提供答案，只是为领导风格的概念化提供了框架。并且，也没有实质性的证据支持在所有情境下 9.9 风格都是最有效的方式。事实上，不同的情境导致了不同的结果。

三、领导权变理论

任何领导者总是在一定的环境条件下，通过与下属的相互作用去实现组织目标。如前所述，环境也是影响领导效果的关键因素之一。领导权变理论认为，不存在普遍适用的领导方式，有效的领导行为应随着被领导者的特点和环境的变化而变化。

（一）菲德勒权变模型

菲德勒（F. E. Fiedler）是最早研究领导权变理论的学者。菲德勒权变模型也是比较具有代表性的权变理论之一。菲德勒认为，任何领导方式均可能是有效的，其有效性完全取决于其是否与所处环境相适应。为此，他提出了两种领导方式、三项情境因素、八种情境类型。

1. 两种领导方式

菲德勒开发了最难共事者问卷（Least Preferred Co-Worker Questionnaire，LPC）来测定领导者的领导方式。这一问卷由 16 组对应形容词构成。如图 6.3 所示。

接受调查者在填表前，先回想一下与自己共事过的所有同事，并找出一个最不喜欢的同事（这个同事的姓名不必告诉调查者），然后在 16 组形容词中，每个词汇都要按从 1（最消极）到 8（最积极）的等级，对这个最不喜欢的同事进行评估，给出 1~8 分的分值。如果偏向于积极评价，被调查者显然乐于与同事形成良好的人际关系，属于关系导向型的领导风格；相反，如果偏向于消极评价，则被调查者可能更关注生产（或工作），属于任务导向型的领导风格。

按照 LPC 问卷的调查，16 个问题的得分相加取平均值，如果得分在 1.2~2.2 之间，领导者为任务导向型；如果得分在 4.1~5.7 之间，领导者为关系导向型（因为所评价的对象是最不喜欢的同事，所以在实际操作中没有出现 5.7 以上的高分）；如果得分在 2.3~4.0 之间，领导者处于中间状态。

快乐	——	87654321	——	不快乐
友善	——	87654321	——	不友善
拒绝	——	12345678	——	接纳
有益	——	87654321	——	无益
不热情	——	12345678	——	热情
紧张	——	12345678	——	轻松
疏远	——	12345678	——	亲密
冷漠	——	12345678	——	热心
合作	——	87654321	——	不合作
助人	——	87654321	——	敌意
无聊	——	12345678	——	有趣
好争	——	12345678	——	融洽
自信	——	87654321	——	犹豫
高效	——	87654321	——	低效
郁闷	——	12345678	——	开朗
开放	——	87654321	——	防备

菲德勒的LPC问卷内容

图 6.3 菲德勒 LPC 问卷内容

2. 三项情境因素

菲德勒还分离出三项情境因素（权变变量）用以确定领导的有效性。

（1）上下级关系。指领导者被组织成员所接受的程度，即信任、喜爱、尊重、忠诚和愿意追随的程度，以及领导者对下属的吸引力。

（2）任务结构。工作任务是否明确，即成员对组织任务的理解程度（结构化或非结构化）。

（3）职位权力。领导者拥有的权力变量（如雇佣、解雇、晋升和加薪）的影响程度，即领导者所拥有的权力的大小。

3. 八种情境类型

通过对三项情境因素的不同组合，从最有利到最不利，共形成八种不同的情境类型。菲德勒认为，三项因素齐备是领导最有利的情境，三者有一项或两项具备是领导的一般情境，三者都缺的是最不利的情境。如图 6.4 所示。

菲德勒通过对 1200 个团体进行调查分析得出结论。当个体的 LPC 分数与三项权变因素的评估分数相匹配时，则会达到最佳的领导效果。

（1）在极为有利或不利的情况下，任务导向型是有效的领导类型，效果较好。

（2）在一般的情况下，关系导向型是有效的领导类型，效果较好。

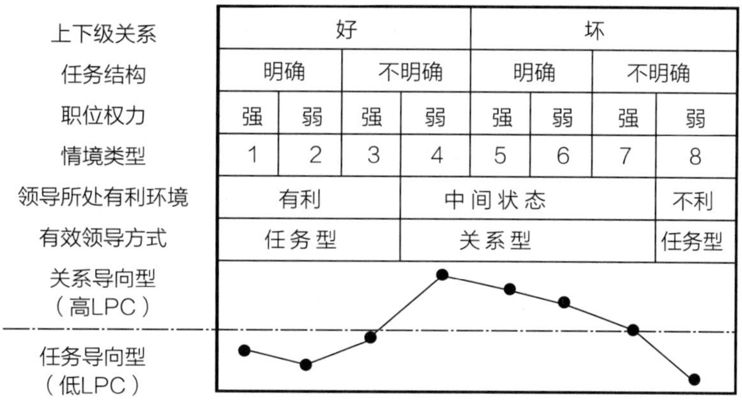

图 6.4 菲德勒权变模型

（二）赫塞-布兰查德的情境理论

保罗·赫塞（Paul Hersey）和肯尼思·布兰查德（Kenneth Blanchard）开发了情境领导理论（Situational Leadership Theory），这是一个重视下属的权变理论，即依据下属的成熟度选择正确的领导风格。该理论也称为领导生命周期理论。

赫塞和布兰查德将成熟度（Maturity）定义为：个体对自己的直接行为负责任的能力和意愿，它包括两项要素：工作成熟度与心理成熟度。前者包括一个人的知识和技能，工作成熟度高的个体拥有足够的知识、能力和经验完成他们的工作任务，而不需要他人的指导。后者指的是一个人做某事的意愿和动机，心理成熟度高的个体不需要太多的外部鼓励，他们靠内部动机激励。

1. 四种成熟程度

赫塞—布兰查德将成熟度划分为四个阶段。

第一阶段——不成熟（M1）：下属缺乏接受和承担任务的能力和愿望，既不能胜任又缺乏自信。

第二阶段——初步成熟（M2）：下属愿意承担任务，但缺乏足够的能力，有积极性，但缺乏足够的技能。

第三阶段——比较成熟（M3）：下属有完成任务的能力，但没有足够的动机和愿望。

第四阶段——成熟（M4）：下属有能力而且愿意完成任务。

2. 四种领导风格

赫塞和布兰查德从任务和关系两个维度出发，提出了以下四种具体的领导风格。

（1）指导（高任务-低关系），领导者告诉下属应该干什么、怎么干以及何时何地去干。

（2）推销（高任务-高关系），领导者同时提供指导性的行为与支持性的行为。

（3）参与（低任务-高关系），领导者与下属共同决策，领导者的主要角色是提供条件与加强沟通。

(4) 授权（低任务-低关系），领导者提供极少的指导或支持，给下属足够的施展空间。

赫塞和布兰查德认为，在第一阶段中，下属需要得到明确而具体的指导；在第二阶段中，领导者需要采取“高任务—高关系”行为，“高任务”行为能够弥补下属能力的欠缺，“高关系”行为则试图使下属在心理上“领会”领导者的意图；在第三阶段中，运用支持性、非指导性的参与风格可获最佳效果；第四阶段中，领导者不需要做太多事，因为下属既愿意又有能力担负责任。也就是说，针对下属处于不同的成熟程度，领导者应采取不同的领导风格。如图 6.5 所示。

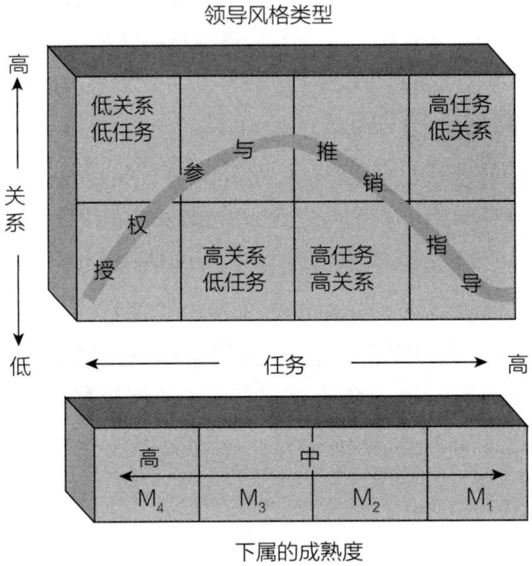

图 6.5　情境领导理论模型

第三节　激励

一、激励及其意义

领导者要想获得下属的认同，使下属愿意追随与服从，首先要了解下属的愿望，并尽可能地帮助他们实现。从某种程度上讲，管理者只有懂得激励员工，才有可能成为有效的领导者。激励对于不同的人具有不同的意义。对一些人来说，激励是一种动力，对另一些人来说，激励则是一种心理上的支持，或者是为自己树立了榜样。

本书对激励定义如下：激励是指创造满足员工各种需要的条件，激发员工的动机，使之产生实现组织目标的特定行为的过程。激励的本质就是激发人的动机的过程。有效的激励能充分挖掘员工的潜能，激发员工的创造力，从根本上提高组织的效率和效益。

二、激励的过程

激励和动机紧密相连。所谓动机就是个体通过高水平的努力而实现组织目标的愿望，而这种努力又能满足个体的某些需要。这里有三个关键要素：努力的强度和质量、组织目标、需要。动机是个人与环境相互作用的结果，动机随环境条件的变化而变化，动机水平因人、因时而异，动机可以看作是需要获得满足的过程。

心理学的研究表明，人的动机是由人的某种未满足的需要和未达到的目标所引起的。这种需要或目标可以是生理或物质上的，也可以是心理或精神上的。在现实情境中，人的需要往往不只有一种，而是会同时存在多种需要。一个人的行为动机总是由其全部需要中最重要、最强烈的需要所支配和决定的，称之为主导需要。人的一切行为都是由其当时的主导需要引发，朝着满足这种主导需要的目标努力的。这种努力的结果又作为新的刺激反过来调整人的需要结构，指导人的下一个行为，这就是所谓的激励过程，也称动机-行为过程。

激励的过程主要由四个部分组成，即需要、动机、行为、绩效。首先是需要的产生，在个人内心引起不平衡状态，产生了动机，然后通过激励，使个人按照组织目标去寻求和选择满足这些需要的行为，最后达到提高绩效的目的。其基本模式如图 6.6 所示：

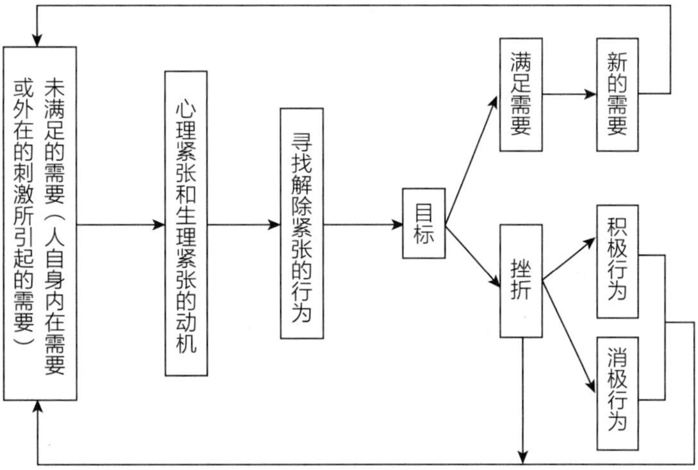

图 6.6 激励过程的基本模式

三、激励理论

激励理论是指导管理者有效激励员工的依据。自 20 世纪二三十年代以来，国外许多管理学家、心理学家和社会学家结合现代管理的实践，从不同角度提出了很多具有代表性的激励理论和观点。

（一）内容型激励理论

内容型激励理论主要研究激发动机的诱因，即人为什么会被激励以及影响激励的因素。该理论着眼于研究人的需要，通过满足人的需要来激发人的动机。主要包括马斯洛的“需要层次理论”、赫茨伯格的“双因素理论”、麦克利兰的“成就需要理论”、奥尔德弗的“ERG 理论”等。

1. 马斯洛需要层次理论

需要层次理论由美国心理学家亚伯拉罕·马斯洛（Abraham Maslow）于 1943 年在《人类激励理论》一文中所提出。该理论将人的需要分为五个层次，由低到高分别为：生理需要、安全需要、社交需要、尊重需要和自我实现的需要。他指出，人的需要是由低级向高级不断发展的，只有当人的较低层次的需要得到满足以后，高层次的需要才有可能成为行为的重要决定因素；其中，生理需要、安全需要、社交需要属于低级的需要，尊重需要、自我实现的需要属于高级的需要；高层次的需要比低层次需要更有价值，人的需要结构是动态的、发展变化的。如图 6.7 所示。

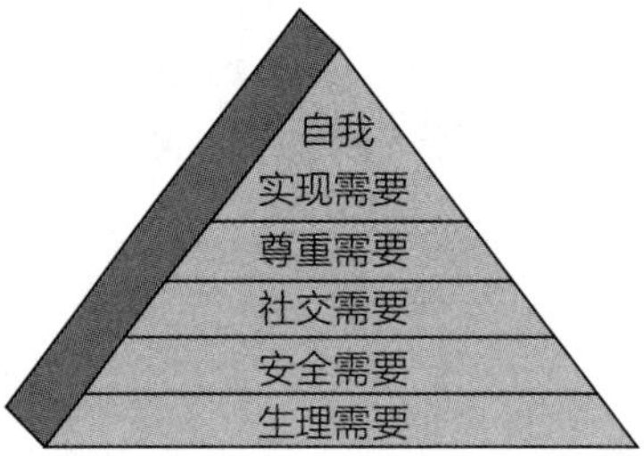

图 6.7　马斯洛的需要层次理论模型

生理的需要是人类最基本的需要，如衣、食、住、行等。人类的这些需要得不到满足就无法生存，也谈不上其他需要。

安全的需要是保护自己免受身体和情感伤害的需要。它又可以分为两类：一类是现在的安全的需要，如劳动保护、人身安全等；另一类是对未来的安全的需要，如病老伤残以及失业后的生活保障等。

社交的需要包括友谊、爱情、归属及接纳方面的需要。这主要产生于人的社会性。马斯洛认为，人是一种社会动物，人们的生活和工作都不是孤立进行的，人们希望在一种被接受的情况下工作，属于某一群体，在感情上有所归属。

尊重的需要分为内部尊重和外部尊重。内部尊重因素包括自尊、自主和成就感；外部尊重因素包括地位、认可、关注、受人尊重等。自尊是指在自己取得成功时有一种自豪感，它是驱使人们奋发向上的推动力。受人尊重，是指当自己做出贡献时能得到他人的承认。

自我实现的需要包括成长与发展、发挥自身潜能、实现理想的需要。这是一种追求个人能力极限的内趋力。这种需要一般表现在两个方面。一是胜任感方面，有这种需要的人力图控制事物或环境，而不是等事物被动地发生与发展。二是成就感方面，对有这种需要的人来说，工作的乐趣在于成果和成功，他们需要知道自己工作的结果，成功后的喜悦远比其他任何薪酬都重要。

2. 赫茨伯格的双因素理论

双因素理论是由美国的行为科学家弗雷德里克·赫茨伯格（Fredrick Herzberg）提出来的。双因素理论认为，引起人们工作动机的因素主要有两个：一是保健因素，二是激励因素。

20 世纪 50 年代末期，赫茨伯格和他的助手们在美国匹兹堡地区对 200 多名工程师、会计师进行了访谈。结果发现，使职工感到不满的，都是属于工作环境或工作条件、工作关系方面的因素，如公司的政策、行政管理、职工与上级之间的关系、工资、工作安全、工作环境等；使职工感到满意的都是属于工作本身或工作内容方面的因素，如工作的成就感、工作成绩得到上司的认可、工作本身具有挑战性等。赫茨伯格把前者叫作保健因素，后者叫作激励因素。其涵义是，保健因素如果达不到职工可接受的最低水平时，就会引发职工的不满情绪。但是，具备了这些条件却不能使职工感到满意和受到激励；而激励因素的改善，则能够激发职工的热情和积极性。

赫兹伯格双因素理论的重要意义在于，它把传统的满意-不满意（认为满意的对立面是不满意）的观点进行了拆解，认为满意的对立面是没有满意，而不是不满意；同样，不满意的对立面是没有不满意，而不是满意。该理论对管理的启示是：要调动和维持员工的积极性，首先要注意保健因素，以防止不满情绪的产生。但更重要的是要利用激励因素去激发员工的工作热情，增加员工的工作满意度。

3. 麦克利兰的成就需要理论

成就需要理论是由美国哈佛大学教授戴维·麦克利兰（David C. McClelland）于 20 世纪 50 年代提出来的。麦克利兰集中研究了人在生理和安全需要得到满足后的需要状况，特别对人的成就需要进行了大量的研究。麦克利兰把人的高级需要分为权力、归属和成就需要。

麦克利兰认为，成就需要强烈的人事业心强，喜欢那些能发挥其独立解决问题能力的环境，只要给他提供合适的环境，他就会充分发挥自己的能力。权力需要较强的人有责任感，愿意参与竞争，并且能够取得较高的社会地位的工作，喜欢指挥和影响别人。归属需要强烈的人渴望获得他人赞同，高度服从群体规范，忠实可靠。

4. 奥尔德弗的 ERG 理论

ERG 理论是生存-相互关系-成长需要理论的简称。ERG 理论是由美国心理学家克雷顿·奥尔德弗（Clayton Alderfer）在马斯洛的需要层次理论的基础上，进行了更接近实际经验的研究，提出来的一种新的人本主义需要理论。

他认为，人有三种核心的需要，即生存需要、相互关系需要和成长发展需要。即使一个人的生存和相互关系需要尚未得到完全满足，他仍然可以为成长发展需要而工作，并且这三种需要可以同时起作用。ERG 理论提出了“受挫-回归”思想，即如果较高层次的需要一再受挫而得不到满足，人们便会重新追求较低层次需要的满足。ERG 理论认为，一个人可以同时有一个以上的需要。

（二）过程型激励理论

过程型激励理论着重研究人从产生动机到采取行动的心理过程，找出对行为起决定作用的某些关键因素，弄清它们之间的相互关系，以预测和控制人的行为。该理论表明，要使员工产生组织期望的行为，必须在员工的行为与需要的满足之间建立起必要的联系。

1. 弗鲁姆的期望理论

期望理论是由美国著名心理学家和行为学家维克托·弗鲁姆（Victor H. Vroom）于1964 年在《工作与激励》一书中提出来的。弗鲁姆认为，人之所以能够积极从事某项工作，是因为通过个人努力取得组织期望的目标的同时也能达成个人的目标，满足自身某方面的需要。期望理论的模型如图 6. 8 所示。

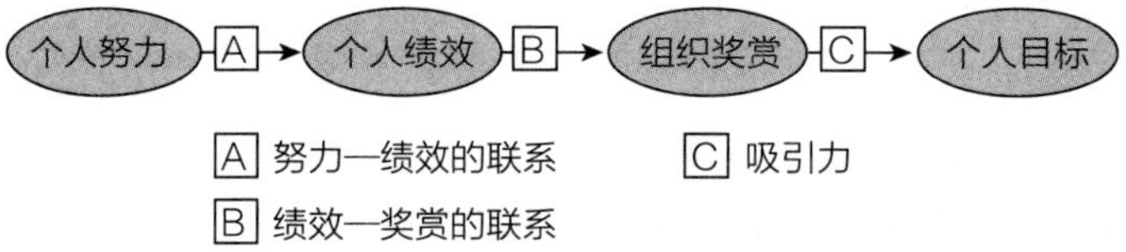

图 6. 8　简化的期望理论模型

根据这一理论的研究，员工对待工作的态度依赖于对下列三种联系的判断。

（1）努力—绩效的联系。员工感觉到通过一定程度的努力而达到工作绩效的可能性。即需要付出多大努力才能达到某一绩效水平？是否真能达到某一绩效水平？概率有多大？

（2）绩效—奖赏的联系。员工对于达到一定工作绩效后即可获得期望的奖赏结果的信任程度。即达到某一绩效水平后，会得到什么奖赏？

（3）奖赏-个人目标的联系。如果工作完成，员工所获得的潜在结果或奖赏对他的重要性程度。即这一奖赏能否满足个人的目标？吸引力有多大？

弗鲁姆提出，激发力量的大小，取决于目标价值（效价）和期望概率（期望值）的乘积，即 $M=V\times E$

M 表示激发力量，指调动一个人的积极性，激发人内部潜力的强度。V 表示目标价值（效价），这是一个心理学概念，是指达成目标对于满足个体需要的价值，也就是说，实现目标的结果对个人的吸引力的大小。E 表示期望值，是人们根据过去经验判断自己达到某种目标的可能性的大小，即能够实现目标的期望概率。从这个公式可以看出，效价和期望值越高，对人的激励作用才会越大。

2. 亚当斯的公平理论

公平理论是由美国行为学家斯塔西·亚当斯（J. Stacy Adams）于20世纪60年代在《工人关于工资不公平的内心冲突同其生产率的关系》（1962，与罗森合写）、《工资不公平对工作质量的影响》（1964，与雅各布森合写）、《社会交换中的不公平》（1965）等著作中提出来的一种激励理论。该理论侧重于研究工资报酬分配的合理性、公平性及其对职工生产积极性的影响。其基本观点是：当一个人作出成绩并取得报酬以后，他不仅关心自己的所得报酬的绝对量，还会关心自己所得报酬的相对量。也就是说，他要进行种种比较来确定自己所获报酬是否合理，比较的结果将直接影响其今后的工作积极性。

一种比较是横向比较，即员工要将自己获得的报酬（包括金钱、工作安排以及获得的赏识等）与自己的投入（包括教育程度、所作努力、用于工作的时间、精力和其它无形损耗等）的比值与其他人进行比较。另一种比较是纵向比较，即把自己目前付出的努力与所获得报酬的比值，同自己过去付出的努力与所获报酬的比值进行比较。

如果对自己的报酬的知觉和比较的认知失调，会导致当事人的心理失衡，即不公平感和心理紧张。为减轻或消除这种紧张，当事人会采取某种行动以寻求心理平衡。如果报酬公平，当事人就会获得满足感，从而产生激励作用。

课堂讨论案例

一次意外的谈话

小王去年进入一家小有名气的外企，小王对这份工作非常满意。一方面公司的上上下下都很和谐，气氛轻松，工作虽累却很舒心；另一方面薪水也不错，底薪有3000元，还会有一些奖金。小王一门心思都扑在工作上，经常加班加点，有时还把工作带回家做。一次湖北的一个设备安装项目，在小王的努力下只用了1/3的时间就完成，为公司节约大量成本。项目负责人为此还专门写了一份报告表扬小王。年终考核，人力资源主管对小王的成绩予以高度表扬，并告诉小王公司将给他加薪15%。

小王很高兴，这不仅是钱的问题，而且是公司对他业绩的肯定。同年进入公司的小李却开心不起来，他今年的业绩不好，午饭时两人聊了起来。小李说：小王你今年真不错，不像我，薪水都加不了，干来干去还是3000元。猛然间，小王才知道，原来小李的薪水和他一样多！他对小李并没有意见，可他想不通，即使不管业绩，同样的职务，小李的学历、能力都不比他高，怎么工资是一样的呢？

回答问题：

1. 试描述一下小王与小李谈话前后的感受。
2. 你认为小王下一步会怎么做？

3. 波特–劳勒的激励模式

波特–劳勒激励模式是由美国心理学家爱德华·劳勒（Edward E. Lawler）和莱曼·波特（Lyman W. Porter）于1968年在《管理态度与工作绩效》一书中提出来的。该激励模式的特点是：激励导致一个人是否努力及其努力的程度；工作的实际绩效取决于能力的大小、努力程度以及对所需完成任务理解的深度。奖励要以绩效为前提，不是先有奖励后有绩效，而是必须先完成组织任务才能有奖励。当员工看到他们的奖励与业绩关联性很小时，奖励将不能成为提高绩效的刺激物；奖励措施是否会产生满意，取决于被激励者认为获得的报酬是否公正。如果他认为符合公平原则，当然会感到满意，否则就会感到不满。由此可见，波特–劳勒的激励模式是对期望理论和公平理论的进一步发展。其激励模式如图6.9所示。

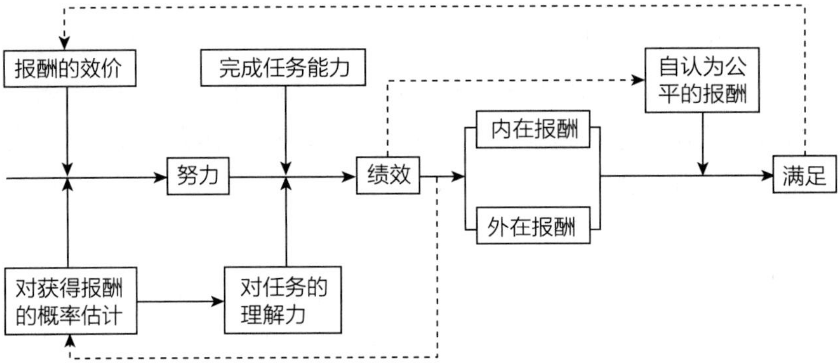

图6.9 波特–劳勒的激励模型

（三）行为修正型激励理论

行为修正型激励理论重点研究激励的目的（即改造、修正行为），是研究如何改造和修正人们的行为，变消极为积极，使其达到目标的一种理论。

1. 斯金纳的强化理论

强化理论是由美国的心理学家伯尔赫斯·弗雷德里克·斯金纳（Burrhus Frederic Skinner）等人提出的一种理论，也叫操作条件反射理论、行为修正理论。该理论认为，人或动物为了达到某种目的，会采取一定的行为作用于环境。当这种行为的后果对他有利时，这种行为就会在以后重复出现；当这种行为的后果对他不利时，这种行为就会减弱或者消失。人们可以用这种正强化或负强化的办法来影响人的行为，从而达到修正其行为的目的。

根据强化的性质和目的，强化可以分为正强化、负强化、惩罚和自然消减。

（1）正强化。所谓正强化，就是奖励那些符合组织目标的行为，以使这些行为得到进一步加强，从而有利于组织目标的实现。正强化的刺激物不仅包含奖金等物质奖励，还包含表扬、提升、改善工作关系等精神奖励。为了使强化达到预期的效果，还必须注意实施不同的强化方式。可以是连续的、固定的正强化，也可以是间隔固定的时间来给予一定数量的正强化。实践证明，后一种正强化更有利于组织目标的实现。

（2）负强化。所谓负强化，就是通过建立一些规章制度，使员工为了避免出现不良的后果而主动积极工作，产生组织所期望的行为。例如，员工为了避免完不成任务而被扣奖金，会努力把工作做好。实际上，不进行正强化也是一种负强化。譬如，过去对某种行为进行正强化，现在组织不再需要这种行为，但基于这种行为并不妨碍组织目标的实现，这时就可以取消正强化，使行为减少或者不再重复出现。

（3）惩罚。惩罚主要针对那些不符合组织目标的行为，以使这些行为削弱甚至消失，从而保证组织目标的实现不受干扰。惩罚措施包括减少奖酬或罚款、批评、降级等。

负强化和惩罚的不同之处在于，负强化是在行为发生之前进行预防，告知怎样的行为是组织不期望出现的，一旦出现会受到什么惩罚，以避免这种行为的发生；惩罚是在行为发生之后施加严厉的惩罚措施，希望这种行为不再发生。

（4）自然消减。对于组织不期望出现的行为，除了直接惩罚外，还可以从“冷处理”或“无为而治”角度使这种行为自然消减。如开会时，管理者不希望下属提出无关或干扰性的问题，可以当他们举手要发言时，无视他们的表现，这样举手行为必然会因为得不到强化而自行消失。从某种意义上说，撤消原来的正强化也是一种冷处理。

总之，强调行为是其结果的函数，通过适当运用即时的奖惩手段，集中改变或修正员工的工作行为。强化理论的不足之处在于，它忽视了诸如目标、期望、需要等个体要素，而仅仅注重当人们采取某种行动时会带来的后果，但强化并不是员工工作积极性存在差异的唯一解释。

扩展阅读

训练海豚的启示

训练师一开始训练海豚跳出水面的方式是先等它自己跳出水面，当它作出这样的动作时，训练师就会给它一条鱼作为奖励，接着只要海豚做出跳出水面的动作，训练师都会给它一条鱼作为奖励。这样次数多了以后，海豚的脑神经便会使“跳出水面”和“给它鱼”产生关联；为了得到有鱼吃的奖赏，这只海豚便会不时跳出水面。对于训练师来说，海豚的这种行为正是他所要的，希望海豚能一而再、再而三地跳出水面。

当海豚已经学会了跳出水面后，训练师便不再每一次都给它鱼吃，而要等它跳得比较高时才给鱼吃，随之训练师便慢慢地提高海豚跳的高度来给鱼，这么做的目的是为了不让海豚养成认为只要跳出水面便有鱼吃的习惯。

当海豚已经能够跳到训练师所期望的高度后，训练师就又不再每一次都给它鱼吃，而是在它第三次跳或第五次跳或第二次跳之后。这么做的用意是要让海豚不确定哪一次会有鱼吃，除非它有最佳的表现时才会有赏。那么，每一次它在跳时便会竭尽全力。

训练海豚不断跳十次的方法，那就是每当它跳上十次才会给它鱼吃作为奖励，不过这不能成为必然的习惯，否则，若海豚知道了只有跳第十次才会有鱼吃的话，那么前九次它就不会卖力地跳了。

当海豚有特别表现时，训练师给它的将不只是一条鱼，而是三条或四条鱼，这会让海豚为了期望还有下一次奖励而更卖力，因为这个奖实在是很大，值得它作这样的努力。

2. 亚当斯的挫折理论

挫折理论是由美国行为学家斯塔西·亚当斯（J. Stacy Adams）提出来的。挫折是指人类个体在从事有目的的活动过程中，指向目标的行为受到干扰或遇到障碍，致使其动机不能实现，需要无法满足时所产生的一种情绪状态。挫折理论主要研究人的动机行为受阻而未能满足需要时的心理状态和行为表现，以及管理者如何采取措施将员工的消极性行为转化为积极性、建设性行为。

管理者应重视管理员工的挫折问题，适当采取措施，以防止挫折心理给员工及工作带来的不利影响。如合理调整无法实现的行动目标；通过培训提高员工的能力和技术水平，增加个人目标实现的可能性，减少挫折的主观因素；改进工作中的人际关系、实行民主管理、合理安排工作和岗位、改善劳动条件等，以减少挫折的客观因素；开展心理保健和咨询，消除或减弱员工的挫折心理压力等。

3. 海德的归因理论

归因理论最初是由美国心理学家弗里茨·海德（Fritz Heider）于1958年在《人际关系心理学》一书中提出来的。海德是归因理论的创始人。他指出，人产生某种行为的原因可分为内部原因和外部原因。内部原因是指存在于行为者本身的因素，如需要、情绪、兴趣、态度、信念、努力程度等；外部原因是指行为者周围环境中的因素，如他人的期望、奖励、惩罚、指示、命令、天气的好坏、工作的难易程度等。

管理者要想有效地激励下属，就要了解影响其行为的原因，一方面要创造能够满足其需要的条件来激励下属；另一方面要及时地予以下属奖励或者惩罚，使其明确自己的行为后果，达到激励或者约束其行为的目的。

每一种激励理论有其不同的研究侧重点，给管理者带来不同的启示。具体如表6.4所示。

表 6.4 激励理论及其启示一览表

理论类型	理论名称	基本观点	激励要素	管理启示
内容型激励理论	马斯洛的需要层次理论	将人的需要分为五个层次，由低到高分别为：生理需要、安全需要、社交需要、尊重需要和自我实现的需要。人的需要由低级向高级不断发展	需要	管理者要了解下属的需要层次，采取针对性的激励方法
	赫茨伯格的双因素理论	引起人们工作动机的因素主要有两个：一是保健因素，二是激励因素。保健因素与工作环境有关，激励因素与工作本身有关	工作环境 工作本身	管理者要营造有利的环境防止员工产生不满；从工作本身出发激励员工
	麦克利兰的成就需要理论	将人的高级需要分为三类，即权力、归属和成就需要。具有高成就需要的人更喜欢具有个人责任、能够获得工作反馈和适度的冒险性的环境	需要	管理者要了解员工的成就需要动机，识别员工的需要类别
	奥尔德弗的 ERG 理论	人们有三种核心的需要，即生存需要、相互关系需要和成长发展需要。这三种需要可以同时起作用	需要	管理者要注重下属的成长发展的需要，采取有效的激励措施
过程型激励理论	弗鲁姆的期望理论	人之所以能够积极从事某项工作，是因为通过个人努力实现组织目标的同时也能达成个人目标，满足自己的需要。激发力量的大小，取决于目标价值（效价）和期望概率（期望值）的乘积，即 $M=V\times E$	目标价值（效价） 期望概率（期望值）	管理者要同时提高期望值和效价，才能有效激发员工的工作动机
	亚当斯的公平理论	工资报酬分配的合理性、公平性及其对职工生产积极性的影响。当一个人作出成绩并取得报酬以后，便不仅关心自己所得报酬的绝对量，还会关心自己所得报酬的相对量	报酬的公平性	组织要建立科学合理的薪酬制度，使员工感到公平，同时引导员工树立正确的公平观
	波特-劳勒的激励模式	激励导致一个人是否努力及其努力的程度；绩效取决于其能力高低、努力程度以及对所需完成任务理解的深度；奖励以绩效为前提；满意的前提是获得的报酬是否公正	努力 绩效 报酬的公平性	管理者要通过制定合理的奖励内容、奖惩制度、组织分工、目标导向等多种综合性因素来激励员工
修正型激励理论	斯金纳的强化理论	人或动物为了达到某种目的，会采取一定的行为作用于环境。当这种行为的后果对他有利时，这种行为就会在以后重复出现；当这种行为的后果对他不利时，这种行为就会减弱或者消失。可以通过正强化或负强化的办法来修正员工的行为	正强化 负强化	管理者要采取一定的强化手段来刺激员工发扬或者消除某种行为，以达到激励的目的
	亚当斯的挫折理论	人的动机行为受阻而未能满足需要时的心理状态和行为表现，以及管理者如何采取措施将员工的消极性行为转化为积极性、建设性行为	挫折	管理者一方面要减少挫折的主观因素和客观因素；另一方面要开展心理保健和咨询，消除或减弱挫折心理压力
	海德的归因理论	人的行为的原因可分为内部原因和外部原因。内部原因是指存在于行为者本身的因素，如需要、情绪、兴趣、态度、信念、努力程度等；外部原因是指行为者周围环境中的因素，如他人的期望、奖励、惩罚、工作的难易程度等	内因 外因	管理者要想有效地激励下属，就要了解影响其行为的原因

四、激励的原则

要想最大程度地满足员工的需要，激励员工的士气，除了采取合适的激励方式外，还应注意遵循以下的原则。

1. 物质利益原则

人们进行社会活动，都直接或间接地和物质利益联系在一起，这是马克思主义关于历史唯物主义的一个基本观点。物质利益除了经济方面的重要作用外，还是满足人的安全需要、自尊需要等不可缺少的依据。在员工的物质利益未得到充分满足时，对员工的激励应注重物质利益原则；即使在个人的物质利益已被认为充分满足之后，也不应忽视物质利益的激励作用。

2. 公平原则

根据公平理论，人们是需要被公平对待的，而公平是在比较中获得的，人们注重的不仅是所得报酬的绝对量，更注重可比的相对量。管理者应充分考虑一个群体内以及群体外的激励公平性。当然，组织也要引导员工树立正确的公平观。

3. 差异化和多样化原则

所谓差异化，就是针对不同的个人采取不同的激励方法；所谓多样性，就是不应拘泥于一种方式，而应视情况不同，灵活运用多种激励方法。这是从激励的本质出发的，既然激励的本质是满足个人的需要，而人的需要又是多种多样、不断发展变化的，激励方式也就必须是多种多样、彼此差异的。事实证明，在激励工作中只有坚持差异化和多样化原则，才能保证激励的有效性。

4. 个人目标与组织目标一致的原则

激励是通过创造条件满足员工的需要来调动员工的积极性。因此，在设置激励条件时，一定要考虑所实现的个人目标是否与组织的期望和目标相一致。例如，公司提出若员工的年销售业绩达到1000万元，就予以奖励一套50平方米的住房。这一激励措施表明，在实现员工个人目标的同时，也大大提升了企业的销售业绩，这是组织所期望的。

五、常用的激励方式

有效地激励员工是管理者日常管理活动中最重要的一项工作内容。员工能否具有积极的工作态度和取得应有的绩效，除了取决于员工的自身因素和客观环境因素之外，还取决于被激励的程度。下面介绍常用的激励方式和方法。

1. 赞扬激励

有时候对员工的激励是不需要花钱的，比如及时的口头或书面的表扬和赞赏。对员工来说，在适当的时候，从适当的人口中说出来的一句真诚的表扬或鼓励，比一次提升、正式的奖品、满墙的奖状或纪念品更有效、更重要。格兰厄姆博士在全美进行的研究发现，员工最喜欢的奖励方式是他们的顶头上司对他们公开的、不假思索的认同。[1] 赞扬一定要及时，当员工有了突出的工作表现时，要立刻给予表扬、认可或者鼓励。

例如，Busch Gardens-Tampa 公司对业绩突出的员工给予“拍拍后背奖”，并将一封奖励信放入该员工的档案中。

扩展阅读

一封及时的信

美国通用电器公司的前总裁杰克·韦尔奇得知女工玛丽做的一项技术革新取得了成功，便给玛丽写了一封亲笔信：

“玛丽：恭喜你，你的聪明才智得到了发挥；感谢你，你的技术革新给我们公司带来了效益；相信你，你的聪明才智会得到更大的发挥。我们承诺，将给你提供更大的舞台，让你更好地发挥作用。”

写完信，韦尔奇立刻将信传真给玛丽。玛丽看到总裁写给自己个人的亲笔信的传真信件，激动得热泪盈眶。很快，玛丽又收到韦尔奇写给自己的亲笔信的原件（韦尔奇要求，只要员工在美国本土，就要在48小时之内把原件送达到员工手上）。玛丽以此为荣，无比骄傲，她珍藏着这封信，更加努力地投入到工作中。

2. 荣誉激励

荣誉是组织对个体或群体的崇高评价，荣誉是贡献的象征。每一个员工都有强烈的荣誉感，当获得某种荣誉时，员工的信心会大大地增强，自尊心得到空前的满足，自身的价值得到体现。因此，对于一些工作中比较突出、具有代表性的先进员工，给予必要的荣誉奖励，能极大地满足员工的荣誉感，使他们迸发出强大的能量继续投入到工作中去。

例如，海尔公司的荣誉激励很有特色。海尔会直接用员工的名字来命名一些小发明、小创造，以及工作的方式方法等，如“晓玲扳手”“云燕镜子”“李勇冰柜”“王德工作法”等，以此来奖励员工作出的贡献，同时起到激励的作用。

扩展阅读

惠普公司的“金香蕉奖” 的来历

荣誉激励是一种终极的激励手段，它主要是把工作成绩与晋级、提升、选模范、评先

1　鲍勃·纳尔逊. 1001种奖励员工的办法. 中信出版社， 2005. 4

进联系起来，并以一定的形式或名义标定下来，主要的方法是表扬、奖励、经验介绍等。荣誉可以成为不断鞭策荣誉获得者保持和发扬成绩的力量，还可以对其他人产生感召力，激发比、学、赶、超的动力，从而产生较好的激励效果。

许多年前，惠普公司的电脑工作小组，为了一个无法解决的问题，伤透了脑筋。

经过好几个星期的努力，有一天，一位电脑工程师冲进了总裁的办公室，高兴地大喊："找到了！"总裁很兴奋，忘乎所以地高声说："恭喜！恭喜！太好了！"经理也高兴得手舞足蹈，不知怎样感谢这位工程师才好。他弯下腰把办公室的抽屉翻了个遍，想要找出某种东西来表示对该工程师的成就的认可。最后经理从自己的午饭盒里找出一根香蕉递给这位工程师，并躬着身真诚地说道："干得好，祝贺你！这是给你的奖赏！"当时工程师感到很惊讶。

此后，这只香蕉演化成一只小小的香蕉形的金别针，成了该公司对科技创新的最高奖赏。所有得到这种"香蕉"的员工，均引以为豪。

3. 工作激励

工作激励是指来自工作本身或工作内容的激励，以双因素理论作为基础。适当的工作设计与安排不仅是人力资源管理的重要工具，也是一种有效的激励方法。它包括职位的提升、工作权限的扩大、工作范围的扩大、安排更具挑战性或更符合个人爱好和特点的工作、工作丰富化等。管理者在激励员工时，要注意从工作本身或工作内容出发，提高员工工作的适应性、完整性、自主性和挑战性，使员工了解工作的意义和获得工作成果的反馈，实行弹性工作制等，来激发员工的工作积极性、主动性和创造性。

例如，将特殊任务交给工作主动积极的员工；从事一项具有真正挑战性的项目时，请一名员工给予协助；让员工担任公司总裁的特殊任务小组成员；让喜欢独自工作的员工承担一些责任；给员工一定的自主权；允许员工选择他（她）的下一项工作任务等。

亚特兰大金融服务公司 Advanta 邀请优秀员工协助对新招聘的员工和临时工进行培训，这既是对优秀员工的价值的一种认可和激励，同时也能帮助他们开发新的技能，使他们得到更多的锻炼，扩展和提升他们的工作能力。

4. 情感激励

管理者既要抓好各种规范化、制度化的"刚性管理"，也要注重感情的投入和交流，关心员工的成长和发展，充分发挥"情感激励"的作用。管理者要加强与员工的沟通，关心员工的工作和生活，在必要的时候给予帮助和指导，还要做员工的思想工作，适时开导员工，使员工能够理解企业的使命和目标，并建立共同的愿景，激励员工和企业一起努力，实现双赢。

5. 参与管理

参与管理主要表现在：员工参与企业的一些经营管理活动，积极建言献策，提出合理化的建议，以及参加企业的有关管理工作的研讨活动等。这种激励方式的效果是多方面的：一方面使得员工通过参与管理，获得一种得到别人重视的成就感；另一方面又可使员工获得信任而产生强烈的责任感，从而提高员工的工作积极性。

6. 培训激励

企业给员工提供各种学习、培训、锻炼的机会，也是一种有效的激励方式。培训意味着为员工自身能力和素质的提高、自身人力资本的增值以及为将来更好的发展提供机会和条件。特别是进入信息社会，知识的更新越来越快，人们在工作岗位上受到的挑战也越来越多，对学习的需要越来越强烈。因此，培训激励方式也越来越受到青睐。

7. 榜样激励

榜样激励就是给员工树立值得学习的榜样，通过示范的作用来满足员工学习与成长的需要，引导员工朝着组织所期望的方向努力工作。榜样激励有两种做法：一是发挥领导者、管理者身先士卒的榜样作用，要求员工做到的，首先管理者要做到，另外就是管理者要起到带头和引导的作用；二是树立先进或典型人物，倡导员工向他们学习，从而起到激励员工的作用。

8. 物质激励

物质激励主要通过加薪、奖金、红利、股权、奖品等形式对员工的突出贡献进行奖励。物质奖励一定要体现多劳多得，并且这种激励要有度，要与精神奖励相结合。但实践证明，物质激励持续的时间较短，还容易引导员工只关注金钱方面的回报，而忽视其他方面的回报。此外，物质激励还要讲究及时性。例如，某个员工的工作出色，应该给其加薪或予以奖励，结果拖了半年才真正到位，这样既花了钱，又没有起到应有的激励作用。

课堂讨论案例

塔玛约是如何激励员工的？[1]

塔玛约讲述了她在担任社会服务公司圣迭戈市培训部主任时，是如何提升培训部员工的精神面貌、自豪感和工作效率的。

在她开始任职培训部时，员工的精神面貌低下，团体的认同感很弱。塔玛约找了培训部的 13 名员工谈话，并询问他们希望公司如何看待他们。从那时开始，团队便增加了一致性，员工把自己同培训部看作一个整体，他们设计了部门的标志，并把它画在办公楼的外墙上和休息室里，每个人都拥有印着新标志的名片。

1　鲍勃 · 纳尔逊 . 1001 种奖励员工的办法 . 中信出版社， 2005. 4

之后，塔玛约宣布该部门每月拿出半天作为奖励和认同日，还宣布部门员工可以提出他们想做的事情。他们曾一起坐火车去洛杉矶参观博物馆，到蒂华纳（在墨西哥）购物，去动物园玩等。他们搞这些活动没有预算，都是自己掏钱。

每次召开部门会议时，塔玛约都请一名员工帮忙想出一种有趣的办法来奖励部门里的另一名成员。当宣布一名员工晋级时，他们在办公大楼里举行"行走活动"以示庆祝。他们向一名员工赠送了一只 Energizef 兔子，"因为他总是在别人需要时就及时提供帮助"。有一名员工干活很麻利，他就得到了一只玩具长尾鸟。每次部门开会，塔玛约所做的第一件事就是阅读表扬本部门和本部门员工的信件。无论在什么时候，她总是和部门员工分享她所知道的公司里的最新消息。

塔玛约用数字来提高部门业绩的清晰度。部门每月培训过的员工人数都要进行统计，和节省费用的理念一样，这方面的进展情况需要在全公司内进行沟通。塔玛约在部门里张贴简易图表，追踪进展情况，看看距目标还有多远，并将"硕士学位"授予培训满 1000 小时的员工和管理人员。

塔玛约用自己部门的服务交换其他培训公司的服务，以便部门员工获得公司外的培训。她还开办了有利于员工自我发展的图书馆，以此作为一种奖励。

塔玛约广泛运用各种自发性的奖励，例如快速写一张便条，或在临时制作的图表上写"你昨天的会议安排得很好"，具体写明这次活动为什么重要，并将这张图表贴在那个人办公室的门口。她还常常让部门员工在一个培训班结束后的次日晚一点来上班。

每个人都可以同塔玛约谈任何事情，每周一次，每次一个小时。起初，这类会面常常持续不到 10 分钟。但是不久以后，每个人都充分利用了这一个小时的时间。员工们可以谈培训班的培训效果、如何能提高培训水平、同其他员工存在什么问题、如何提高培训技术并发挥职业潜力。

塔玛约会假装所有参与项目的员工参加了一场马拉松赛，然后在模拟马拉松颁奖礼上，给员工们颁发 T 恤衫和经特殊包装的旧唱片，以示对他们所取得成绩的认同。

这些活动花钱很少，甚至根本不用花钱，在整个过程中，全体员工都知道他们需要继续投入以完成所有工作。在数月之内，培训部员工的精神面貌、兴奋情绪、自豪感和精力都迅速提升，该部门深受公司里其他人的尊重。

回答问题：

塔玛约是如何激励员工的？

在组织的管理实践中，有着多种多样的激励方式，管理者要根据员工的实际情况，选择合适的激励方法，达到调动员工工作积极性的目的。要能最大程度地满足员工需要、激励员工的士气，还要注意激励的公平性、差异性和多样性。

第四节　沟通

一、沟通的含义及作用

沟通对于组织的重要性，如同血液循环对于人体一样。正如杰克·韦尔奇所说，“企业管理的秘诀就是沟通、沟通、再沟通”。可见，沟通对于一个组织的生存与发展的重要性。

什么是沟通？沟通（Communication）是指人们把信息、观念和想法，通过一定的符号形式，传递给别人并获取理解的活动过程。沟通是人与人之间的活动；沟通的实质是达成共识；沟通要借助一定的符号形式来实现。

在理解沟通的含义时，需注意以下几点：

（1）沟通要有目的性；

（2）沟通不仅是信息的传递，还包括对信息的理解。只有使信息接收者最终达成共识，才能说明沟通是有效的；

（3）沟通的内容不仅是信息，还包括思想、情感；

（4）沟通是一个双向、互动、理解和反馈的过程。

沟通在管理中的作用体现在：沟通是科学决策的前提和基础；沟通是使组织成为一个整体的凝聚剂；沟通是建立良好人际关系的关键；沟通是组织与外部环境之间建立联系的桥梁。

二、沟通的要素与过程

在沟通过程中，至少存在着一个发送者和一个接收者，即信息发出方和信息接收方。其中沟通的载体称为沟通渠道，编码和解码分别是沟通双方对信息进行的信号加工形式。沟通的过程如图 6. 10 所示。

沟通是发送者通过一定的渠道将特定内容的信息传递给接受者的过程。这个过程包含以下几个组成部分。

1. 发送者

发送者需要向接收者传递信息，这里所说的信息包括很广，如想法、观点、资料等。

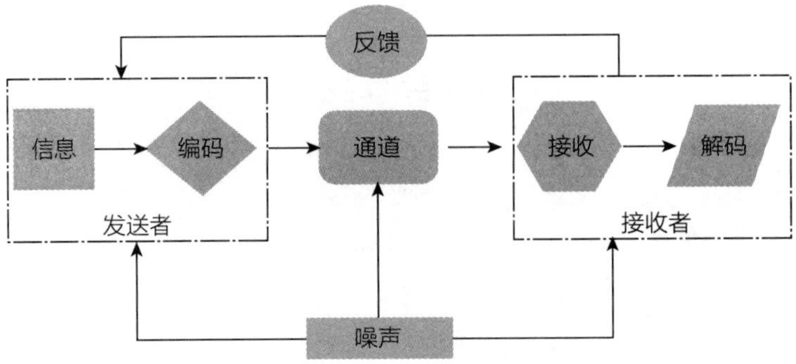

图 6.10 沟通的过程示意图

2. 编码

发送者需要将要发送的信息译成接收者能够理解的一系列符号形式，如文字、图片、表格、音频、视频、肢体语言、动作等。

3. 渠道

通过一定的媒介将编码过的信息传递给接收者。不同的沟通渠道适用于传递不同的信息。随着现代信息技术的发展，沟通的渠道也越来越多。可以通过面对面、电话、短信、微信、微博、QQ、视频会议、电子邮件、备忘录、信函、报告等方式进行信息的传递。

4. 接收者

接收者接收由发送者传递过来的信息。接收者可以根据这些符号传递的方式，选择相应的接收方式。

5. 解码

接收者接收到传递过来的符号以后，需要将这些符号译为具有特定含义的信息，并理解信息的内容。

6. 反馈

发送者通过接收者的反馈来了解所传递的信息是否被对方准确无误地理解和接受。有反馈的沟通才是双向沟通，否则只是单向沟通。

在沟通的过程中会有噪声。噪声是指信息传递过程中的干扰因素。由此可见，沟通的基本要素包括：信息的发送者、信息的接收者，信息沟通的内容和信息沟通渠道等。

三、沟通的分类

（一）按照沟通的方式分类

按照沟通的方式不同，可分为：口头沟通、书面沟通、非语言沟通、电子媒介沟通。

各种沟通方式的比较如表6.5所示。

表6.5 各种沟通方式的比较

沟通方式	举例	优点	缺点
口头沟通	交谈、讲座、讨论会、电话	快速传递、快速反馈、信息量很大	传递中经过层次越多，信息失真越严重、核实越困难
书面沟通	报告、备忘录、信件、文件、内部期刊、布告	持久、有形，可以核实	效率低、缺乏反馈
非语言沟通	声、光信号，体态、语调	信息意义十分明确，内涵丰富，涵义隐含灵活	传递距离有限，界限模糊，只可意会，不可言传
电子媒介沟通	传真、闭路电视、计算机网络、电子邮件、视频会议	快速传递、信息容量大、一份信息可同时传递给多人、成本低	单向传递，电子邮件可以交流，但看不见表情

(二)按照信息传递的渠道分类

按照信息传递的渠道不同，可分为正式沟通和非正式沟通。

1. 正式沟通

正式沟通是通过组织明文规定的渠道，进行信息的传递和交流。例如，组织规定的汇报制度，定期或不定的会议制度，上级的指示按组织系统逐级向下传达，或下级的情况逐级向上级汇报等。

从沟通网络来看，正式沟通网络有以下几种：轮式、Y式、链式、环式和全通道式。每一种沟通网络对群体活动效率会产生不同的影响，如表6.6所示。

表6.6 五种正式沟通网络的比较

沟通网络	轮式	Y式	链式	环式	全通道式
图示	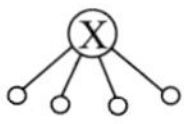	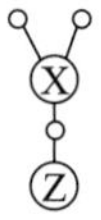		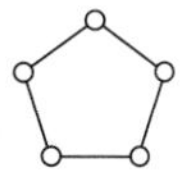	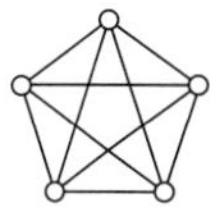
领导明确性	高	高	中等	中等	低
成员满意度	低	低	中等	中等	高
任务复杂	低	低	中等	中等	高
任务简单	高	高	中等	中等	中等

轮式沟通网络中，X显然是群体的领导、核心人物，成员之间缺少沟通，这将导致成员满意度降低。如果群体的任务复杂，那么这一沟通网络所带来的工作质量将很低。但如果任务简单，而且成员都愿意接受领导者的权威，那么它的效果将是积极的。

“Y”式可以看作是由轮式和链式混合而成的一种网络，X是群体的领导、核心人物，与轮式很相似，唯一的区别是还有更高一级的领导者 Z。

链式沟通网络中，信息是单线、顺序传递的，人们只与群体中的某些人沟通，沟通保密性较好，成员的满意度比轮式强一些。从群体绩效来看，这种网络在完成简单和复杂任务时，绩效都属中等。

环式沟通网络中，不存在任何的中心人物，每个成员都有均等的机会参与沟通，彼此分享信息，成员的满意度较高。

全通道式网络中，所有的成员都可以与其他成员进行沟通。其结果是领导不明确，似乎每一成员都有决策权。在全通道网络中，群体成员满意度很高，完成复杂任务的绩效也很高。当任务简单时，绩效只是中等，主要是所费的时间较长。由于时间是最有价值的资源，所以在解决简单任务时，最好使用轮式沟通网络。

显然，每种沟通网络均有优缺点，作为管理者要权衡利弊来决定使用何种网络，解决问题的质量和过程都是权衡的标准。

2. 非正式沟通

非正式沟通是在正式沟通渠道以外进行的信息传递和交流。信息的传播除了通过正式沟通渠道进行之外，还可以通过非正式沟通渠道进行传播。戴维斯（Keith Davis）曾对小道消息的传播进行了研究，发现有四种传播方式。如图 6.11 所示。

单线式的传播方式是通过一连串的人把消息传播给最终的接收者；流言式是一个人主动把小道消息传播给其他人；偶然式是按偶然的机会传播小道消息；集束式是把小道消息有选择地告诉自己的朋友或有关的人。

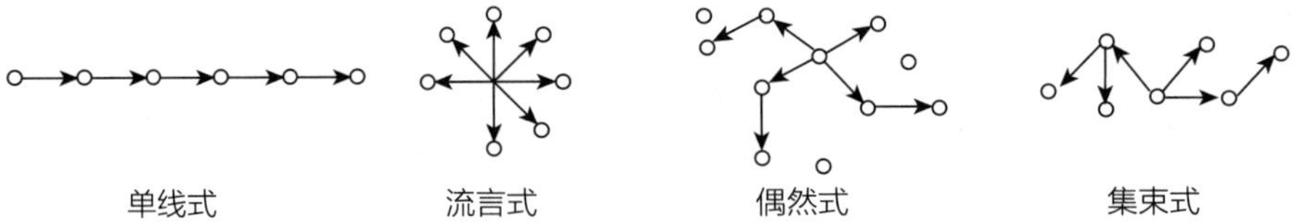

图 6.11　四种小道消息传播网络

戴维斯的研究结果证明，小道消息传播的最普通形式是集束式。例如，在一个大公司里，总经理准备邀请 36 名地位较高的经理到郊外野餐。在发出请帖之前，小道消息已经传播出去。据调查，36 名被邀请的经理在接到请帖之前几乎全部知道了这个消息，而在未被邀请的地位较低的经理中，只有两个知道这个消息，这两个人之所以能够知道，还是因为传播消息者误认为这两人也在被邀请之列。这些类似的实例表明，小道消息的传播者往往只把消息告诉经过选择的对象，即按集束式传播消息。

（三）按照沟通的方向分类

按照沟通的方向不同，沟通可分为：上行沟通、下行沟通、平行沟通、斜向沟通。

上行沟通，即自下而上的沟通，指组织系统内较低层次的人员向较高层次的人员的沟通，如请示、汇报和意见申诉等。

下行沟通，即自上而下的沟通，指组织系统内较高层次的人员向较低层次的人员的沟通，如下达指令、布置任务、颁布规章制度等。

平行沟通，指组织系统内同一层次人员之间的沟通，如高层管理者之间、中层管理者之间、普通员工之间的沟通等。如图 6. 12 所示。

斜向沟通，指组织系统内跨部门、跨层次的人员之间的沟通，如销售部经理与市场部员工之间的沟通等。如图 6. 12 所示。

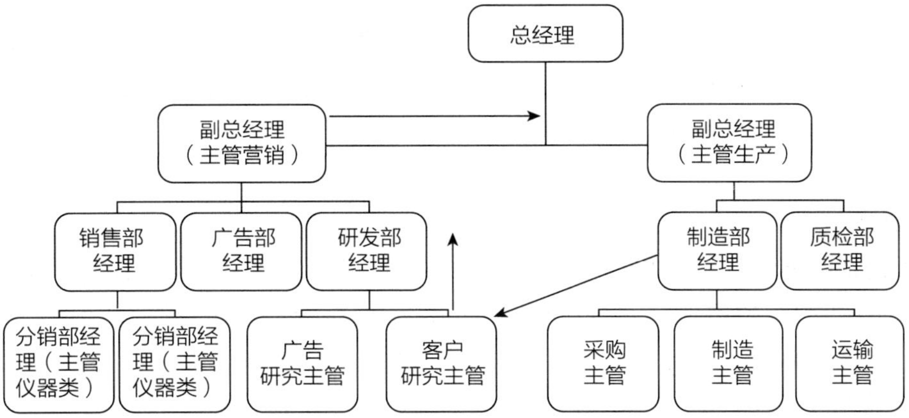

图 6. 12　不同沟通方向示意图

四、沟通的障碍

在沟通的过程中，由于存在着外界干扰以及其他种种原因，信息往往会丢失或被曲解，从而造成沟通的障碍，影响沟通的效率。沟通的障碍可以从以下几个方面进行分析。

1. 个人因素

个人因素主要包括两大类，一是有选择地接受，二是沟通技巧的差异。所谓有选择地接受，是指人们拒绝或片面地接受与他们的期望不一致的信息。研究表明，人们往往愿意听或看他们感情上能够接纳的东西，抑或是他们想听或想看的东西，甚至只愿意接受中听的，拒绝不中听的。在沟通过程中，接收者会根据自己的需要、动机、经验、背景及其个人特点有选择地去看或去听。除了个人接受能力有所差异外，人们的沟通技巧也不尽相同。例如，同样的词汇对不同的人来说含义是不一样的。年龄、教育和文化背景是三个最明显的因素，它们影响着一个人的语言风格及其对词汇的界定。在一个组织中，员工常常来自于不同的背景。另外，横向的分化使得专业人员具有各自的行话和技术用语，纵向的差异同样造成了语言问题，直接影响着沟通。

2. 人际因素

人际因素主要包括沟通双方的相互信任、信息来源的可靠度和发送者与接收者之间的相似程度。沟通是发送者与接收者之间“给”与“受”的过程，沟通双方的诚意和相互信任至关重要。上下级之间的猜疑只会增加抵触情绪，减少坦率交谈的机会，也就不可能进行有效的沟通。

信息来源的可靠性由下列四个因素决定：诚实、能力、热情、客观。信息来源的可靠性实际上是由接收者主观决定的，就个人来说，员工对上级是否满意，很大程度上取决于他对上级可靠性的评价；就团体而言，可靠性较大的工作单位或部门比较能公开、准确和经常地进行沟通，它们的工作也相应地较为出色。

沟通的准确性与沟通双方间的相似性有着直接的关系。沟通双方特征的相似性影响了沟通的难易程度和坦率性。沟通一方如果认为对方与自己很接近，那么他将比较容易接受对方的意见，并且达成共识。相反，如果沟通一方视对方为异己，那么信息的传递将很难进行下去。

3. 情绪

不同的情绪感受会使个体对同一信息的解释截然不同。极端的情绪体验，如狂喜或抑郁，都可能阻碍有效的沟通。这种状态常常使我们无法进行客观和理性的思维活动，而是代之以情绪性的判断。因此，最好避免在很沮丧的时候作决策，因为此时决策者无法清楚、理智地思考问题。

4. 结构因素

结构因素包括地位差别、信息传递链、团体规模和空间约束四个方面。研究表明，地位的高低对沟通的方向和频率有很大的影响，地位悬殊越大，信息趋向于从地位高者流向地位低者。事实证明，地位差别是沟通中的一个重要障碍。

信息通过的等级越多，到达目的地的时间也越长，信息越容易失真。这种信息连续地从一个等级到另一个等级时所发生的变化，称为信息链传递现象。如图 6. 13 所示。

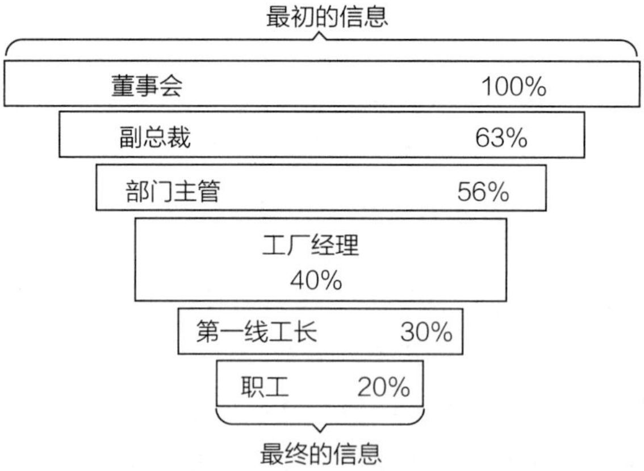

图 6. 13 信息链传递示意图

当工作团体规模较大时，人与人之间的沟通也相应变得较为困难，这是由于沟通渠道增多和沟通形式更为复杂造成的。

空间约束不利于员工之间的交流，限制了他们的沟通。虽然随着现代信息技术的发展，一定程度上降低了空间距离对沟通的阻碍，但因为无法体现面对面沟通的优越性，其对沟通的影响仍然存在。

5. 技术因素

技术因素主要包括语言、非语言暗示、媒介的有效性和信息过量。语义不明、不清或产生歧义，从而阻碍沟通。非语言暗示包括表情、手势、眼神、肢体动作等。每一种沟通的媒介有各自的优缺点。信息过量会增加沟通成本，影响沟通的效率。

五、有效沟通的技巧

1. 做好有效沟通的事前准备

充分的准备直接关系到沟通的质量。如果想进行一次有效的沟通，一定要提前做好充分的准备。比如明确沟通目标，制定计划等。

2. 培养“听” 的艺术

对管理人员来说，“听” 不是件容易的事，一些积极倾听的要点如表 6. 7 所示。

表 6. 7 “听” 的艺术

积极地听	消极地听
表现出兴趣	争辩
全神贯注	打断
该沉默时必须沉默	从事与谈话无关的活动
留适当的时间用于辩论	过快地或提前做出判断
注意非语言暗示	草率地给出结论
当你没有听清楚时，请以疑问的方式重复一遍	注意力不集中
当你发现遗漏时，直截了当地问	表现出心不在焉
适当记录要点	不做任何记录

3. 运用反馈

很多沟通问题是由于误解或信息不准确造成的。如果管理者在沟通过程中使用反馈，则会减少这些问题的发生。

反馈应具体化，而不是一般化。例如，要避免这样的陈述：“你的工作态度很不好”“你的出色工作给我留下深刻印象” 等。再如，“鲍勃，我对你的工作态度感到很忧虑，昨天的员工会议你迟到了半个小时，并告诉我你还没来得及阅读我们正在讨论的报告”，这样的反馈就比较具体，易于对方理解。

反馈应针对于工作，而永远不要因为一个不恰当的活动而指责个人，说某人“很笨”

“没能力”等，这样常常会导致相反的结果，激起极大的情绪反应。

反馈要及时。例如，当员工犯了一个错误时，最好紧接在错误之后或在一天工作结束时就能够从主管那里得到改进的建议，而不是要等到几个月后的绩效评估阶段才获得反馈。

4. 简化语言

由于语言可能成为沟通障碍，因此，管理者应该合理组织语言，以使信息清楚明确，易于对方理解。管理者不仅需要简化语言，还要考虑到信息所指向的听众，以使所用的语言适合于接收者。切记，有效的沟通不仅需要信息被接收，还需要信息被理解。

5. 抑制不良情绪

情绪能使信息的传递严重受阻或失真。当管理者对某件事十分失望时，很可能会对所接收的信息发生误解，并在表述自己的信息时不够清晰和准确。那么管理者应该如何行事呢？最简单的办法是：暂停进一步的沟通，直至恢复平静。

6. 注意非语言暗示

行动比语言更明确，要注意自身的非语言暗示，确保它们和语言相匹配，并起到强化语言的作用。非语言暗示在沟通中占据很大比重。有效的沟通者十分注意自己的非语言暗示，保证它们也同样传达了所期望的信息。

本章小结

本章主要介绍了领导的概念、作用、权力来源及其表现形式；领导理论；激励的概念、过程、方法；激励理论；沟通的含义、过程、有效沟通的技巧等内容。

领导（Leadership）是领导者在一定的客观环境中，指导和影响个体、群体或组织，为实现组织预定目标而进行的各种活动的过程。

在带领、引导和鼓舞下属为实现组织目标而努力的过程中，领导者要具体发挥指挥、协调和激励三个方面的作用。

领导的作用在于确定方向，指挥、协调和激励员工，管理的侧重点在于计划与预算、组织及配置人员、控制并解决问题等。

领导的权力来源有两个：职位和领导者个人。来自于职位的权力表现为法定权、奖励权和强制权；来自于领导者个人的权力表现为专长权和统御权。

领导理论主要包括领导特质理论、领导行为理论和领导权变理论。

激励是指创造满足员工各种需要的条件，激发员工的动机，使之产生实现组织目标的特定行为的过程。

激励的方法有赞扬激励、荣誉激励、参与激励、情感激励、工作激励、物质激励、榜样激励、培训激励等。

沟通（Communication）是指人们把信息、观念和想法，通过一定的符号形式，传递给别人并获取理解的活动过程。

正式沟通是通过组织明文规定的渠道，进行信息的传递和交流。非正式沟通是在正式沟通渠道以外进行的信息的传递和交流。

有效沟通的技巧包括：做好有效沟通的事前准备、学会倾听、运用反馈、简化语言、抑制不良情绪、注意非语言暗示等。

练习题

一、单项选择题

1. 下列各项中，（　　）不是构成领导函数关系的要素。

A. 领导者　　B. 被领导者

C. 环境　　D. 法律

2. 根据管理方格理论，乡村俱乐部型管理是指（　　）。

A. 只关心人，不关心任务　　B. 只关心任务，不关心人

C. 关心人也关心任务　　D. 不关心人也不关心任务

3. 领导者采取何种领导风格，应当视其下属的“成熟”程度而定，当某一下属不愿也不能负担工作责任，学识和经验较少时，领导对于这种下属应采取（　　）领导方式。

A. 指导型　　B. 推销型

C. 参与型　　D. 授权型

4. 领导方式可以分为专制式、民主式、放任式，其中民主式领导方式的主要优点是（　　）。

A. 纪律严格，管理规范，赏罚分明

B. 组织成员具有高度的独立自主性

C. 按规章管理，领导者不运用权力

D. 员工关系融洽，工作积极主动，富有创造性

5. 商鞅在秦国推行改革，他在城墙门口立了一个木棍，声称能将木棍从南门移到北门的奖励500金，但没人去尝试。根据期望理论，这是由于（　　）。

A. 500金的效价太低　　B. 居民得得到薪酬的期望太低

C. 居民对完成要求的期望太低　　D. 大家都不敢尝试

6. 某企业原来采用的奖励制度是：工人超额完成定额任务所受到的奖励幅度要小于没有完成定额所受到的惩罚幅度。后来，企业对此奖励制度进行了改造，将工人超额完成任务的奖励幅度调整为

大于没有完成定额任务所受惩罚的幅度。对于这两种做法，以下观点正确的是（　　）。

A. 后者更容易让人接受，因为它更多反映出强化的成分

B. 两者不会有什么明显差别，因为内含激励思想相同

C. 这是完全不同的激励措施

D. 后者只是前者的改进，效果比前者好

7. 一车间主任，对自己手下人常说："不好好干回家去，干好了月底多拿奖金。"可以认为，车间主任把他的手下都看作了（　　）。

A. 只有归属需要和安全需要的人　　B. 只有生理需要和归属需要的人

C. 只有生理需要和安全需要的人　　D. 只有安全需要和尊重需要的人

8. 从期望理论中，我们得到的最重要的启示是（　　）。

A. 目标效率高低是激励是否有效的关键　　B. 期望概率的高低是激励是否有效的关键

C. 存在着负效率，应引起领导者注意　　D. 应把目标效率和期望概率进行优化组合

9. 要做到有效倾听，下列不正确的是（　　）。

A. 领导者必须控制自己的情绪

B. 对于力所能及的要求，要大方允诺

C. 不要随意插话

D. 适时发问，鼓励对方进一步地解释和说明

10. 假定请你主持召开一个由公司有关"智囊"参加的会议，讨论公司发展战略问题。如果在会上听到了许多与你的观点不同的意见，而且你也知道这些意见失之偏颇是因为发言者掌握的资料不全。对此你认为最好采取哪一种做法？（　　）

A. 视情况谈谈自己对一些重要问题的看法　　B. 既然是智囊会议，就应允许畅所欲言

C. 及时提供资料，证明这些意见的错误　　D. 及时打断这些发言以发表自己的高见

二、名词解释

领导　激励　沟通

三、简答题

1. 影响领导效果的因素都有哪些？
2. 领导和管理是一回事吗？
3. 简述领导理论的主要内容。
4. 激励的原则有哪些？
5. 简述激励理论的主要内容。
6. 简述激励的方法。
7. 简述沟通的过程和要素。
8. 沟通的障碍有哪些？
9. 怎样进行有效的沟通？

四、案例分析题

案例　谁的方式更有效?

高明是一位空调销售公司的总经理。他刚接到有关公司销售状况的最新报告：销售额比去年同期下降了25%、利润下降了10%，而且顾客的投诉率上升。更为糟糕的是，公司内部员工纷纷跳槽，甚至还有几名销售分店的经理提出辞呈。他立即召集各主管部门的负责人开会讨论解决该问题。会上，高总说："我认为，公司的销售额之所以下滑都是因为你们领导不得力。公司现在简直成了俱乐部。每次我从卖场走过时，都看到员工们在各处站着，聊天的、煲电话煲的，无处不有，对顾客却视而不见。他们关心的是多拿钱少干活。要知道，我们经营公司的目的是为了赚钱，赚不到钱，想多拿钱，门儿都没有。你们必须记住，现在我们迫切需要的是对员工的严密监督和控制。我认为现在有必要安装监听装置，监听他们在电话里谈些什么，并将谈话记录下来，交给我处理。当员工没有履行职责时，你们要警告他们一次，如果不听的话，马上请他们走人……"

部门主管们对高总的指示都表示赞同。惟有销售部经理李燕提出反对意见。她认为问题的关键不在于控制不够，而在于公司没有提供良好的机会让员工真正发挥潜力。她认为每个人都希望展示自己的才干，为公司努力工作并做出贡献。所以解决问题的方式应该从和员工沟通入手，真正了解他们的需求，使工作安排富有挑战性，促使员工们以从事这一工作而引以为豪。同时在业务上给予指导，花大力气对员工进行专门培训。

然而，高总并没有采纳李燕的意见，而是责令所有的部门主管在下星期的例会上汇报要采取的具体措施。

（资料来源：余敬、刁凤琴．管理学案例精析．北京：中国地质大学出版社，2006）

回答问题：

1. 高总是一位（　　）领导。
   A. 专制型　　B. 民主型　　C. 放任型　　D. 中间型
2. 高总对员工的看法是基于（　　）。
   A. 泰勒制　　B. 人际关系学说　　C. Y 理论　　D. 超 Y 理论
3. 李燕对员工的看法属于（　　）假设。
   A. 经济人　　B. 社会人　　C. 自我实现人　　D. 复杂人
4. 根据领导生命周期理论，可以判断高总的领导风格基本属于（　　）。
   A. 高关系，低工作　　B. 低关系，高工作
   C. 高关系，高工作　　D. 低关系，低工作
5. 当员工没有履行职责时，高总要求他的部门主管们警告他们一次，如果他们不听的话，马上请他们走人。这种强化手段属于（　　）。
   A. 正强化　　B. 负强化　　C. 鼓励　　D. 自然消退

案例　平安机械公司的员工由走到留

平安机械公司是台湾省中部的一家企业。80年代末期，由几位合伙人集资创办。经过多年的艰苦创业，公司基本上站稳了脚跟，已度过创业的危险期。接下来的任务是如何寻求快速发展。然而，在确定公司的发展战略上，几位创业者的意见无法达成统一，出现了矛盾，这些创业股东们能够共苦却不能同甘，最后，大家解散了。公司的几位元老纷纷单枪匹马，另立山头。

高层管理团队的解体，给刚刚站稳脚跟的平安机械公司的造成了很大的动荡。分离出去的元老争相回公司挖人；公司的管理机构因元老们的离开而不得不进行大幅度调整；公司的动荡使客户持观望态度，不敢下订单；公司的生产效率低下，几乎处于半停产的状态。

1. 员工情绪不稳，纷纷要求辞职

此时，平安机械公司的员工纷纷要求辞职，更是使公司的前景雪上加霜。为留住员工，平安机械公司的老板整天忙于安抚和沟通，对员工提出的要求总是想方设法予以满足，但仍然堵不住人员的外流。

事实上，平安机械公司创业者之间的矛盾已经存在较长一段时间了，只是没有公开而已。创业者之间的矛盾使得公司内部出现了帮派和小团伙。所以，尽管老板百般安抚，公司员工的流动率始终居高不下。老板已经无能为力了。

2. 委曲求全，士气低落

在走投无路的情况下，平安机械公司的老板通过朋友介绍，向一位有着丰富企业管理咨询经验的管理顾问求援。

管理顾问接受了邀请，来到平安机械公司调查情况。初步了解之后，管理顾问感到事态的确很严重。员工的向心力低下，有40%的工人呈半游离状态；员工的工作积极性低下，中层管理人员怕引起工人的反感，也不敢管工人。

迫于公司财务状况的压力，公司老板顾内，又得顾外。内部员工没有安抚好，外部的供应商又出现问题。公司以前建立的一些供销关系因元老们的离去已损失大半。内外交困，老板感觉比创业时期更为艰难，整天忙于应付，真可谓“按下葫芦起来瓢”，根本没有时间也无法想出系统解决问题的整体思路。

分离出去的人们成了平安机械公司的直接竞争对手，老板害怕他们挖墙脚，对员工百般委曲求全。与中层管理人员一样，对生产效率和产品质量不敢严格要求，废品率上升，直接危及公司的生存。真可谓一荣俱荣，一损俱损。

3. 员工又闹情绪，顾问冷静应付

有一天，公司里突然传来一阵阵吵闹声，员工们大声地嚷着：“不干了！”“我们要辞职！”原来，大家是因为对新的工作调度和人事安排不满而闹情绪，纷纷以辞职相要挟。大家的声音越来越大，但并没有谁显露出一定要辞职不干的迹象。

天天担惊受怕的老板一见情况紧急，立即想出去制止。突然，他想到有管理顾问在，应该

听听他的意见。他赶紧找到顾问，急不可待地问道："顾问，你认为眼前的情况应该怎么处理？"管理顾问并不像老板那样焦急："请您先冷静下来，坐下再说吧。"顾问说完思考了一会，突然问道："现在公司是不是急于赶任务？目前业务负荷如何？"老板不知道顾问为何问这个问题，只能如实回答："除了现场生产的4部机器比较急，必须在下周四前交货外，其余的可以向后拖一拖。"顾问又问："在正常的情况下，这4部机器可在几天内完成？"

"在公司没出现问题前，像这种型号的，一般用5天就可以完成装配，但现在人力不足的情况下，就难说了。"老板显出无可奈何的样子。

顾问接着说："今天是星期三，距下周四还有6天的时间，不知零部件供应是否齐全？如果比较齐全的话，应该是可以克服的。您不用着急，可先出去安抚员工，告诉他们一定会给他们一个合理的答复。"

老板不知道顾问要干什么，想问点什么，但看到顾问信心十足的表情，只好照办。

4. 疏导情绪，转移注意力

不一会，老板回来了。这时，顾问提出了建议，"今天让他们停工好了！"

"为什么？"老板惊讶地问道。

"现在公司里的混乱状况，一定有主谋煽动，暂时让他们得逞，我们慢慢找出主谋，然后再加以处理。"顾问信心十足地说。

说完，顾问拿起电话，打给一家以前他辅导成功的工厂厂长。电话里，他表示要参观这家工厂，并请求厂长做好接待准备。等一切都安排妥当，他把自己的想法如实地与老板说了，老板半信半疑，但也觉得有一定道理，便同意了。

当时公司上班的员工有60多人，除女操作员和办公室行政人员外，还有30多人，包括技术员和操作员等。因此，顾问当即做出如下决定：

(1) 办公室行政人员因业务需要，照常上班；

(2) 女操作员可以不去参观，放假回家，工资照发；

(3) 技术人员、男操作人员全部参观，不得缺席。

顾问避而不谈为什么停工，更不责怪大家，也不跟大家谈条件，只是告诉大家，公司今天决定带大家去参观一家工厂，希望大家出去散散心，并学习一些别人的长处回来。

尽管大家不知道顾问的葫芦里卖的是什么药，有的人出于好奇，有的人觉得反正不用上班，出去转转也无妨。因此，顾问的决定没有受到任何阻力，就被大家接受了。

顾问顺势提出要求，在出发之前，把下列三件事情做好：

(1) 利用10分钟的时间整理工作现场，工具归回原位，并由干部进行检查；

(2) 整理服装仪容；

(3) 带上纸和笔。

布置完要求后，顾问又针对参观应注意的事项做了简单的交待。

5. 成功的心理教育

顾问布置的任务很快完成了。大家乘车前往要参观的工厂。离得老远，顾问就高兴地向大家说："你们看，这家工厂的厂长正在门口迎候我们呢！"

大家受到了厂长诚挚的接待。两位老板相互寒暄并互换礼物后，大家被带到厂里的会议室。厂长开始向大家介绍工厂的情况。

按照顾问事先在电话里的要求，厂长的讲话重点介绍了工厂内部劳资一体、共存共荣的理念，并一再强调员工的敬业精神、责任感和服从精神等。厂长说完后，顾问又上台高度赞扬该厂在劳资和谐方面所取得的成就，以及员工的上进心和学习精神，并对平安机械公司的员工们讲了一些期望和鼓励的话。

接下来，厂长带领大家参观工厂，平安机械公司的员工们与该工厂的工人交流。面对工厂整洁而有条理的工作环境，面对工人们积极上进的工作面貌，大家感受颇多，在不知不觉中接受了教育。

6. 以神感召，加强向心力

参观结束后，大家在彰化市聚餐。席间，员工纷纷向老板和顾问敬酒，大家相聚甚欢。由于时间比较充裕，顾问建议全体转到鹿港观光。在回公司的路上，老板心里特别高兴，一口气买了70份鹿港名特产牛舌饼，分给每人一份带回家作礼物，留在公司上班的员工也是一人一份。顾问和老板在车上与大家一起聊天，交换意见。从大家的聊天中，顾问了解到不少内部的情况。

第二天，公司无人缺席，更没有人迟到。在他们把工作略作调整后，全体员工情绪稳定，士气大振。

三天后，原来在公司兴风作浪的人因起不了作用，自惭形秽，提出了辞职报告。此后，公司恢复了元气，劳资上下一心，生产效率开始上升。原来担心无法如期交货的4部机器也按期完成了。

（资料来源：职业经理人职业技能鉴定辅导练习．中国劳动社会保障出版社，2004）

回答问题：

1. 请用所学的理论知识，分析解释管理顾问的做法中所隐含的理论依据。
2. 此案例对你有什么启发？

案例　一次战略方案制定引起的风波

天讯公司是一家生产电子类产品的高科技民营企业。近几年，公司发展迅猛。公司总经理邓强为了提高企业的竞争力，在以人为本，创新变革的战略思想指导下，制定了两个战略方案：一是引人换血计划，年底从企业外部引进一批高素质的专业人才和管理人才，给公司输入新鲜血液；二是内部人员大洗牌计划，年底通过绩效考核调整现有人员配置，从内部选拔人才。邓强向秘书小杨谈了自己的想法，让他行文并打印。中午在公司附近的餐厅吃饭时，小杨碰到了副总经理张建波，小杨对他低声说道："最新消息，公司内部人员将有一次大的变动，老员工可能要下岗，我们要有所准备啊。”这些话恰好又被财务处的会计小刘听到了。他又立即把这个消息告诉他的主管老王。老王听后，愤愤说道：“我真不敢相信公司会做这样的事情，换新人，辞旧人”。这个消息传来传去，2 天后又传回邓强的耳朵里。公司上上下下员工都处于十分紧张的状态，唯恐自己被裁，根本无心工作，有的甚至还写了匿名信和恐吓信对这样的裁员决策表示极大的不满。

邓强经过全面了解，终于弄清了事情的真相。为了澄清传闻，他通过各部门的负责人把两个方案的内容发布给全体职工。他把所有员工召集在一起来讨论这两个方案，员工们各抒己见，但一半以上的员工赞同第二个方案。最后邓强说：“由于我的工作失误引起了大家的担心和恐慌，很抱歉，希望大家能原谅我。我制定这两个方案的目的就是想让大家来参与决策，一起为公司的人才战略出谋划策，其实前几天大家所说的裁员之类的消息完全是无稽之谈。大家的决心就是我的信心，我相信公司今后会发展得更好。谢谢！关于此次方案的具体内容，欢迎大家向我提问。”

经过民主决议，该公司最终采取了第二个方案，公司的人员配置率、运作效率和经营效益都得到了大幅度的增长。

（资料来源：余敬、刁凤琴．管理学案例精析．北京：中国地质大学出版社，2006）

回答问题：

1. 案例中的沟通渠道或网络有哪些？请分别指出，并说出各自的特点。
2. 案例中邓强的一次战略方案的制定为什么会引起如此大的风波？
3. 如果你是邓强，从中应吸取什么样的经验和教训？

五、管理实验

管理小游戏：撕纸游戏

游戏规则：

第一步：全体闭眼，不许提问；

第二步：拿起纸，将纸对折，再对折，再对折，撕掉右上角，将纸转180度，撕掉左上角，睁开双眼，打开你手中的纸；

第三步：比较撕出的图案是否相同。

思考：

同学们撕出的图案是否相同？为什么？

第七章　控制

寓言故事：山猪磨牙

一只山猪在大树旁勤奋地磨獠牙。狐狸看到了，好奇地问它，既没有猎人来追赶，也没有任何危险，为什么要这般用心地磨牙？山猪答道：你想想看，一旦危险来临，就没时间磨牙了。现在磨利，等到要用的时候就不会慌张了。

学习目标

知识目标

1. 掌握控制的概念、特点、地位及作用；
2. 理解并描述不同的控制重点，包括前馈控制、现场控制和反馈控制；
3. 掌握控制过程的一般步骤；
4. 理解并掌握控制的方法，包括全面质量管理和“六西格玛”管理。

能力目标

培养学生较强的控制意识，使学生初步具备控制的管理能力。

导入案例

麦当劳的标准化管理

众所周知，人们不管是在纽约、日本、香港还是北京光顾麦当劳，都可以吃到同样新鲜美味的食品，享受到同样快捷友善的服务，感受到同样的整齐清洁及物有所值。麦当劳是如何做到的呢？它的秘密是什么？

答案就是——QSCV。

麦当劳将自己的企业理念和经营方针浓缩为“QSCV”（Quality，Service，Cleanness & Value），意即麦当劳为人们提供品质一流的产品、周到的服务、清洁的就餐环境以及让人们感到在麦当劳就餐是物有所值的。

QSCV 中的 Q——Quality，代表品质、质量。保证为顾客提供一流品质的产品，一切用数字衡量。麦当劳制定了一整套严格的质量标准和管理制度，以保证在任何情况下都向顾客提供品质一流的食品。例如，严格要求牛肉原料，必须挑选精瘦肉，牛肉由 83%的肩肉和 17%的上等五花肉精制而成，脂肪含量不得超过 19%，绞碎后，一律按规定做成直径为 98.5 毫米、厚为 5.65 毫米、重为 47.32 克的肉饼。麦当劳还竭尽全力提高服务效率，缩短服务时间。例如，要在 50 秒钟内制出一份牛肉饼，一份炸薯条及一杯饮料，烧好的牛肉饼出炉后 10 分钟、法式炸薯条炸好后 7 分钟内若卖不出去就必须扔掉。

QSCV 中的 S——Service，代表服务。麦当劳服务的三大要求是：

F（Fast 快速）：指服务顾客必须在最短的时间内完成。对讲究时间管理的现代人而言，能否在最短的时间内享用到美食，是他们决定踏入店内与否的关键之一，因此麦当劳十分重视时间的掌握。

A（Accurate 正确、精确）：不管麦当劳的食物多么的可口，倘若不能把顾客所点的食物准确无误地送到顾客手中，必定给顾客留下“麦当劳的服务态度十分草率，没有条理”的坏印象。所以麦当劳坚持在尖峰时段，也要不慌不忙并且准确地提供顾客所选择的餐点。这是麦当劳对员工最基本的要求。

F（Friendly 友善、友好）：友善与亲切的待客之道。不但要随时保持善意的微笑，而且要能够主动探索顾客的需求。如果顾客选择的食物中没有甜点或饮料，麦当劳的服务人员便会微笑地对你说：“要不要品尝我们的新产品或是点杯饮料呢?”这么做，既能向顾客介绍新的产品，又能增加营业额。

QSCV 中的 C——Cleanliness，即清洁、卫生。为顾客提供清洁幽雅的就餐环境，是麦当劳营业场所追求的目标。麦当劳餐厅布置典雅，适当摆放一些名画或卡通玩具，播放轻松的乐曲，使顾客在用餐之余还能得到优美的视听享受。在麦当劳的观念中，“清洁”不仅是指字面意义上的清洁，凡是与餐厅的环境有关的事情，都属于“清洁”的含义，都纳入严密的监视和管制范围内。因此，无论是在柜台服务，还是在厨房制作食品方面，工作人员在完成规定的工作之外，都养成了随手清理的良好习惯。另外，麦当劳还非常重视餐厅周围和附属设施的整洁，连厕所都规定了卫生标准。

QSCV 中的 V——Value，即价值。所谓价值，就是要价格合理、物有所值。“物有所值”是麦当劳对顾客的承诺，合理的价格、营养丰富的食品，这就是全世界近 4000 万顾客天天光临麦当劳的原因所在。麦当劳除了尽力为顾客提供一个宜人的环境，使顾客进餐之余得到精神文化的享受，还非常重视味道、颜色、营养，价格与所提供的服务一致，让顾客感到真正是物有所值。

这就是麦当劳的“品质、服务、清洁和物有所值”经营宗旨的充分体现。

（资料来源：叶素贞．麦当劳标准化管理手册．广州：广东经济出版社，2007）

麦当劳的成功源于其标准化管理。企业经营管理制定了科学合理的标准，在执行时就有了控制的依据，才能减少或预防偏差的出现，提高运行的效率，保质保量地完成任务，最终实现企业的预定目标。控制是管理工作的职能之一。如果说制定计划是管理工作的第一步，然后是组织和领导计划的实施，那么接下来就要考虑计划所确定的目标是否能够实现，工作中是否出现了偏差，而这些都离不开控制的工作。本章主要介绍控制的含义、前提条件；控制的类型；控制的过程；有效控制的原则和方法等方面的内容。

第一节　控制概述

法约尔曾经指出：“在一个企业里，控制就是要证实一下是否各项工作都与已定计划相符，是否与下达的指示及已定原则相符合，其目的在于指出工作中的缺点和错误，以便加以纠正并避免重犯。”[1] 控制是管理活动的一个非常重要的环节。

一、控制的含义

“控制”一词最初来源于希腊语“掌舵术”，意思是指领航者通过发号施令将偏离航线的船只拉回到正常的轨道上来。由此看来，控制就是“纠偏”，即按照事先制定的计划标准衡量所取得的工作成果，并纠正出现的偏差，以保证计划目标实现的过程。

关于控制的定义，管理学家们有很多不同的说法。

法约尔认为，控制是监视个人是否依照计划、命令及原则执行工作。

1　法约尔．工业管理与一般管理．北京：中国社会科学出版社，1982

霍德盖茨认为，控制是管理者将计划的完成情况和目标相对照，然后采取措施纠正计划执行中的偏差，以确保计划目标的实现。

孔茨认为，控制是按照计划标准衡量计划的完成情况和纠正计划执行中的偏差，以确保计划目标的实现。

谢默霍恩认为，控制是衡量工作绩效、对比成果与目标、并在必要时采取纠正措施的过程。

可见，控制是指管理者为了保证实际工作与计划的要求相一致，按照既定的标准，对组织的各项工作进行检查、监督和调节的管理活动过程。控制的实质就是使工作按计划进行，或者只对计划作适当的调整，以确保组织的目标以及为此而拟定的计划能够得以实现。

本书对控制的定义如下：控制是按照既定的标准，对工作进行对照检查，发现偏差，分析原因，进行纠正，以确保组织目标实现的过程。

其包括以下几层含义：

1. 控制是一项有目的的管理活动，即防止问题的发生，确保计划的执行和组织目标的达成；

2. 控制是通过“监督”和“纠偏”来实现的；

3. 控制是一个发现问题、分析问题和解决问题的过程。如图 7. 1 所示。

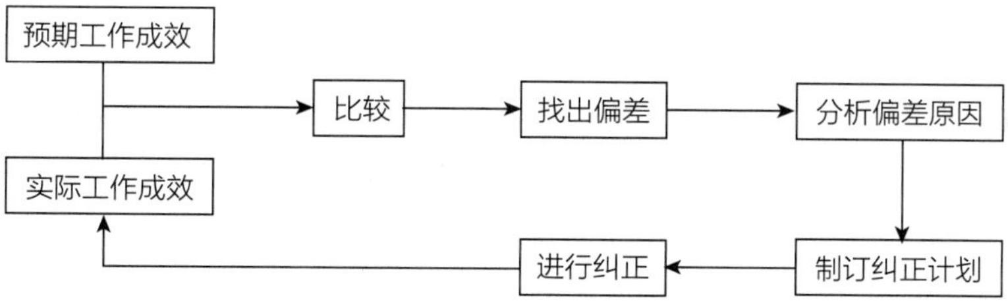

图 7. 1 控制工作流程图

二、控制的作用

控制是管理的四大职能之一，与计划、组织和领导职能密切配合，共同构成组织的管理循环。控制是贯穿于管理全过程的一项重要职能，是与计划职能孪生的。控制要以计划、组织和领导职能为基础，同时，又是计划、组织、领导工作有效开展的必要保证。

法约尔曾经指出，控制必须施之于一切的人、事和工作活动。这是因为即使有完善的计划，有效的组织与领导，都不能确保管理系统的目标一定能自动达到，都需要控制予以督促；工作是由人来完成的，因个人才能、动机和态度的不同，在执行同样工作任务时也往往出现不同的结果；计划是事先制定的，本身因环境变化也需要修正，这些都需要控制职能来加以管理。图 7.2 显示了控制的基本作用，良好的控制系统能防止上述各项问题的发生，使管理的各项职能协同发挥作用，确保各项工作朝着既定的组织目标前进。

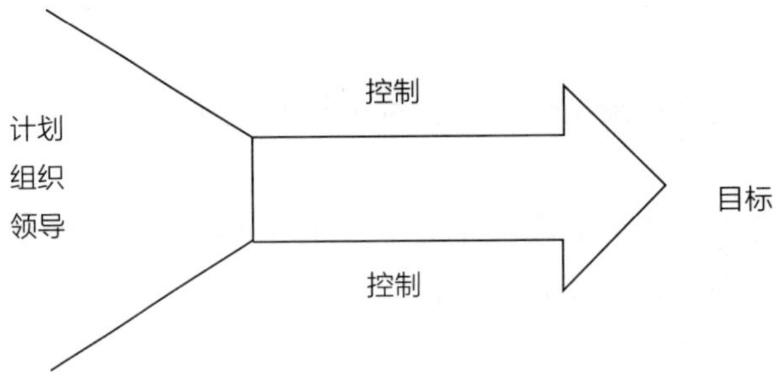

图 7.2 控制的基本作用

在现代的管理活动中，控制具有“纠偏”和“调适”两个功能。

“纠偏”，即通过控制工作，随时将计划的执行结果与标准进行比较，若发现有超过计划容许范围的偏差时，则及时采取必要的纠正措施，以使系统的活动趋于相对稳定，实现组织的既定目标。

“调适”，即在计划实施的过程中，组织的内部条件和外部环境可能会发生一些变化，这些变化不仅会影响计划的实施进程，甚至可能会影响计划本身的合理性，此时需要组织做出反应，调整原定的标准，或者重新制定新的标准，使之更加切合实际。

尽管在日常管理活动中，控制工作主要有以上两个功能，但控制的最佳目的是防止问题的发生。这就要求管理人员具有前瞻意识，将控制系统建立在前馈而不是简单的信息反馈的基础上，在不出现偏差以前就能预测到并能及时采取措施来加以防止。

三、控制的前提条件

在管理活动中，控制有着极为重要的作用。有效的控制必须建立在一定的基础和前提之上，否则，控制工作将无法进行。控制的前提条件主要包括以下三个方面。

1. 控制要有明确而完整的计划

计划和控制是同一个问题的两个方面。计划是控制的基础，没有计划，就无法进行控制。控制工作以事先制定的组织目标和计划为依据，在行动之前制定出一个明确而完整的行动计划，是控制工作取得成效的前提。计划越全面、明确、完整，控制工作的目标就越明确，效果也会越好。

2. 控制要有明确的组织结构

主要是解决由谁来控制的问题。计划工作做得再好，如果没有专门的机构和人员负责控制，也很难实现计划的目标。通过建立专门负责控制的组织机构，配备专门的人员，并授予他们相应的权力，明确他们的责任，以保证控制工作的顺利进行。

3. 控制要依据及时有效的信息

控制工作的开展要依据组织的各方面的反馈或即时信息。没有准确、全面和及时的信息，就难以保证控制工作的有效性。信息反馈的速度和准确性直接影响着控制指令的正确性和纠偏工作的准确性。为了保证获得及时有效的信息，在组织中建立完善的信息沟通网络和机制就显得尤为重要。

四、控制的内容

控制的内容也就是控制的对象。根据美国管理学家斯蒂芬·罗宾斯的观点，控制主要包括五个方面。

1. 人员控制

管理者是通过他人的工作来实现其目标的。为了实现组织的目标，管理者需要依靠而且必须依靠下属员工，并确保员工按其所期望的方式工作，而这就有赖于对人员的控制。对人员控制最常用的方法有两种：一是直接巡视，及时发现问题，随时予以纠正；二是评估员工的工作表现，有针对性地予以奖惩，同时采取相应措施，纠正出现的行为偏差。

2. 财务控制

每个企业的首要目标都是获得一定的盈利。为了达到这一目标，维持企业的生存与发展，便需要进行财务控制，包括控制成本费用水平，审核财务报表等。

3. 作业控制

作业控制，就是对组织的生产作业过程，即资源转换过程进行的控制。一个组织的成功与否，在很大程度上取决于它在生产产品或提供服务的能力上的效率和效果。因此，作业控制也是管理控制的重要内容。例如，生产控制、质量控制、库存控制和成本控制等。

4. 信息控制

信息是组织的一项重要的资源。管理者需要信息来完成他们的工作，而不精确的、不完整的、不及时的信息则会严重阻碍他们的行动，降低组织的效率。因此，需要在组织内开发和建立一个管理信息系统，以便能为管理者提供及时、充分和可靠的信息服务。

5. 组织绩效控制

组织绩效是组织高层管理者的控制对象。由于组织目标的达成与否可以由此反映出来，因而不论是组织内部的管理者，还是组织外部的相关人员与机构，对此都高度关注，并为如何科学衡量组织绩效做着不懈的努力。

五、控制的类型

（一）按照控制时点的不同划分

按照控制时点的不同，可以将控制划分为前馈控制、现场控制和反馈控制三类。

1. 前馈控制

前馈控制，亦称预先控制、事前控制，即在工作或活动开始之前就进行周密的调查研究，并对可能出现的偏差采取预防或校正措施，以保证工作达到预期效果。

前馈控制的着眼点是防患于未然，首先是要防止不符合标准的资源投入，避免因资源投入不当而造成工作偏差；其次是通过有关工作，引导人们采取必要的预防措施，防止问题的发生。也就是说，前馈控制是要控制原因，而不是控制行动结果。显然，前馈控制是一种预防性控制，它只能而且必须建立在对整个系统和计划透彻分析的基础之上。

前馈控制较之反馈控制而言，其主要优越性在于：克服了反馈控制中因时间滞后而带来的缺陷，使主管人员能够及时预见到工作过程中可能出现的偏差，并采取预防措施以避免偏差的产生。

2. 现场控制

现场控制，亦称同期控制、过程控制，是指对正在进行的工作过程进行的监督和指导，借以保证活动按照既定的政策、程序和方法进行。现场控制是组织控制工作的基础，是组织的基层管理人员主要采用的控制方法。如企业中生产制造过程的进度控制、对生产工人正在加工的产品进行的抽检等，都属于现场控制的范畴。

现场控制的主要工作内容包括两个方面：第一，指导下属以正确的方法进行工作。指导下属工作、培养下属的能力是每一个管理者的重要职责。现场监督可以使管理者有机会当面解释工作的要领和技巧，纠正下属错误的作业方法与过程，从而提高他们的工作效率。第二，保证计划的执行和目标的实现。通过现场控制可以使管理者随时发现下属在活动中与计划要求相偏离的现象，从而将问题消灭在萌芽状态，或者避免已经产生的问题对企业不利影响的扩散。

要保证现场控制的有效性，首先要授予主管人员相应的权力，使他们能够用经济或非经济的手段对下属施加影响；其次，要切实把组织的计划、目标、战略、政策、规范和制度等落实到基层，以便使基层工作的控制标准更为明确和具体；最后，要重视主管人员的个人素质、工作作风、指导的表达方式等对下属的影响，管理者的“言传身教”也至关重要。

3. 反馈控制

反馈控制，亦称事后控制，是指对工作活动的结果进行的控制，即主管人员将工作的执行结果与标准相比较，从中发现已经出现或即将出现的偏差，在分析偏差产生原因的基础上，采取纠偏措施，以防止偏差的进一步发展或今后再度发生。

反馈控制主要包括财务分析、成本分析、质量分析以及职工成绩评定等内容。例如，企业对成本报表进行比较，从中分析在生产制造过程中各种资源消耗的情况；对企业的产成品进行抽检，分析产品在设计、制造过程中的缺陷；对组织成员的工作绩效进行考评，从中分析组织成员在工作中及在能力和素质上存在的问题等。

反馈控制与其他控制方法相比，存在的最大缺陷是时间的滞后性。这是因为反馈控制属于事后控制，在进行纠偏时，实际情况已发生变化，从而降低了控制的有效性。反馈控制虽然存在着时间滞后的缺陷，但由于现在组织中的很多活动尚无法进行准确的预测，无法进行预防性控制，因此，反馈控制仍然在组织中被大量采用。

三种控制方式互为前提，互为补充。如图 7.3 所示。现实中，组织应综合使用三种控制方式，对各种资源的输入、转换和输出进行全面和全过程的控制，以提高组织的效率和产出。

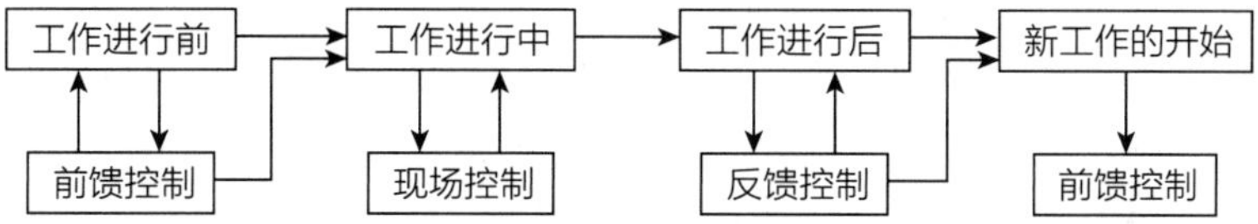

图 7.3　控制的循环

（二）按问题的重要性和影响程度划分

根据问题的重要性和影响程度的不同，可以将控制分为战略控制、绩效控制、任务控制三类。

1. 战略控制

战略控制是对组织战略计划和目标实现程度的控制。在战略实施的控制系统中，有三个基本的控制系统，即战略控制系统、业务控制系统和作业控制系统。战略控制系统是以组织高层领导为主体，关注的是与外部环境有关的因素和组织内部的绩效；业务控制系统是指下属经营单位和职能部门两个层次，关注的是构成组织战略的各部分策略及中期计划目标的工作绩效，业务控制由下属单位的负责人或者中层领导进行；作业控制是对具体负责作业的工作人员的日常活动的控制，关注的是员工履行规定的职责和完成作业目标的绩效，作业控制由基层主管人员进行。

2. 绩效控制

绩效控制属于绩效管理的一部分，它要求管理者对员工的绩效计划执行情况进行监督与控制，以保证绩效目标的实现。同时对原有绩效计划予以修正和进一步完善绩效控制工作。

在绩效控制的整个活动中，首先要确定绩效管理目标和衡量绩效的标准；其次要对部门或员工的绩效进行考评，从而发现偏差；最后管理者要给予绩效的指导和反馈，并采取措施保证绩效目标的实现和改善绩效。绩效考核评估在绩效控制中的作用不可低估，考核评估可以发现问题、解决问题、提出改进措施，进而不断改善绩效。

3. 任务控制

任务控制是与日常考核紧密结合，以便客观公正地考核每位员工工作效率的绩效管理制度。任务控制的实施能使得组织内部工作在基层获得充分量化分析的保障，每一道流程都有统计数据的保障，每一个环节都有监督和控制，真正做到了“事前有计划、事中有控制、事后有考核”，有效地避免了人为原因或主观因素造成的工作效率低下、任务管理失控等问题，从而实现精细化管理，促进了团队整体素质的提升。

（三）按控制的专业领域划分

根据控制所发生的专业领域不同，可以将控制分为预算控制、质量控制、人事管理控制、库存控制和进度控制五类。

1. 预算控制

预算控制是以货币或实物数量来对组织工作进行计划和控制。它不仅是计划的具体化，还为控制提供了明确的控制标准，更有利于控制工作的开展。预算的种类很多，一般可分为以下几种类型：收支预算，是指以货币表示预算期内组织的收入和费用支出的计划；实物预算，是指以实物量为计量单位的预算方法，主要是以时间、空间占用、原材料消耗、产品产量等为预算的单位；投资预算，是指对特定投资项目支出所作的预算，主要是对固定资产投资项目的预算；现金预算，是指对未来一定时期内的现金收入和支出进行预测，并据此衡量资金的使用情况；总预算，是指由组织中各种预算综合而形成的组织在未来一定时期内的综合预算，它能够较全面地反映组织在预算期内的资产、负债和权益状况，反映预计的经营成果，揭示组织目标的进展情况。

2. 质量控制

质量控制是指组织在工作过程中，专门针对质量进行的控制活动。通过对产品质量特性按一定尺度、技术参数或技术经济指标规定必须达到的水平形成质量标准。质量控制以这些技术依据为衡量标准来检验产品质量。

3. 人事管理控制

人事管理控制主要集中在组织内部人力资源的管理上。具体包括组织人员比例的控制和对组织成员公正的考核两大方面。要对管理人员和一般人员在工作中的业绩、能力和态度进行系统的、周期性的客观公正考核、评价和分析鉴定，即进行业绩评估。这既有利于激励原来表现好的员工继续保持和发扬，也有利于鞭策原来表现差的员工向着好的方向转化和发展。

4. 库存控制

库存控制包括：对仓储货物的收发、结存等活动的有效控制，其目的是保证仓储货物完好无损，确保组织生产经营活动正常进行；准确的物料分类记录；明确的图表，显示仓储货物在数量和品质方面的状况；准确的存放位置、部门和订单归属等信息。

5. 进度控制

进度控制是指监视和测量工作的实际进展，若发现实施过程偏离了原有计划，就要找出原因并采取行动，使项目回到计划的轨道上来。简单来说，进度控制就是比较实际状态和计划之间的差异，并依据差异作出必要的调整，以使项目向有利于目标达成的方向发展。

扩展阅读

一家失去控制公司的领导征兆

阿戈斯管理公司的董事长大卫·费拉利认为，许多公司正在陷入严重的危机，糟糕的是 CEO 还没有感觉到这一点。这些征兆是：

盲目的自信：确信他们所做的每一件事情都是正确的，不可能出错；

推卸责任：即便他们承认有很大的麻烦，也是责怪除自己以外的其他人或事；

逃避：忙于那些容易做的事情，而不是处理那些影响整个公司的大事情；

盯着过去：对现在的行为进行评价时总是说“我们一直是这么做的”；

盲目乐观：拒绝承认坏消息，认为事情总会自行解决；

树立坏榜样：宽于律己，严于待人；

脱离群众：下属、董事会成员、外部人员都没有对 CEO 发出警告或告诉他情况已糟糕到快要失去控制。

第二节　控制的过程

管理中的任何活动，都可以而且应当予以控制。总体来说，基本的管理控制过程一般包括以下三个步骤。如图 7.4 所示。

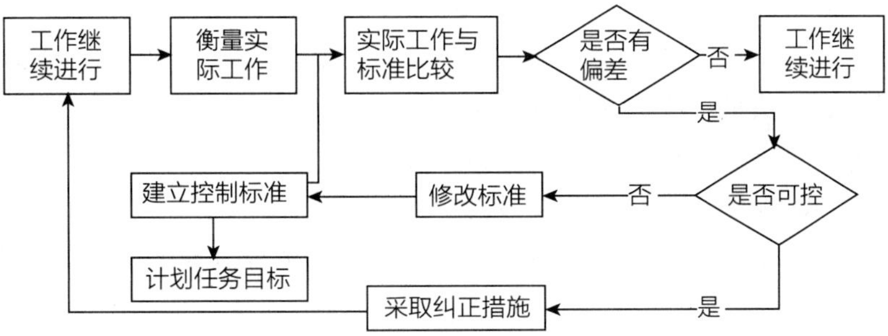

图 7.4　控制过程示意图

一、制定控制标准

制定控制标准是控制过程的首要环节，没有一套完整的标准，衡量绩效或纠正偏差就失去了客观的依据。

1. 控制标准的分类

按照是否能够计量，控制标准一般分为定量标准和定性标准。

（1）定量标准。定量标准是指能够通过一定形式的计量方式得出计算结果的标准。在管理过程中，定量标准是控制标准的主要表现形式，能够对工作过程和结果进行度量和比较。

定量标准的建立一般要运用数学、统计学、运筹学等知识或模型。常用的方法有统计分析方法和工程测量方法。

第一，统计分析方法，即根据企业的历史数据或对比同类企业的水平，运用统计学的方法确定有关标准——统计标准，它常用于制订与企业的经营活动和经济效益有关的标准。

第二，工程测量方法，即以准确的技术参数和实测的数据为基础来确立有关标准——工程标准，它主要用于测定生产定额标准等。

（2）定性标准。难以用计量单位直接计量的标准称为定性标准。这类标准主要用于有关服务质量、组织形象、组织成员的工作表现等软指标，虽然它们一般能够做出定性描述，但难以定量化。一般采用经验估计法，即根据管理人员的经验、判断和评估来制定此类标准。利用这种方法来建立工作标准时，要注意利用各方面的管理人员的知识和经验，综合大家的判断，制定出一个相对先进合理的标准。

在实际工作中，常用的控制标准有以下五类。

①实物标准，是以实物为计量单位的标准。主要用于在投入和产出方面可用实物计量的场合，反映定量的工作成果。如产量、单位产品消耗定额等。

②财务标准，也称价值标准，是指以货币为计量单位的标准。主要反映组织在各项活动中的资金效益方面的成果。如成本、利润、收入等。

③时间标准，是指以时间为计量单位的标准。反映组织在各项活动中的时间利用方面的成果。如工期、交货期、工时定额等。

④质量标准，是指用以衡量产品或服务质量方面的标准，一般采用可以量化的指标，如合格率、次品率、顾客满意率、顾客投诉率等。

⑤程序标准，是指用以衡量各项业务活动或工作规范等方面的标准，如作业规范、业务流程等。

2. 确定控制标准应注意的问题

（1）明确控制对象。对于企业来说，经营活动的成果是需要控制的重点对象，要保证企业取得预期的结果必须在成果最终形成以前予以控制，纠正与预期成果的要求不相符的活动。控制工作的最初始动机就是要促进企业有效地取得预期的活动结果。因此，需要分析影响企业经营结果的各种因素，并把它们列为需要控制的对象。

影响企业在一定时期经营成果的主要因素有以下三个方面：组织环境因素、各种资源的投入、各项工作或活动的开展情况。对于环境因素，企业要做好预测工作，做出各种情况下的准备预案。对资源投入进行控制，使之在数量、质量以及价格等方面符合预期的要求。建立员工的工作规范和成果检验标准，以便对他们的活动进行控制。

（2）明确控制重点。由于在组织系统的运营过程中，要想衡量所有的活动不仅不现实，而且也不必要。因而，对于管理者而言，要做的并不是去观测所有的活动，而是挑选出一些关键的控制点，并通过它们对全部活动内容进行控制，以确保整个运作过程符合计划要求。

关键控制点的“关键性”在于该因素对整个运作过程及其结果的影响大小，它可能是经营活动中的一些限制因素，也可能是能够使计划更好地发挥作用的因素。

例如，通用电气公司在分析影响和反映企业绩效的众多因素的基础上，选择了对企业经营成败起决定作用的八个方面，并为它们建立了相应的控制标准。这八个方面包括获利能力、市场地位、生产率、产品领导地位、人员发展、员工态度、公共责任、短期目标与长期目标的平衡。

（3）建立标准体系。标准体系是一系列评价指标的构成体，这些指标之间存在着有机的联系并相互作用。在建立标准体系时，能够量化的必须量化，以便于有明确的衡量尺度。对于定性标准也应尽可能地采用间接度量的方法。即使不能量化，也要对标准进行细化和具体的描述。

二、衡量实际工作成效，确定偏差

衡量实际工作成效是指通过将实际工作情况与预先确定的标准进行比较，以判定实际与计划之间有无偏差。如果有偏差，是什么性质的偏差——正偏差或负偏差？偏差是否超出了允许的范围？

为此，要求管理者收集与工作相关的各种信息，按照既定标准对实际工作成效和进度进行检查、衡量和比较。在衡量实际工作绩效过程中，一般通过亲自观察、分析报表和报告资料、召开会议、抽样调查等方法，了解实际的工作进展情况，掌握计划的执行进度。此外，找出实际工作与控制标准之间的差异，为纠正偏差、改进工作，以及管理者评价和奖励下级提供依据。

为了能够及时、正确地提供能够反映偏差的信息，同时又符合控制工作在其他方面的要求，管理者在衡量工作成效的过程中应注意以下几个问题。

1. 检验标准的合理性

衡量工作成效是以预先制定的标准为依据的。利用预先制定的标准去检查各部门在各个阶段的工作，这本身也是对标准的客观性和有效性进行检验的过程。

衡量工作成效的目的是对计划执行过程的一个客观反馈。管理者不仅应该通过衡量成效发现已经存在的问题，还应具有超前的意识，善于发现隐藏的、未来可能发生的问题，以便于及时采取措施，避免计划执行过程中偏差的出现。

组织中的各级主管人员既是计划的执行者，也是计划的制定者和监督者。他们的工作成效与组织目标实现有着更为直接的联系。因此，对各级主管人员的控制必须要运用系统的观点。要制定各种可行的标准，既要对主管人员的工作成效做出客观的衡量与评价，也要对他们的个人品质和工作能力做出客观的衡量与评价。

2. 确定衡量频率

控制过多或不足都会影响控制的有效性。它不仅体现在控制对象和标准数量的选择上，还体现在对同一标准的衡量次数或频率上。组织活动的性质决定了衡量的频率高低。对组织工作过于频繁的衡量，不仅会增加控制的费用，还有可能引起有关人员的不满，影响他们的工作情绪。但检查或衡量的次数过少，则可能使许多重大的偏差不能及时发现，无法及时采取措施。

3. 建立信息管理系统

通常管理者所接收的信息是零乱而孤立的，难免混杂着一些不准确的信息。组织应建立有效的信息管理网络，对员工的工作情况和整体表现进行即时的记录。这样不仅能提高信息的真实性和清晰度，还能将杂乱的信息变成有序的、系统的、彼此紧密联系的信息，并适时地传递给有关的管理人员，使其获得较全面的信息。

4. 确定偏差的范围

管理者在衡量实际工作成效的过程中，除了要将实际的工作结果与标准进行比较，还要确定有无偏差发生及偏差的大小。并非出现的所有偏离的情况都要作为问题来处理，而是要视偏差的大小来决定是否要立即采取纠偏措施。一般来说，偏差有一个容限的问题，即准许偏差存在的上限或下限范围。如果偏差在容许的范围内，即被认为是正常的。如表7.1是某公司规定的控制标准及容限示例。

表 7.1　某公司控制标准与容限示例

标准	容限
全勤	每月准许请假 2 天
上午 8 点开始上班	迟到不得超过 5 分钟
销售代表每天拜访 3 个客户	至少 3 个客户

三、分析原因，纠正偏差

通过对工作绩效的衡量，当确定了偏差以后，就要对产生偏差的原因进行分析。在查明问题原因的基础上，找出解决问题的办法，采取纠偏措施，使组织的活动回到预定轨道上来。导致产生偏差的原因不外乎三种：一是计划或标准本身是基于错误的假设和预测，因而本身就不科学、不合理；二是组织内部因素的变化，如营销工作不力、生产人员工作懈怠等；三是组织外部环境的变化，如宏观经济的调整等。管理者要根据不同的原因采取不同的纠偏措施。纠正偏差的方法主要有两种：改进工作绩效和修订标准。

1. 改进工作绩效

如果分析表明，偏差是源于实际工作绩效的不足，则管理者应采取纠正行动，努力提高工作绩效。这种针对绩效不足的纠正行动可以是组织中的任何管理行动，但按行动效果的不同，可将其归并为两大类：立即纠正行动和彻底纠正行动。

上述两种纠正行动，前者重点纠正的是偏差的结果，而后者重点纠正的是偏差的原因。在实际工作中，管理者应注意灵活地加以运用，特别注意不应满足于“救火式”的立即纠正行动，而应从事物的原因入手，采取彻底纠正行动，杜绝偏差的再度发生。

无数的事实证明，作为管理者，热衷于“头痛医头，脚痛医脚”，尽管也能收到一些表面的、一时的成效，但由于忽视了分析问题的深层原因，不能从根本上采取纠正行动，最终将难逃“温水煮青蛙”的命运。

控制职能与组织、领导职能是相互影响的。组织方面的问题主要有两种：一是计划制定出来之后，组织实施方面的工作没有做好；二是控制工作本身的组织体系不完善，不能对已产生的偏差加以及时的跟踪与分析。在这两种情况下，需改进组织工作，如调整组织机构，调整责权利关系，改进分工协作体系等。偏差也可能是由于执行人员能力不足或积极性不高而导致的，这就需要通过改进领导方式和提高领导艺术来纠正偏差。

2. 调整计划或标准

工作中的偏差有时也可能源于不切实际的标准。因为标准定得过高或过低，即使其他因素都发挥正常，偏差也难以避免。可能是由于原有计划安排不当可能导致偏差较大，也可能是由于内外环境的变化，使原有计划与现实状况之间产生了较大的偏差。对于这两者而言，都要对原有计划加以适当的调整。需要注意的是，调整计划不是任意地变动计划，这种调整不能偏离组织的目标，调整计划归根到底还是为了实现组织的目标。

总之，纠正偏差是整个管理控制中最为关键的一个环节。另外，控制职能与其他职能密切相关。只有将计划、组织、领导和控制有效地结合起来发挥作用，形成一个良性循环，才能提高组织的管理水平和效能。

课堂讨论案例

大都会航空公司对客舱保养员的工作十分不满，他们在航班交接之际把客舱打扫得并不干净，而且按规定，他们每天要清洁50架次飞机，可他们只完成40架次。如果你是客舱保养员的主管，怎样才能更好地控制这项工作？

第三节 控制的原则和方法

有效控制就是以较少的人力、物力和财力，较少的时间和精力使组织的各项活动处于控制状态。一旦组织的某项活动出现偏差，则能及时纠正偏差，并且能使偏差所导致的损失降低到最低限度。

一、控制的原则

控制的职能就是使工作按照计划顺利地进行。为了达到有效控制的目的，在建立控制系统时要遵循以下原则。

1. 重点与例外原则

重点原则是指任何组织都不可能对每一件事情进行全面控制。因为全面控制的代价太大，所以组织在建立有效控制时必须从实际出发，对影响组织目标成果实现或反映工作绩效的各种要素进行科学的分析研究，从中选出关键性要素作为控制对象，并进行严格的控制。

一般来讲，关键性因素包括：环境特点及其发展趋势假设、资源投入、组织活动过程等。在确定了重点的控制对象后，就必须在相关环节上建立预警系统或关键控制点，组织控制了关键点，也就控制了全局。

例外原则是指主管人员越是只注意一些重要的例外偏差，即越是将控制的主要注意力集中在那些超出一般情况的特别好或特别坏的情况，控制工作的效能和效率就越高。例如，质量控制中广泛地运用例外原则来控制工序质量。

需要指出的是，控制工作中只注意例外情况是不够的。在偏离标准的各种情况中，某些微小的偏差可能比某些较大的偏差影响更大。在实际运用中，例外原则必须与重点原则相结合。控制重点原则强调选择控制点，例外原则强调观察这些点上所发生的异常偏差。

2. 及时性原则

法约尔曾指出，为了达到有效的控制目的，控制应在有限的时间内及时进行。有效的控制，要求能对组织活动中产生的偏差尽可能早地发现，并及时采取措施加以纠正，避免偏差的进一步扩大，防止偏差对组织产生不利影响。

信息是控制的基础，要做到及时控制，信息的收集和传递必须及时，管理人员必须及时掌握能够反映偏差产生及其严重程度的信息。如果信息处理的时间过长，即使信息是非常客观和完全正确的，其时间的滞后可能就失去了纠偏的实际意义，且会产生严重的后果。

控制的及时性原则要求主要表现在两个方面。

（1）在偏差还未发生之前，就能准确预见并制定对策，防患于未然，特别是对控制全局的主管人员来说，应关注所预见的趋势，通过对活动变化趋势的把握，尽可能早地预测偏差的产生，并采取预防措施加以纠正，从而使各方面的损失降到最低限度。

（2）一旦产生偏差，能够及时发现并予以纠正，避免时过境迁，使控制失去应有的效果。

3. 灵活性原则

如果控制不具有弹性，则在执行时难免陷于被动。为了使控制与实际相吻合，应考虑多种方案及可以允许变动的幅度，从而使控制具有一定的灵活性。因此，控制应当从实现目标的需要出发，采用多种灵活形式达到控制的目的。同时，控制应允许意外的变化或情况发生，过于死板反而会破坏控制的有效性。

4. 经济性原则

组织的一切经济活动都应以较少的费用取得较多的经济收益为目的，控制工作也不例外。控制所支出的费用必须小于控制所带来的收益的增加。这个要求看起来很简单，实际操作起来却相当复杂。一般来说，要实现控制的经济性，应该做到以下几点。

首先，应根据组织规模的大小、所要控制的问题重要程度，以及控制费用和所能带来的收益等方面来设计控制系统。

其次，所选用的控制技术和方法，应当能够以最少的费用或代价就可以检查和阐明工作偏差及其原因。

最后，不要追求所谓的“全面控制”，应该实行有选择的控制，将着眼点放在组织工作最重要的方面和最关键的环节上。

5. 客观性原则

客观性就是坚持“实事求是，一切从实际出发”的原则。有效的控制要求有客观的、准确的或适当的标准作为控制的依据。这个标准可以是定量的，也可以是定性的。问题的关键在于，在每一种情况下，标准应是可测量和可考核的。

扩展阅读

沃尔玛的成本控制

沃尔玛成功的原因是什么？就此问题，一些国外专家研究得出的结果是，沃尔玛的竞争优势就在于价格的优势，天天低价。在沃尔玛有五项竞争能力，最为核心的是成本控制能力，其他的业态创新能力、快速扩张能力、财务运作能力和营销管理能力，都是围绕着成本控制能力来运行的，这五个能力最终都在不同的方面节省了沃尔玛的整个运营成本。

1. 成本控制源于竞争资源

沃尔玛的成本控制能力最终来源于什么？来源于竞争资源，也就是说企业资源是围绕着控制成本进行运行的。同时，沃尔玛低成本的业务流程也是非常重要的。另外，沃尔玛有两种设备来保证成本控制，一个设备是配送中心，另一个是信息系统。另一方面就是沃尔玛自身的制度和独特性的问题。

沃尔玛低成本业务流程，即围绕低成本运作形成一个业务流程，比如说低成本采购、批量采购、集中订货，这使它的成本大大降低了。采购价格降低以后，沃尔玛再采用自己的配送系统，低成本对店铺进行配送，形成了天天的低价格销售。由于实现了天天低价格的销售，使销售量大大增加，进而使得采购量增加，采购量的增加又回到低成本采购上，形成了业务流程低成本运行的良性循环。

沃尔玛在全球建立了 62 个配送中心，为 450 多家店铺进行配送，配送半径最远为 500 公里。沃尔玛大约 80 个店铺需要建立一个配送中心，10 万平方米的店铺面积一般有 1 万平方米左右的配送中心，配送中心有 6 个，比如有服装的配送中心、进口商品的配送中心、退货的配送中心等。

在中国，沃尔玛的物质设备就是信息系统。沃尔玛的信息系统建设累计已经达到 7 亿美元，很多扫描系统都是在全球零售业最早开始用的，不断进行信息系统的开发和建设，使沃尔玛总部在一个小时之内可以对全球的店铺库存和销售情况进行盘点，可以及时了解销售情况，也可以使得厂商了解自己的产品卖得如何，使商场和厂家的库存大大降低，利润增加，这两种物质设备都是围绕着成本控制进行的。

2. 制度文化的核心是控制成本

沃尔玛的组织制度和文化本质上是为控制成本服务的。沃尔玛的员工对顾客提倡的是忠于顾客。忠于顾客的内涵就是提供有价值的商品给顾客，忠于顾客的外延就是实行天天低价，为顾客节省每一分钱。这不仅仅是制度，更成为了沃尔玛的文化。

沃尔玛在企业和员工之间建立了伙伴关系。每一位员工都是沃尔玛的合伙人，是伙伴关系的外延，与员工共同分享。每个员工在退休或是离开沃尔玛的时候会分享一部分利润分成。另外，也可以以比较低的价格购买沃尔玛的股份。

（资料来源：沃尔玛．百度文库．https：//wenku. baidu. com/）

二、控制的方法

控制的对象是组织的一系列活动，其主要内容是对组织中的人、财、物三大方面的运作状况进行有效控制。在实际管理工作中，有多种控制方法，管理人员除了利用现场巡视、监督或分析报表、工作报告等手段进行控制外，还可以借助预算控制、生产控制和其他控制方法来进行控制。

1. 预算控制

预算控制是最为常见的控制方法，组织的各项业务活动几乎都可以用预算进行控制。预算，既是计划工具，又是控制工具。预算作为标定合理使用资源的界限、衡量实际与计划偏差的工具，成为了一种有效的管理控制的方法。预算就是用数字，特别是财务数字的形式来描述组织未来活动的计划，是根据计划目标和实施方案具体筹划与确定资源分配、使用及相应行动预期结果的数字化形式。

对企业而言，企业的全面预算控制是对生产经营各个环节实施预算的编制、分析、考核，将企业生产经营活动中所有的资金收支均纳入严格的预算管理之中。预算应以资产为纽带，实行分级预算。例如，母公司应侧重搞好投资、融资预算，以资本经营预算为主，实行资金的统一筹划，集中管理；子公司则应以生产经营预算为主，加强成本费用和资金流量预算。

不同企业，由于生产活动的特点不同，预算表中的项目会有所不同。但一般来说，预算内容涉及以下几个方面：收入预算、支出预算、现金预算、资产负债预算、总预算等。

编制预算是为企业的各项活动确立财务标准，用量化的预算标准来管理企业活动，这也大大方便了控制过程中的绩效衡量工作，使之更加客观可靠。在此基础上，很容易测量出实际活动对预期效果的偏离程度，从而为采取纠正措施奠定了基础。

2. 会计控制法

会计是以货币为主要计量单位，反映和记录组织所发生的各种经济活动，是一种典型的反馈控制。这种会计控制的信息会通过会计报表的形式综合反映出来，对财务报告的分析又是其他会计控制的基础。作为管理者，了解会计报表是至关重要的。对企业来说，会计报表主要有三种：资产负债表、损益表和现金流量表。关于这三种报表的介绍，不再赘述。

会计报表分析是以会计报表和其他资料为依据和起点，采用专门的方法，系统分析和评价企业的过去和现在的经营成果、财务状况及其变动情况。由此可见，会计报表分析的最基本功能是将大量的报表数据转换为特定有用的信息，以便进行财务控制。这些信息之所以有用，关键在于报表的标准化和透明性，从而实现了对财务数据的趋势分析、横向比较和差异分析。

财务比率分析是各会计要素的相互关系的分析，反映其内置联系。会计报表中有大量数据，可以根据需要计算出很多有意义的比率，这些比率涉及企业经营管理的各个方面，总的来说可以分为四类：变现能力比率、资产管理比率、负债比率和赢利能力比率。通过这些比率，对企业的财务状况乃至经营管理现状进行分析，能够达到控制的目的。

3. 审计控制法

审计是常用的一种控制方法。审计本身具有两方面含义：其一，是指审计是一种经济监督活动，经济监督是审计的基本职能；其二，是指审计具有独立性，独立性是审计监督的本质特征，是区别于其他经济监督的关键所在。审计与会计是两种不同但又有联系的社会活动。审计与会计的联系主要表现在：审计的主要对象是会计资料及其所反映的财政、财务收支活动。会计资料是审计的前提和基础；会计活动是经济管理活动的重要组成部分，会计活动本身就是审计监督的主要对象。审计包括外部审计、内部审计和管理审计三大类。

外部审计是由外部机构选派的审计人员对企业财务报表及其反映的财务状况进行独立的评估。为了检查财务报表及其反映的资产与负债的账面情况与企业真实情况是否相符，外部审计人员需要抽查企业的基本财务记录，以验证其真实性和准确性，并分析这些记录是否符合公认的会计准则和记账程序。

内部审计提供了检查现有控制程序和方法能否有效地保证达成既定目标和执行既定政策的手段。例如，制造质量完善、性能全面的产品是企业孜孜以求的目标，这不仅要求利用先进的生产工艺、工人提供高质量的工作，而且对构成产品的原材料提出了相应的质量要求。这样，内部审计人员在检查物资采购时，就不仅限于分析采购部门的账目是否齐全、准确，而是试图测定材料质量是否达到要求。

管理审计的方法是利用公开记录的信息，从反映企业管理绩效及其影响因素的若干方面，将企业与同行业其他企业或其他行业的著名企业进行比较，以判断企业经营与管理的健康程度。

外部审计主要核对企业财务记录的可靠性和真实性；内部审计在此基础上对企业政策、工作程序与计划的遵循程度进行测定，并提出必要的改进企业控制系统的对策建议；管理审计的对象和范围则更广，它是一种对企业所有管理工作及其绩效进行全面系统地评价和鉴定的方法。管理审计虽然也可组织内部的有关部门进行，但为了保证某些敏感领域得到客观的评价，企业通常聘请外部的专家来进行。

4. 集权控制与分权控制

集权控制和分权控制体现了不同的文化，大多数组织都采用了其中的某些方面，但管理者往往对一种方法有所侧重，这取决于组织的文化。

（1）集权控制

集权控制通过使用大量的规章制度、政策方针、等级权利、书面文件、奖励制度，以及其他正式的机制来监督和影响员工的行为，并对其业绩表现加以测评。

集权控制能提高组织的工作效率，增强组织的有效性，它清楚地规定了员工需要如何工作，并通过既有挑战性又可以实现的目标调动员工的积极性。但是，过多的控制往往会产生许多意想不到的后果，反而会影响控制的效果。

（2）分权控制

分权控制更多依赖文化价值观、传统、共同的信仰，以及信任来促使员工的行为与组织目标保持一致。分权控制的组织结构是扁平的，权力更加分散，借助于灵活的授权和工作团队来解决问题，员工持续不断参与质量管理过程。

采用分权控制方法，组织文化必须有高度的适应性，而管理者也意识到，在统一个人、团队和组织目标和实现全面控制方面，文化所具有的重要性。

集权控制与分权控制的对比如表 7.2 所示。

表 7.2 集权控制与分权控制对比

集权式控制	分权式控制
使用详细的规章制度和工作程序，具有正式的控制制度	有限制地使用规章制度，主要依靠共同价值观、集体和自我控制，挑选员工注意是否合群
自上而下的权力，正规的等级制度，职位权力，质检员和监督员	灵活授权，组织结构为扁平，专家权力，全员参与质量监督
岗位说明针对任务，通过可以加以测评的标准来规定最低程度的业绩表现	岗位说明是针对结果的，强调的是要实现的目标
强调外在的奖励（工资、福利和地位）	外部和内在奖励并重（有意义的工作、提高的机会）
奖励达到业绩标准的个人	奖励个人和团队，强调员工间的平等
有限的、拘泥于形式的员工参与	广泛的员工参与，包括质量控制、制度设计，以及组织的大政方针等
僵化的组织文化，不相信文化规范可以作为控制手段	适应性的组织文化，把文化看作是一个人、团队和组织的目标，以及实现全面控制的手段

5. 全面质量管理法

全面质量管理（TQM）是基于分权控制理念的管理方法，致力于将质量观念渗透到企业的每项具体工作中去，以实现质量的持续改进。全面管理，就是进行全过程的管理、全企业的管理和全员的管理。

（1）全面质量管理的程序——PDCA

PDCA 管理循环是全面质量管理最基本的工作程序，即计划-执行-检查-处理（Plan、Do、Check、Action）。这是美国统计学家戴明发明的，因此也称为“戴明循环”。如图 7.5 所示。

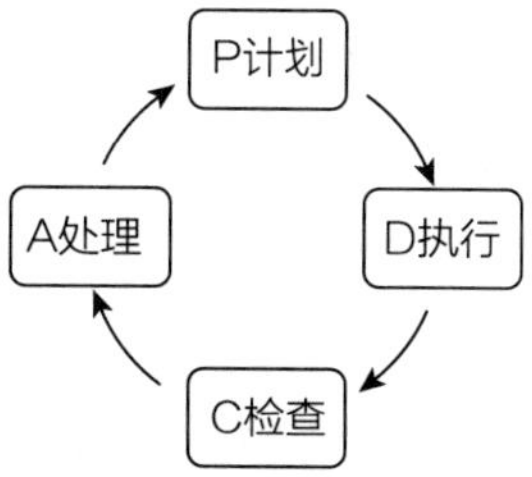

图 7.5 全面质量管理（PDCA）循环

（2）“六西格玛”管理法

六西格玛（6σ）概念作为品质管理概念，最早是由摩托罗拉公司的比尔·史密斯于 1986 年提出，其目的是设计一个目标，在生产过程中降低产品及流程的缺陷次数，防止产品变异，提升品质。它要求每百万件产品中的次品不超过 3、4 件，即正品率要求达到 99.9997%。

σ 是希腊文的字母，是用来衡量一个总数里标准误差的统计单位。一般企业的瑕疵率大约是 3 到 4 个西格玛，以 4 西格玛为例，相当于每一百万个机会里，有 6210 次误差。如果企业不断追求品质改进，达到 6 西格玛的程度，绩效就几近于完美地达成顾客要求，在一百万个机会里，只找出 3、4 个瑕疵。

该方法有五个步骤，简称 DMIAC（Define——定义、Measure——测量、Analyze——分析、Improve——改进、Control——控制），这为组织提供了一种找出问题和解决问题的系统方法。六西格玛（6σ）是一种高度有效的企业流程设计、改善和优化的技术，对需要改进的流程进行区分，找到高潜力的改进机会，优先对其实施改进。如果不确定优先次序，企业多方面出手，就可能分散精力，影响 6σ 管理的实施效果。

六西格玛（6σ）真正流行并发展起来，是在通用电气公司的管理实践。杰克·韦尔奇于 20 世纪 90 年代发展起来的 6σ 管理法总结了全面质量管理的成功经验，提炼了其中流程管理技巧的精华和最行之有效的方法，成为一种提高企业业绩与竞争力的管理模式。该管理法在摩托罗拉、通用电气、戴尔、惠普、西门子、索尼、东芝、华硕等众多跨国企业的实践证明是卓有成效的。

6. 行政控制法

行政控制方法主要有视察与指导、报告和考核评估三个手段。视察与指导，即管理者到工作现场进行巡视、观察，直接搜集信息，并进行指导与纠正偏差。这是一种最传统、最直接的控制方法，但仍是管理者最经常使用的控制方法。报告，即由下级搜集计划执行情况的信息，并综合成报告，上报给管理者的一种方法。报告应该突出重点，提出例外情况，简明扼要，具有时效性。这可以节省管理者的时间，但不便于管理者掌握第一手资料。考核与评估，是一种对管理对象所进行的各种考核与评估的方法或技术。它既包括对实现组织职能的各种活动的进度、状况、效果的考核与评估，也包括对各级、各类人员的素质及工作绩效的考核与评价。

本章小结

本章主要介绍了控制的含义、作用、前提条件、内容、类型；控制的过程；控制的原则和方法等内容。

控制是指为了确保组织目标的实现，管理者按照计划标准衡量实际工作的完成情况，纠正执行过程中出现的偏差，也包括根据组织环境变化和组织自身发展的需要，适时修改计划标准或制定新的计划，使计划更加符合实际。

控制和计划有着紧密的联系，计划是控制的前提，控制是计划的保障。控制是监视各项活动以保证它们按计划进行，并纠正各种重要偏差的过程。

控制工作可以划分为不同的类型。常见的有前馈控制、现场控制、反馈控制；战略控制、绩效控制、任务控制；预算控制、质量控制、人事控制、库存控制、进度控制等。

控制过程大体上由三个步骤构成，即制定控制标准、衡量实际工作绩效与发现偏差、分析原因和纠正偏差。

要进行有效的控制，必须遵循重点及例外、及时性、经济性、客观性、灵活性原则。

控制的方法有预算控制法、会计控制法、审计控制法、集权控制与分权控制、全面质量管理法、行政控制法等。

练习题

一、单项选择题

1. 控制过程的起点是（ ）。
   A. 制定控制标准 B. 衡量实际工作 C. 发现偏差 D. 纠正偏差
2. 管理控制具有目的性和（ ）。
   A. 反馈性 B. 前瞻性
   C. 机械性 D. 有机性
3. （ ）是在经营过程结束以后进行的，它的工作重点是对事物发生后的结果进行分析，并采取纠偏措施。
   A. 直接控制 B. 间接控制
   C. 前馈控制 D. 反馈控制
4. 根据管理人员的经验、判断和评估来建立控制标准的方法是（ ）。
   A. 技术分析法 B. 经验估计法
   C. 统计分析法 D. 访谈法
5. 适宜的衡量频度取决于控制活动的（ ）。
   A. 类型 B. 对象 C. 目的 D. 性质
6. 关于控制频度，下列说法不正确的是（ ）。
   A. 过于频繁的衡量，会增加控制的费用
   B. 检查和衡量的次数过少，则可能使许多重大的偏差不能及时发现
   C. 以什么样的频度，在什么时候对某种活动的绩效进行衡量，这取决于被控制活动的性质
   D. 管理人员可以在他们方便的时候，而不是在工作绩效仍“在控制中”进行衡量
7. 重在控制投入资源的控制是（ ）。
   A. 前馈控制 B. 现场控制
   C. 直接控制 D. 间接控制
8. 重在现场进行的活动的控制是（ ）。
   A. 前馈控制 B. 现场控制
   C. 直接控制 D. 间接控制

9. 管理者正在使用财务报告信息将上一个季度的实际工作绩效与理想工作绩效进行比较，这是一种（　　）。

A. 前馈控制　　B. 现场控制

C. 反馈控制　　D. 积极控制

10. 客观控制要求（　　）。

A. 处理好全面控制与重点控制的关系

B. 所选用的控制技术和方法，应当以最少费用或代价检查和阐明工作偏差及其原因

C. 企业必须定期地检查过去规定的标准和计量规范，使之符合现时的要求

D. 在遇到某种突发的、无抗拒力的变化的情况下仍能发挥作用

二、名词解释

控制　前馈控制　现场控制　反馈控制

三、简答题

1. 管理活动中为什么不可缺少控制这一环节？
2. 计划与控制是如何联系的？在这一联系过程中，应该注意哪些问题？
3. 简述控制的前提条件。
4. 反馈控制的优点和缺点各是什么？结合实际谈谈反馈控制在管理中的应用。
5. 简述控制的过程。
6. 有效控制的原则包括哪些？
7. 在实际工作中有哪些常用的控制方法？

四、案例分析题

案例　查克的控制

王磊担任某厂厂长一年多了，他刚刚看过工厂今年目标实现情况的统计资料，然而结果出乎他的意料。记得他刚担任厂长后的第一件事是亲自制定了工厂一系列的目标，例如，为了减少浪费、降低成本，他规定一年内要把原材料成本降低10%~15%，运输费用降低3%。他把这些具体目标都告诉了下属的有关负责人。然而现在年终统计资料表明，原材料的浪费比去年更严重，浪费率竟占总额的16%，运输费用则根本没有降低。

他找来了有关方面的负责人询问原因。负责生产的副厂长说："我曾对下面的人强调过要注意减少浪费，我原以为下面的人会按照我的要求去做的。"而运输方面的负责人则说："运输费用降不下来很正常，我已经想了很多办法，但汽油费等还在上涨，我想，明年的运输费可能还要上升3%~4%。"

王磊了解了原因之后，进行了进一步的分析，又把这两个负责人召集起来布置下一年

的任务目标：生产部门一定要把原材料成本降低10%，运输部门即使是运输费用要提高，也绝不能超过今年的标准。

回答问题：

1. 王磊的控制存在什么问题？
2. 下一年怎样才能实现他所提出的目标？

案例　天安公司的管理创新

天安公司是一家以生产微波炉为主的家电企业。2005年，该厂总资产达到了5亿元，而5年前，该公司只不过是一个员工不足200人，资产仅300万元且濒临倒闭的小厂，五年间企业之所以有了如此大的发展，主要得益于公司内部的管理创新。

第一，生产管理创新。公司对产品的设计设立高起点，严格要求；依靠公司设置的关键质量控制点对产品的生产过程全程监控。同时，利用PDCA和PAMS方法，持续不断地提高产品的质量；加强员工的生产质量教育和岗位培训。

第二，供应管理创新。天安公司把所需采购的原辅材料和外购零部件，根据性能、技术含量以及对成品质量的影响程度，划分为A、B、C三类，并设置了不同类别的原辅材料和零部件的具体质量控制标准，进而协助供应厂家达到质量控制要求。

第三，服务管理创新。公司通过大量的市场调研和市场分析活动制定了售前决策，进行了市场策划，树立了公司形象；与经销商携手寻找最佳点共同为消费者提供优质服务；公司建立了一支高素质的服务队伍，购置先进的维修设备，建立消费者投诉制度和用户档案制度，开展多形式的售后服务工作，提高了消费者满意度。

回答问题：

1. 案例中的控制类型有哪些？请分别指出，并说出各自的特点。
2. 天安公司“设置不同类别的原辅材料和零部件的具体质量控制标准”属于哪类控制标准？为什么？
3. 案例中“公司所设置关键质量控制点”，体现了有效控制原则中的哪一项？为什么？

案例　海尔的辉煌

“真诚到永远”是家喻户晓的海尔集团广告用语，“吃休克鱼”是全球知名的战略管理案例。海尔集团所取得的成功，也是众所周知。

1. 抓在车间随意大小便的人

1984年12月，张瑞敏被任命为青岛冰箱厂（海尔前身）厂长，这是1984年上任的第4位厂长，前一任厂长干了一个月就走了。当张瑞敏到了工厂后才发现，这哪里还像一个工厂！车间里所有窗户全被工人锯掉，用来烤火烧光了；工厂里没有水泥路，唯一的一条马路是下雨、下雪可以粘掉鞋的黄泥路。车间里几乎成了公共厕所，人们可以随便在车间里大小便。

张瑞敏清醒地知道，面临这样一个破烂不堪、极度衰败的企业，首要的工作是整顿工人的思想。张瑞敏把车间主任叫来，要他制定规章制度。这位车间主任说，规章制度有一大堆。但张瑞敏说，中国企业的通病就是，规章制度一大堆，就是没人执行，全国几十万个企业，最简单的一条，不迟到不早退，哪个企业能真正做到？有章不循的问题，会使工人失去信心，失去对管理人员的信任。我们应该根据工人的实际情况，制定有效的规章制度。制度的制定，比工人现有水平高一点就行，提高之后，再重新修订，再不断提高。水平没达到，一下制定很高的规章制度，虽然说很容易，但不执行等于自己把自己的威信砸掉了。于是，工厂里制定了12条制度，其中就包括，不准在车间里大小便。制度制定了，但是不是就万事大吉了呢？张瑞敏发现，在车间里大便的人没有了，但小便情况依然存在，张瑞敏就要车间主任追查随地小便的人，车间主任埋伏侦察，最后终于抓住这位工人，工人因此受到了开除的处分。为什么要这样做呢？张瑞敏说，就是要给工人看。我所要求的标准不高，你必须做到，如果你这个都做不到，就决不客气。目的是什么？就是说，作为管理人员，你必须要给员工树立信心。如果对你失去了信心，那将来你这个单位就不能言必信，行必果。

2. 砸掉不合格的冰箱

有一天，一位青岛冰箱厂的用户上门抱怨说，他买回去的冰箱，一用就出了大毛病。张瑞敏接待了这位顾客，并要顾客到仓库里去挑选。但这位顾客挑选了好几台（仓库里有四百多台冰箱），也没挑出一台满意的。顾客走后，张瑞敏派人检查了仓库里所有的冰箱，发现76台有重大的缺陷。张瑞敏决定，当场砸掉这76台冰箱。他组织工人来参观，并指出缺陷的责任，是谁干的，谁就来砸。许多老工人落下了眼泪，因为那时候，工人的工资都开不出来。有人说，可以不砸，可以发给工人，抵未发的工资；也有人说，冰箱这么紧俏，可以送关系户。张瑞敏回答说，处理给工人，便宜地买回去，出了问题，还会找工厂。送给关系户，出了问题，就伤害了一个用户。今天能这样处理76台冰箱，就会给后来的760台、7600台有问题的冰箱开了通行证。在一片痛惜声中，76台冰箱被砸成了一堆废铁。张瑞敏认为，这些有缺陷的冰箱一定要砸，必须要实现强制，必须要用现实的震撼作用教育人。在管理方面，尤其是这种普遍性的问题，不采取强制手段，就很难在观念上解决问题。

回答问题：

1. 本案例中采用了什么类型的控制?效果如何?
2. 本案例涉及了哪些控制的方法?有什么启示?

五、论述题

结合实际论述控制与其他管理职能的关系。

综合案例分析

案例　杨总经理的一天

胜利电子公司是一家拥有200多名员工的小型电子器件制造企业。除了三个生产车间之外，企业还设有生产技术科、购销科、财务科和办公室四个部门。总经理杨兴华任现职已有四年，此外还有两个副总经理张光和江波，分别负责生产技术、经营及人事。几年来，公司的经营呈稳定增长的势头，职工收入在当地属于遥遥领先的水平。

今天已是年底，杨总经理一上班就平息了两起“火情”。首先是关于张平辞职的问题。张平是一车间热处理组组长，也是公司的技术骨干，一向工作积极性挺高，但今天一上班就气呼呼地来到总经理办公室递上一份辞呈。经过了解，张平并非真的想辞职，而是觉得受了委屈。原因是今天因车间主任让他去参加展览中心的热处理新设备展销会而未能完成张副总交办的工作，受到了张副总的批评。经过杨总说服后，张平解开了疙瘩，撤回了辞呈。

张平刚走，又来了技术科的刘工。刘工向杨总抱怨自己不受重视，声称如果继续如此的话，自己将考虑另谋出路。经过了解，刘工是对技术科的奖金分配方案不满。虽然技术科在各科室中奖金总额最高，但科长老许为了省事，决定平均分配，从而使得自认为为企业立下了汗马功劳的刘工与刚出校门的小李、小马等人得到的奖金一样。结果是小李、小马等欢天喜地，而刘工却感到受了冷落。杨总对刘工安抚了一番，并告诉刘工明年公司将进一步开展和完善目标管理活动，大锅饭现象很快就会克服的。事实上，由于年初定计划时，目标制定得比较模糊和笼统，各车间在年终总结时均出现了一些问题。

送走了张平和刘工后，杨总开始翻阅秘书送来的报告和报表，结果上个月的质量情况令他感到不安，不合格品率上升了0.6个百分点。他准备在第二天的生产质量例会上，重点解决这个问题。此外，用户的几起投诉也要格外重视。

处理完报告和报表后，杨总决定到车间巡视一下。在二车间的数控机床旁，发现青工小王在操作时，不合乎规程要求，当即给予了纠正。之后又到了由各单位人员协作组成的技术攻关小组，鼓励他们加把劲，争取早日攻克几个影响产品质量和生产进度的拦路虎。并顺便告知技术员小谭，公司将会尽量帮助解决他妻子的就业问题。此外，杨总又透露了公司已作出的一项决定：今后无论是工人还是技术人员，只要有论文发表，公司将承担其参加学术会议的全部费用。大家感到备受鼓舞。

中午12点，根据预先的安排，杨总同一重要的客户共进了午餐。下午2点主持了公司领导和各部门主管参加的年终总结会，会上除了生产技术科科长与购销科科长为先进科室的称号而又一次争得面红耳赤之外，其他基本顺利。散会以后，同一个外商进行了谈判，签下了一份金额颇大但却让两位副总忐忑不安的订单，因为其中的一些产品本公司并没生产过，短期内也没有能力生产。但杨总心中自有主意，因为他知道，有一家生产这类产品的大型企业正在四处“找米下锅”，而这份订单不仅会使这家大企业愁眉轻展，也将使胜利电子公司轻轻松松稳赚一笔。

1. 根据上述情况，请回答下列问题。

（1）胜利电子公司最有可能采用哪种组织结构？（　　）

A. 事业部制　　B. 直线职能制

C. 矩阵制　　D. 直线制

（2）使张平受委屈的原因在于（　　）。

A. 张平本人过于斤斤计较　　B. 车间主任安排不当

C. 张副总经理违反了统一指挥原则　　D. 张副总经理与车间主任沟通不充分

（3）下列哪种理论能够解释刘工的心理感受？（　　）

A. 双因素理论　　B. 需要层次理论

C. 强化理论　　D. 公平理论

（4）从管理控制的角度来看，杨总经理对青工小王的操作方式进行纠正，可以看作是哪种控制类型？（　　）

A. 现场控制　　B. 反馈控制

C. 前馈控制　　D. 预防控制

（5）杨总经理通过报告和制表对产品质量的控制属于何种类型的控制？（　　）

A. 现场控制　　B. 反馈控制

C. 前馈控制　　D. 预防控制

（6）为了使公司的目标管理计划切实有效，比较而言，对目标的下列哪项要求是最重要的？（　　）

A. 目标必须具备可考核性　　B. 目标必须尽可能先进

C. 目标的表述必须清晰易懂　　D. 目标应考虑平衡水平，不宜太高

（7）下列哪一项最不可能是直线职能制组织结构的特征？（　　）

A. 有利于培养具有综合能力的管理人员　　B. 强化专业管理

C. 实现了统一指挥的原则　　D. 部门之间协调困难

（8）杨总经理在技术攻关小组的所作所为可以看作是他在行使（　　）。

A. 计划职能　　B. 组织职能

C. 领导职能　　D. 控制职能

2. 画出该企业的组织结构图，分析说明该企业组织结构的类型及其优缺点。

3. 杨总在这一天的工作中，都扮演了哪些角色？为什么？

案例　由两位年轻人辞职引起的薪资制度改革

一家在同行业居领先地位、注重高素质人才培养的高技术产品制造公司，不久前有两位精明能干的年轻财务管理人员提出辞职，到提供更高薪资的竞争对手公司里任职。其实，这家大公司的财务主管早在数月前就曾要求公司给这两位年轻人增加薪资，因为他们

的工作表现十分出色。但人事部门的主管认为，这两位年轻财务管理人员的薪资水平，按同行业平均水平来说，已经是相当高的了，而且这种加薪要求与公司现行建立在职位、年龄和资历基础上的薪资制度不符合，因此拒绝给予加薪。

对这一辞职事件，公司里的人议论纷纷。有人说，尽管这两位年轻人所的报酬的绝对量高于行业平均水平，但他们的表现出色，这样的报酬水准是很难令人满意的。也有的人质疑，公司人事部门的主管明显地反对该项提薪要求，但是否应当由了解其下属表现好坏的财务部门主管对本部门员工的酬劳行使最后决定权？公司制定了明确的薪资制度，但它是否与公司雇佣和保留优秀人才的需要相适应呢？公司是否应当制定出特殊的条例来吸引优秀人才，或者还是让那些破坏现行制度的人离开算了？这些议论引起了公司总经理的注意，他责成人事部门牵头与生产、销售、财务等各部门人员组成一个专案小组，就公司酬劳计付方式广泛征求各部门职工的意见，并提出几套方案，供下月初举行的公司常务会讨论和决策之用。

1. 根据上述情况,请回答下列问题:

(1) 这家高新技术产品制造公司的组织结构是（　　）。

A. 直线制　　B. 直线职能制

C. 事业部制　　D. 矩阵制

(2) 两位年轻人拿到了高于同行业平均水平的薪资仍没感到满意，这种现象可用（　　）得以解释。

A. 公平理论　　B. 期望理论

C. 强化理论　　D. 需要层次理论

(3) 人事部门主管拒绝给财务管理人员增加薪资，这是行使了（　　）。

A. 直线权力　　B. 参谋权力

C. 职能权力　　D. 个人权力

(4) 公司总经理准备考虑薪资制度的改革问题，这是一种（　　）。

A. 程序性决策　　B. 非程序性决策

C. 战略决策　　D. 业务决策

(5) 就薪资制度是否要改革及如何改革问题成立专案小组，它所起的作用将主要是（　　）。

A. 参谋作用　　B. 协调作用

C. 收集信息作用　　D. 方案选定作用

(6) 两位年轻人辞职以后，公司成立专案小组，研讨薪资改革的问题，这是一种（　　）。

A. 前馈控制　　B. 现场控制

C. 反馈控制　　D. 作业控制

2. 人事部门认为,公司按职位、年龄和资历计付薪资的制度既已明确颁布,就应严格遵照执行,哪怕因此而流失优秀人才。你对此有何看法?

3. 试分析为什么两个年轻人要离开?两位年轻人拿到了高于同行业平均水平的薪资仍没感到满

意,试用你学过的激励理论予以解释。

4. 公司总经理准备考虑薪资制度的改革问题,你会给他提什么建议?

案例　阿里巴巴与上海百联集团“联姻”的着力点

2017年2月20日上午,一场以“新零售、新消费、新未来”为主题的签约仪式在上海衡山宾馆隆重举行,签约双方是全球最大的移动经济实体阿里巴巴集团和全国最大的全业态实体商贸企业百联集团,双方携手开启未来新零售时代的大门。

“百联集团”

对于阿里巴巴集团,众所周知,不再赘述。但对于百联集团,可能很多人会觉得陌生。上海百联集团有限公司于2003年4月正式揭牌成立,由原上海一百集团、华联集团、上海友谊集团、上海物资集团总公司合并重组的大型国有商贸流通产业集团,注册资金10亿元,是中国最大的多元化全业态零售集团。2004年6月正式更名为百联集团有限公司。

百联集团经营网点以上海为中心,辐射全国25个省、自治区和直辖市,几乎涵盖了国际商贸流通集团现有的各种业态,如百货、标准超市、大卖场、便利店、购物中心、品牌折扣店、商业连锁和物流等。2016年,“i百联”全渠道平台正式上线,下属多家旗舰门店也相继完成转型,新消费模式呼之欲出。

“新零售”

在2016年10月的阿里云栖大会上,马云在演讲中第一次提出了新零售,“纯电商时代很快会结束,未来的十年、二十年,没有电子商务这一说,只有新零售。”何为“新零售”?新零售,是指企业以互联网为依托,通过运用大数据、人工智能等先进技术手段,对商品的生产、流通与销售过程进行升级改造,进而重塑业态结构与生态圈,并对线上服务、线下体验以及现代物流进行深度融合的零售新模式。[1]

“新零售”的核心要义在于推动线上与线下的一体化进程,其关键在于使线上的互联网力量和线下的实体店终端形成真正意义上的合力,从而完成电商平台和实体零售店面在商业维度上的优化升级。同时,促成价格消费时代向价值消费时代的全面转型。[2] 只有线上线下和物流结合在一起,才会产生新零售。线上是指云平台,线下是指销售门店或生产商,新物流消灭库存,减少囤货量。将新零售总结为“线上+线下+物流,其核心是以消费者为中心的会员、支付、库存、服务等方面数据的全面打通”。

阿里为什么会选择“百联”?

马云在签约仪式的致辞中谈到,“2017年是阿里巴巴新零售‘元年’,新零售的第一站我们选择在上海,新零售的第一个最重要战略合作伙伴我们选择了百联集团。如果说哪

1　杜睿云 蒋侃. 新零售: 内涵、发展动因与关键问题. 价格理论与实践, 2017

2　同上

一个城市能代表改革创新和发展的高度，我觉得唯有上海，我们希望能够跟上海一起共同探索未来。”

面对不断变化的新的经济形势，如何适应信息技术的发展，如何与互联网公司合作，如何与现代物流合作，如何利用好大数据是企业当下变革的关键。马云自提出“新零售”的概念以来，已与数十家传统零售企业洽谈并购事宜，包括风头正劲的大润发，但最终，第一单还是选择了百联。

其实，马云最初看上的就是大润发，但台湾人要价太高，过于反复。相对而言，百联是上海市国资委全资拥有的大型零售企业，是上海市场体量、影响力最大的线下零售商，资产总额达300亿元。签约之前，阿里与百联已秘密谈判数次，越来越“相知”。在马云看来，相比大润发，百联更好谈，更有优势，更懂阿里。

对于百联集团来说，作为传统的零售渠道，改变迫在眉睫，无论是阿里巴巴即将带来的技术改造，还是更加丰富的产品资源，以及便捷的终端模式，对于百联集团，都是巨大的价值。

对于阿里巴巴，百联集团也有自己的天然优势，高密度的门店覆盖，成熟的仓配流程，以及能够试点新零售体系，都是阿里巴巴看重百联集团的地方。

对于双方未来可能发生的改变，阿里巴巴首席执行官张勇表示，将对“人、货、场”等传统商业要素进行重构，包括重构生产流程、重构商家与消费者的关系、重构消费体验等，这其中会使用到大数据、新技术等。

对未来的展望

事实上，这已经不是阿里巴巴第一次发力线下。从2014年开始，阿里巴巴先后投资了银泰商业和苏宁云商，以及一家区域零售商——三江购物。在阿里巴巴频繁布局线下实体零售商的背后，源自对电商业务的焦虑。电商增长速度放缓已是不争的事实。另一方面，线上线下数据的打通也是阿里巴巴频繁整合线上线下资源的关键。

此次双方的合作将基于大数据和互联网技术，在全业态融合创新、新零售技术研发、高效供应链整合、会员系统互通、支付金融互联、物流体系协同等六个领域开展合作。

百联集团党委书记、董事长、总裁叶永明在致辞中表示，价格型消费正在向价值型消费迁移，个性化、体验化、场景化消费改变着商业零售市场。百联集团一向注重创新求变，新零售不仅是线上线下的融合，更是以物联网、大数据等领先技术为渠道，为消费者提供全渠道、全时段、全体验的服务，希望通过与阿里的融合产生化学反应，重构商业要素、重塑零售价值，共同创造新零售模式。

马云表示，双方的市场都足够大，民企和国企共同打造的混合经济体，将成为前所未有的新零售经济体，“未来的竞争将是新零售和传统零售的竞争”。阿里巴巴过去更注重创新的速度，今后希望可以更专注于创新的高度。“未来没有纯电商，我们和百联集团的合作是自然而然发生的，双方都找到了自己缺少的另一半。”

总之，这次阿里联手百联，将是新零售崛起的标志性事件！

根据案例,回答下列问题:
1. “新零售”与传统零售有何区别?
2. 阿里巴巴为什么最后会选择百联集团进行战略合作?
3. 通过此案例,你从中可获得哪些启示?

案例 诺基亚的“起死回生”

像苹果、三星和华为一样，诺基亚手机曾经深深地影响了中国的一代用户，看到那些熟悉的诺基亚机型，许多人心中会泛起淡淡的诺基亚情结。然而，2014 年 4 月 25 日，诺基亚宣布完成与微软公司的手机业务交易，正式退出手机市场。难道，诺基亚的神话就此衰落了吗?

诺基亚是一家伟大的企业，它的历史就是一个典型企业的自我救赎和转型重生之路。在它 150 多年的发展历史中，保守和封闭的战略让诺基亚多次濒于破产边界，但聚焦与并购的战略也让它屡屡化险为夷，重回巅峰。诺基亚的发展历程可以归结为四个阶段。

业务扩张，成为大型集团公司

1865 年，采矿工程师弗雷德里克·艾德斯坦（Fredich Idestam）在芬兰坦佩雷镇的一条河边建立了一家木浆工厂，主营业务是以当地的树木作为原材料生产木浆和纸板。

1868 年，艾德斯坦又在坦佩雷镇西边 15 公里处的诺基亚河边建立了他的第二家工厂：橡胶加工厂。该工厂除了生产皮靴和轮胎外，还生产工业用橡胶制品。

1871 年，艾德斯坦在他的朋友利奥·米其林（Leo Mechelin）的帮助下，将两家工厂合并为一家工厂，并且将其转变为一家股份有限公司，艾德斯坦成为首任诺基亚管理者，随后，两人将公司的名字命名为“诺基亚”。

1902 年，米其林说服艾德斯坦，在诺基亚增加了一个电缆部门，当时无线电产业才刚刚起步。

1960 年，诺基亚时任总裁 Bjorn Westerlund 专注于电信行业，他认为未来的电信行业是科技发展的趋势，于是他建立了诺基亚电子部，并专注于电信系统方面的工作。

1967 年，诺基亚已经成为横跨造纸、化工、橡胶、能源、通信等多领域的大型集团公司。

砍掉附庸，集团公司聚焦成手机帝国

从 1962 年到 20 世纪 70 年代中期，诺基亚在芬兰电信市场所占份额不断增加。

1982 年，诺基亚（当时叫 Mobira）生产了第一台北欧移动电话网移动电话 Senator，随后开发 Talkman。80 年代中期，诺基亚移动电话通过名为“Tandy 无线电小屋公司”的商店进入了美国市场。为生产由 Tandy 出售的 AMPS（高级移动电话系统）模拟机，1985 年诺基亚与 Tandy 公司在韩国建立了一个联合生产厂。

1990 年，全球手机用户量大增，手机价格迅速降低，移动电话尺寸越变越小，此时诺基亚明确制定了将发展成为一个富有活力的电信公司的战略。

到了20世纪90年代中期，诺基亚因涉及产业过多而濒临破产，时任总裁奥利拉做出了公司历史上第一次最重要的战略转型——走出欧洲，剥离橡胶、造纸、家电等濒临破产的传统产业，专注于电信业。

到1996年，诺基亚已经成为全球移动电话的执牛耳者，而且连续15年占领市场第一的宝座。

拒绝开放，手机帝国倾覆

2011年，面对新操作系统的智能手机的崛起，诺基亚由于长期坚守Symbiam这个封闭的智能操作系统，全球手机销量第一的地位在第二季被苹果及三星双双超越，错失世界第一的宝座。

2013年9月3日，微软宣布以54.4亿欧元价格收购诺基亚设备与服务部门（诺基亚手机业务），并获得相关专利和品牌的授权。（其中，以37.9亿欧元收购诺基亚的设备与服务部门，同时以16.5亿欧元购买其专利组合的授权，共计54.4亿欧元，约折合71.7亿美元。）诺基亚未来将努力发展Here地图服务、诺基亚解决方案与网络（NSN）和领先科技三大支柱业务。

重新聚焦创新，并购抢占市场

在出售设备与服务部门后，诺基亚甩掉了长期亏损的手机业务，使其可以更加专注于Here地图服务及网络设备等领域。虽然在手机业务失败，诺基亚坚守的另外一块业务却没有放弃——通信设备制造和解决方案。

2010年，诺基亚西门子通信公司宣布全资收购了美国摩托罗拉通信公司及其全球业务。

2014年，完成了对合资公司诺基亚西门子通信公司中西门子所持的50%股份回收。

2015年，宣布以166亿美元收购全球主流通信设备商阿尔卡特朗讯通信公司，同年以31亿美元出售非主营业务Here地图。

据2016年的各大公司财报显示，全球通信设备及解决方案提供商中，华为收入751亿美元成为行业第一，诺基亚收入249亿美元排名第二，昔日冠军爱立信则以3亿美元之差排名第三。如今，诺基亚已成为全球第二大通信设备制造商。

根据案例，回答下列问题：

1. 诺基亚为什么濒临破产后还能“起死回生”？
2. 通过了解诺基亚的发展史，从中可获得哪些启示？
3. 诺基亚于2017年1月推出了安卓手机诺基亚6，诺基亚手机还能创造从前的神话吗？为什么？

案例分析任务单模板参考

课程名称		任课教师	
学生信息	班级:	姓名:	学号:
案例名称			
问题 1			
问题 2			
问题 3			
收获（或启示）			
教师评分（或评语）			

日期:

参考文献

[1]［美］彼得·德鲁克著．许是祥译．卓有成效的管理者［M］．北京：机械工业出版社，2013.

[2]［美］哈罗德·孔茨、海因茨·韦里克著．马春光译．管理学——国际化与领导力的视角（第9版）［M］．北京：中国人民大学出版社，2014.

[3] 周三多、陈传明、贾良定．管理学——原理与方法（第六版）［M］．上海：复旦大学出版社，2016.

[4] 周三多、贾良定．管理学——原理与方法（第六版）习题与案例指南［M］．上海：复旦大学出版社，2016.

[5] 王凤彬、李东．管理学（第四版）［M］．北京：中国人民大学出版社，2014.

[6] 刘刚．管理学［M］．北京：中国人民大学出版社，2016.

[7] 许仁忠等．管理学基础［M］．成都：西南财经大学出版社，2013.

[8] 王新宏．现代管理学［M］．天津：天津大学出版社，2010.

[9] 王丽静．部门经理人力资源管理实务研究［M］．北京：中国轻工业出版社，2016.

[10] 单凤儒．管理学基础（第三版）［M］．高等教育出版社，2008.

[11] 杨文士、张雁．管理学原理［M］．北京：中国人民大学出版社，2002.

[12] 李军．管理学基础［M］．北京：清华大学出版社，2006.

[13] 刘兴倍．管理学原理［M］．北京：清华大学出版社，2004.

[14] 杨想生、刘文华．管理学原理［M］．北京：科学出版社，2004.

[15] 杨明刚．现代实用管理学［M］．上海：华东理工大学出版社，2005.

[16] 赵涛．管理学习题库［M］．天津：天津大学出版社，2005.

[17] 杜睿云、蒋侃．新零售：内涵、发展动因与关键问题［D］．价格理论与实践，2017.

[18] 姜杰．西方管理思想史（第2版）．北京：北京大学出版社，2011.

[19] 余敬、刁凤琴．管理学案例精析．北京：中国地质大学出版社，2006.